STARTUPS 101

スタートアップ入門

KATSUYA HASEGAWA
長谷川克也

東京大学出版会

Startups 101

Katsuya HASEGAWA

University of Tokyo Press, 2019
ISBN 978-4-13-042151-5

はしがき

　本書は、東京大学で全学向けに開講している授業科目「アントレプレナーシップ」および課外講座「東京大学アントレプレナー道場」の参考書として書かれたものです。「アントレプレナーシップ」は工学部の科目として開講していますが、2016年度からは大学院の科目としても登録しており、東京大学にある10の学部、15の大学院研究科すべてから受講生を受け入れています。2005年から開催している「東京大学アントレプレナー道場」も全学の学部生・大学院生を対象にしていますが、課外授業であることもあって自由度が大きく、ポスドク研究者や教員が参加することもあります。

　私達が大学でアントレプレナーシップ教育を行なう最終的な目的は、世の中に大きな経済的インパクトをもたらすスタートアップ企業を立ち上げる優秀な起業家を世の中に送り出すことです。日本では相変わらず経済の中心は大企業が担うものだという感覚が支配的ですが、どんな大企業もスタートした時は小さなベンチャー企業だったはずです。経済発展のためには、次の世代に大企業に育つ可能性を秘めた新しい企業が常に生まれ続ける必要があり、その担い手となる優秀な起業家を輩出することは大学の大きな社会的使命だと私達は考えています。

　目次を見て頂ければわかるように本書では、ビジネスや経営に関する知識を全く持たない人を対象にして、大きな会社になることを目指して新しいビジネスを始めようとする際に知っておくべき様々な知識や手法を解説します。学生（特に理科系の学生）は通常大学でビジネスに関して学ぶ場はないので、この本を通じてビジネス、特に大きなビジネスを目指すための基礎知識を身につけて頂きたいと思います。

　しかし、この本に書いてある知識を身につけたからといって起業家になれるわけではありませんし、会社を経営できるようになるわけではありません。この本を読んでも新しいビジネスのアイデアを生み出す方法はわかりませんし、起業する仲間を集める方法も書かれていません。成功した起業家の多くは、社会の大きな課題を見つけ出し、その課題に対して今まで

になかった新しい解決方法を生み出したり、画期的な新製品を生み出すことで成功していますが、この本には社会課題の見つけ方も新製品の作り方も書いてはありません。また、起業家は様々な制約の中で事業を立ち上げていかなければなりませんが、起業家が直面する不確実性やリスクへの対処方法が本書に書いてあるわけでもありません。

　でも、心配は無用です。アントレプレナーシップの講義を受けにくる学生さんも、アントレプレナー道場の受講生も、自分が一生を賭けて解決しようと思い定めた社会課題を既に持っている人はごく少数です。起業に興味はあるけれど、自分はビジネスのアイデアは持っていないし、そもそも起業して失敗したらどうなるのか不安だなあ、、、という人が大多数です。親も親戚もみんな大企業に定年まで勤めるのが当たり前の環境で育ち、研究室の先輩も皆大企業に就職する環境に居たら、起業とかアントレプレナーシップとか言われても別世界の出来事だと思うのも当然です。私達も「アントレプレナーシップ」の講義や「アントレプレナー道場」で、学生の皆さんに「ベンチャーやんなはれ！」と、けしかけたりはしません。

　世の中には社長になることが目的で起業する人も居ますし、サラリーマンとして誰かの下で働くのは合わないからという理由で起業する人も居ますが、本書はそういう根っからの起業家向けに書かれた本ではありません。本書はむしろ「起業とかアントレプレナーシップとか、自分とは関係ないなあ、、、」と思っている人達にこそ読んで欲しいと思っています。その理由は、これからの時代では誰もが「起業」をキャリアの選択肢として意識する必要があると考えるからです。大きな組織の中で個人が自分のやりたいことをやることは簡単ではありません。特に今までにない新しいものを生み出そうとする場合、既存の組織の中では様々な制約が多く、新しい組織を作る方がずっと敷居が低い場合が多くあります。大企業に就職したり大学院に進学する人も、将来、自分のやりたいことが見つかった時に起業を選択肢として考えられるように、学生時代にアントレプレナーシップやビジネスの基礎知識を身につけておいて頂きたいのです。

　その意味では本書は、学生時代に起業やアントレプレナーシップに触れる機会のないまま職に就いた社会人の方にも是非読んで頂きたいと思っています。起業は、これからの時代のキャリアの選択肢として誰もが意識する必要がありますが、現実には実際に起業するタイミングは学生の時より

も社会人になってからの方が多く、また成功確率もその方が高いからです。

　この本の前半で説明しているスタートアップの考え方は実際にやってみないと本を読んだだけではあまり身に付きませんし、後半に書いてあるような株式や資金調達の話は勉強すればいいことです。また、会社を経営していく上で必要となる会計や法務といった実務的な知識は専門家に教えてもらえば済むことです。しかし、事業計画の立て方にしろ資金調達の手法にしろ、会社を立ち上げていく上で「知らない」では済まない大事な事柄です。特に、大きな会社になることを目指すスタートアップ企業の立ち上げ期は、一般的な会社経営の手法とは異なる考え方が必要です。この本では皆さんが起業という選択肢をとろうと考えたときには知っていなければならない事柄を薄く広く網羅します。「起業する前に知っていれば遠回りしなくて済んだのに、、、」と起業家の方が仰るような内容を盛り込んだつもりです。

　しかし、短い本書で起業や会社経営に必要となる基礎知識をすべて学習することは不可能です。この本の目的は、もし自分が起業することになったら、何を知っていなければならないのか？　何を勉強すべきか？　誰に何を聞く必要があるか？を理解して頂くことです。この本が、皆さんが起業やスタートアップに興味を持つきっかけになり、また、将来、皆さんが起業という選択肢を考えたときの To Do List の「目次」になれば、著者にとっては望外の喜びです。

スタートアップ入門

目　　次

はしがき ………………………………………………………………… i

第 1 章　序論 ………………………………………………………… 3
1-1　なぜアントレプレナーシップが大事か？　3
1-2　東京大学での起業家教育と本書の位置付け　8

第 2 章　イノベーションの担い手はスタートアップ ………… 19
2-1　イノベーションとは何か？　19
2-2　イノベーションの担い手の変遷　20
2-3　日本の状況　27
2-4　シリコンバレーのエコシステム（生態系）　32

第 3 章　スタートアップは普通の会社とは違う ……………… 39
3-1　スタートアップとは？　39
3-2　スタートアップとスモールビジネスは違う　41
3-3　スタートアップは大企業の小型版ではない　47
3-4　大企業の中での新規事業　51
3-5　なぜスタートアップの仕組みを学ぶのか？　54

第 4 章　ビジネスとは顧客に価値を届けること ……………… 59
4-1　そもそもビジネスとは何か？　59
4-2　顧客は何に対して対価を払うのか？　63
4-3　顧客とユーザー　66
4-4　マーケティング　71
4-5　どうやって売るか？　73

第 5 章　どうやってスケールするビジネスを見つけるか …… 79
5-1　マーケットと市場規模　79
5-2　どれくらい大きなマーケットが必要か？　83
5-3　マーケットが大きければ必ず競合が居る　86

- 5-4 どうやって競争に勝つか? 90
- 5-5 スケールするビジネスの見つけ方 96
- 5-6 リーン・スタートアップの考え方 100

第6章 ビジネスモデルとビジネスプラン ……………………… 109
- 6-1 狭義のビジネスモデル＝お金の稼ぎ方 109
- 6-2 広義のビジネスモデル＝ビジネスの仕組み 119
- 6-3 ビジネスプラン（事業計画） 129
- 6-4 プレゼンテーションとピッチ 132

第7章 株式会社の本質を理解しよう ……………………………… 139
- 7-1 なぜ事業をするには会社がある方がいいのか 139
- 7-2 なぜスタートアップは株式会社なのか 143
- 7-3 株式会社の特徴と基本的な構成 146
- 7-4 スタートアップにおけるオーナーシップ 151
- 7-5 株式会社以外の企業形態 156

第8章 事業に必要なお金をどうやって集めるか ………………… 161
- 8-1 資金調達 161
- 8-2 出資と融資 166
- 8-3 スタートアップへの資金の出し手 174
- 8-4 ベンチャーキャピタルの基本的な仕組み 179
- 8-5 EXIT（エグジット） 184
- 8-6 ベンチャーキャピタル投資の特徴 191

第9章 多様な株式と資本政策 ……………………………………… 203
- 9-1 資本政策 203
- 9-2 多様な株式と資金調達方法 211
- 9-3 スタートアップの資本政策 217
- 9-4 Googleの実験 228

第10章　会社経営のための基礎知識 ……………………………………… 237
- 10-1　会社設立の手続き　237
- 10-2　事業を営む上で必要な法律的な知識　239
- 10-3　知的財産権　243
- 10-4　会社の財務と会計　254
- 10-5　会社の様々な機能　269

あとがき ……………………………………………………………………… 277

スタートアップ入門

装幀:水戸部　功

第1章

序　論

　本書は、東京大学工学部で全学向けの共通科目として開講している「アントレプレナーシップ」および課外講座として開講している「東京大学アントレプレナー道場」の参考書として書かれたものです。この本では、受講生の皆さんが自身のキャリアとして起業という選択肢を考えたときに知っておいて欲しい基礎知識を薄く広く網羅していきますが、第1章では、そもそもなぜ皆さんが起業という選択肢を意識する必要があるのかを解説すると共に、東京大学におけるアントレプレナーシップ教育の全体像を解説します。

1-1　なぜアントレプレナーシップが大事か？

　「アントレプレナーシップ」を辞書で引くと「起業家であること、起業家としての活動、起業家精神」といった訳語が並んでいます。アントレプレナーシップとは、一般的には何らかの形で新しい事業（ビジネス）を始めることや、その際に必要となる心構えやスキルを指します。

　世の中には社長の名刺を持ちたくて会社を興す人も居ますし、誰かの下で働くのを潔しとしないために起業する人も居ます。お金持ちになりたくて起業する人も居るでしょう。そういう読者には「なぜアントレプレナーシップが大事か？」という本節の問いはあまり意味がないかもしれませんが、少しガマンして下さい。本書が主に対象としている読者は「起業とかアントレプレナーシップとか、自分とは関係ないなあ……」と思っている人達なので。

　新しいビジネスを始めることは必ずしも新しい会社を始めることを意味するわけではありません。既存企業の中で新しいビジネスを始める場合もアントレプレナーシップは重要ですが、ここではまず新しい会社を作って

新しいビジネスを始める場合から考えていきます。

　多くの皆さんにとって、起業やアントレプレナーシップは別世界の出来事でしょう。私は、アントレプレナー道場を受講する東大生から「アントレプレナー道場に参加するまで私は、起業する人のほとんどは、何か勘違いをしている人達なのではないかと思っていた」という感想を聞いたことがありますが、あながち誇張ではないでしょう。特に、親も親戚もみんな大企業に定年まで勤めるのが当たり前のサラリーマン家庭で育ち、研究室の先輩も皆大企業に就職し、友達もみんな有名企業を目指して就活に勤しんでいる環境に居たら、起業しようと考える人達はよほど変わった人か、とても危険な賭けをしている人に見えても不思議ではありません。

　しかし、どんな大企業もその会社がスタートしたときは小さな会社だったはずです。みんなが既存の大企業に勤めてしまい新しい企業を生み出す人が居なくなれば、次の世代に大企業に成るべき新しい企業が生まれません。皆さんが就職しようとする大企業も最初に会社を作った起業家が居たはずです。一定の数の起業家が常に新しい企業を生み続けなければ経済は発展しません。

　こういう話をすると、学生の皆さんからはこんな声が聞こえてきそうです。「それは一般論としてはわかりますよ。でも、私には関係ないです。一攫千金を目指して起業したい人はしたらいいと思うけど、私はやはり大きな会社に就職します。安定した暮らしができれば、別に大金持ちに成りたいとは思いませんし、そもそも新しいビジネスのアイデアなど持ってないし、起業などという大きなリスクは取れません」。

誰もが起業という選択肢を持っておく必要性

　これから社会に出る皆さんに起業やアントレプレナーシップを学んで欲しいと私達が思うのは、皆さんにすぐに起業して欲しいからではありません。皆さんが本当に自分の人生を賭けてやりたいことを見つけたときに、起業という選択肢を持っておく必要があると思うからです。

　もちろん、起業しなければ自分のやりたいことはできない、と言っているわけではありません。世の中の真理を追究したい人は研究者を目指すのが自然でしょうし、地域や国家を発展させたいと考える人は公務員や政治

家になるのが近道でしょう。新しい何かを生み出すことよりも、社会インフラや大きな組織を間違いのないように動かして社会を支えることにやりがいを感じる人にとっては、大きな会社に長く勤めることが自分のやりたいことができる最善の道かもしれません。しかし、世の中にない何か新しいものを生み出したいと思ったときには、起業という道が有力な選択肢であることを知っておいて頂きたいのです。

　一般に、順調に成長している会社であっても、大きな組織の中で個人が自分のやりたいことをやることは簡単ではありません。特に今まで世の中になかった新しい何かを生み出そうとするとき、つまりイノベーションを起こそうとするとき、既存の組織の中では様々な制約が多く、やりたいことができないことの方が多いのが現実です。そのようなときには、既存の組織から出て新しい器を作る方が、つまり起業する方が、自分のやりたいことができる可能性が高くなる場合が多いのです。既存の組織の中で新しいことをやろうとすると、どうしても既存の枠組みを変えることに大きなエネルギーを使わざるを得ません。皆さんが本当に自分の人生を賭けてやりたいことを見つけたら、皆さんのエネルギーは、そんな後ろ向きなところには使わずに、新しい何かを生み出すことに集中させるべきです。「新しい酒は新しい革袋に盛るべし」なのです。

　東京大学で私達が開催している「アントレプレナー道場」の受講生の中で、就職をせずに起業する人はごく少数です。卒業した受講生の多くは大多数の学生さんと同じように就職します。起業しない理由は様々ですが、そもそも真剣に起業を検討するに値するようなアイデアがないことがほとんどです。ところが道場OB/OGの中には、社会人として仕事をする中で自分のやりたいことを見つけ、何年かの社会人経験を経て起業する人が少なからず居ます。その人達が始めるビジネスの中身が、学生のときにアントレプレナー道場で考えたアイデアであることはほとんどありませんが、学生のときに起業というキャリアの選択肢に触れ、起業の基礎知識が頭の片隅に残っていたことは、彼らや彼女らがサラリーマンをやめて起業を決断したことに大きな影響を与えていると私達は考えています。

　このような道場OB/OGを見ていると、本来起業できるだけの十分な能力を持ちながら、起業という選択肢が自分にあることすら知らないまま大

きな組織の中で悶々としている卒業生が数多く居るのではないかと推測しています。すべての卒業生が起業家になれるとも、また向いているとも思いませんが、少なくとも起業というキャリアの選択肢があることは、すべての学生さんに知っておいて頂きたいと考えています。むろん、学生のときにそのような選択肢を知る機会のなかった社会人の方も、今からでも遅くはありません。

　起業家が起業するタイミングは様々です。自分の人生を賭けてやりたいことを見つけたときかもしれませんし、一緒に起業する仲間を見つけたときかもしれません。まず製品やサービスを作ってみて、これはビジネスになりそうだという手応えを感じたときかもしれませんし、初期資金を得る見込みが立ったときかもしれません。起業のタイミングが学生のうちに訪れれば就職せずに起業する場合もあるかもしれませんが、そのタイミングは社会人として何年か働いた後に訪れることの方が多いかもしれません。現実には、今の仕事が嫌になったときとか、起業する以外に他の選択肢がなかったといった消極的な理由の場合もあると思います。いつがそのタイミングかは人それぞれですし、誰も事前にはそのタイミングを知ることはできません。しかし、学生の皆さんには、そのタイミングが訪れたときにはいつでも起業できるような能力と心構えを身に付けておいて欲しいと思います。

起業のリスクと大企業にずっと居ることのリスク

　多くの皆さんが「起業なんて私には関係ない」と思う大きな理由の一つは、起業は大企業に勤めることよりもずっとリスクが大きいと皆さんが考えるからですが、本当にそうでしょうか？

　皆さんが就職する会社は、大きな会社であればあるほど、会社自体が一つの独自な社会を形成しています。その独自な社会に長い間どっぷりと浸かっていると、だんだんとその社会（つまり会社）の中でしか通用しない人間になっていきます。特に日本ではその傾向が強く、いわゆる就活は「就職」というよりも「就社」をするための活動と言った方が実態に合っています。20歳代で就社した会社が40年も50年も順調に成長し続けていれば問題ありませんが、現実にはそうとは限りません。何十年も一つ

の会社に勤めるうちにだんだんと会社の外では通用しなくなってしまった人間が、40歳代、50歳代になって一生居るつもりだった会社から出なければならなくなるリスクは、非常に大きいと言わざるを得ません。

　むろん、起業にリスクがないと言うつもりはありません。短い時間軸で見れば、起業した人が職を失うリスクの方が、大企業に就社した人が職を失う可能性よりも大きいことは否定できないでしょう。

　しかし、起業した人は一つの会社だけでなく社会で幅広く通用するビジネス・スキルや能力を身に付け、また様々な組織に属する人達とネットワークを構築した人になっています。自分でビジネスをしようとすれば必然的に製品やサービスを作り、それを顧客に売り、その過程で顧客や資金の提供者や様々な事業パートナーの人達とうまくやっていく能力が身に付いていくからです。大企業に就社した人は「社」の名刺を手にするのに対し、起業した人は本当の意味での「職」を手にすることができると言ってもいいかもしれません。従って、起業する人は短期的には職を失うリスクは大きくても、長い時間軸で見れば職に就けないままになる可能性は低いでしょう。つまり、これからの社会では一つの会社に勤め続けて40歳代、50歳代になって就社した会社から放り出されるリスクの方が、起業して失敗するリスク[1]よりも人生全体で見れば大きくなっていくことでしょう。

　もし皆さんのご両親やその上の世代の人達が、定年まで一つの会社に勤めて十分な退職金をもらって優雅な老後を過ごしているとしたら、それは20世紀後半の日本企業が達成できた例外だと思うべき……というのが私の意見です。その時代に戻りたいと思っているオトナは多いかもしれませんが、そんな古き良き時代に戻ることはないでしょう。もちろん、どんな企業も永続的に持続し成長することを目指しています。皆さんが就社する会社も真剣に永続することを目指しているでしょうが、実際に30年も

---

1)　起業に際して、負ってはいけないリスクもあります。失敗する可能性がある程度高い事業を起業する際に個人では到底返せないような大きな借金を背負うことは、起業家が負ってはいけないリスクの一つだと私達は考えています。このようなことを理解して頂くために、本書を通して正しい知識を身に付けて頂きたいのです。

40年も順調に成長し続ける企業は、残念ながら今後ますます減っていくでしょう。一つの企業に勤め続けることのリスクが今後ますます大きくなる中では、普通に就職する人であっても、いつでも起業できるような能力と心構えを身に付けておくことが必要なのです。

大企業の中でのアントレプレナーシップ

「なぜアントレプレナーシップが大事か？」というタイトルの本節の最後に、大企業に就職して幸いにして会社の中でやりたいことができる環境に居る人にとってもアントレプレナーシップを学ぶ必要があることを述べたいと思います。

大企業でも既存事業の成長が鈍化してきたら新規事業を興していく必要がありますが、既存事業の延長線上ではなく全く新しい事業を興すのであれば、大企業の中での新規事業創出プロセスは起業家が新規事業を興すプロセスと似てきます。従って、皆さんが大企業に就職したとしても新規事業を興す立場に立つことになれば、アントレプレナーシップについて知っている必要があります。また第2章で詳しく述べますが、様々な技術が高度に発達した現代社会では一つの企業の中だけでイノベーションを完結させることは難しくなっており、大企業と言えども社外で生み出された新しい技術や製品やサービスを様々な形で取り込みながら新規事業を作り出していかなければなりません。皆さんが大企業の中で新規事業を興す仕事に就いたら、新しい技術やサービスの多くを生み出すスタートアップ企業と連携していくためにも、スタートアップ特有の仕組みや考え方を知っておく必要があります。

1-2 東京大学での起業家教育と本書の位置付け

私達はすべての学生さんにアントレプレナーシップやビジネスの基礎知識を身に付けて欲しいと考えていますが、誰もが起業家に向いているとは思っていません。むしろ、既存の組織の中で与えられた仕事をキチンと回

して、ある程度ゴールが見えている道を進むのが得意な人の方が多数派でしょう。しかし、既に道のあるところを進むよりも何もないところに新しい道を切り開くことの方が生まれつき得意な人が何割かは居るはずです。それが5%なのか20%なのかはわかりませんが、現状の日本の就職システムや教育システムの中に居ると、本来起業家に向いているはずのこの5～20%の人達は、自分が起業家に向いていることすら全く気付かないままに大企業のサラリーマンになっていくしか選択肢がありません。そういう人達に起業という選択肢の存在を知ってもらうことはアントレプレナーシップ教育の重要な役割だと考えています。

　残りの80～95%の多数派にとってもアントレプレナーシップ教育は重要です。多数派の人達も自分が本当に人生を賭けてやりたいと思うものが見つかったときに少し背伸びをしてでも起業という選択肢を取ることができるようにしておく必要があるからですが、背伸びをしなければならない程度は社会人経験を積むに従って小さくなっていきます。生まれつきの起業家は5～20%かもしれませんが、後天的には100%の人が起業家になることができると考えています。また、仕事をキチンと回していくことのできる多数派は、実は起業したての会社にとっても必要な人材です。自分で起業することを躊躇する多数派の人達に、スタートアップ企業を既存の大企業と並べて比較する就職先の選択肢として意識してもらうためにも、アントレプレナーシップ教育は重要だと私達は考えています。

　このような背景から、私達は東京大学で様々な形の起業家教育・アントレプレナーシップ教育を提供しています。

東京大学アントレプレナー道場の教育プログラム

　一般に起業する際には下記のような様々な要素が必要になります。

・やりたいことを見つける
・課題やビジネス・チャンスを見つける
・仲間を集める
・アイデアをビジネスの形にする
・製品やサービスを作って売る

・自分の考えを伝えて人を巻き込む
・不確実性やリスクに対して強い意志を持って対処する
・会社を作って経営する

　アントレプレナーシップの教育プログラムとして、これらの様々な要素の中からどの要素を取り上げてどのような形式で教育すべきかは、対象とする学生の属性や起業に対する意識・意欲、教育プログラムの目的・目標など様々な要因に依存します。

　2005年から開催している東京大学アントレプレナー道場は、大学の本部組織である産学協創推進本部が（株）東京大学エッジキャピタル、（株）東京大学TLOおよび東京大学協創プラットフォーム開発（株）の協力を得て運営しているプログラムですが、参加する学生の中で起業を真剣に考えている参加者は少数派です。プログラムの設立当初は実際に参加者の起業数を増やすことも目標の一部だったようですが、10年以上の蓄積を経て現状のアントレプレナー道場の教育プログラムとしての目的は、必ずしも学生の起業数を増やすことにあるわけではなく、むしろ平均的な学生に起業を身近に感じてもらい、起業の基礎知識を身に付けてもらうことに重きを置いています。

　プログラムは毎年4月から11月頃までの半年強の期間にわたって行なわれますが、前述したようなアントレプレナーシップ教育を構成する様々な要素を幅広く取り入れてプログラムを組んでいます。年によってどの要素に重きを置くかは異なりますし、どの時期にどの要素を配置するかも年によって変化させていますが、プログラムがスタートする4月から5月にかけては、主にゲスト講師による講演を中心に構成しています。そもそも学生の多くは、アントレプレナーシップやスタートアップは自分とは関係のない話だと捉えているので、アントレプレナーシップに興味を持ってもらうこと自体がこの時期の教育の大きな目標になります。そのためには、学生にとって身近なロールモデルとなる起業家によるゲスト講演が効果的です。多くの一般学生にとって起業家は別世界に住む遠い存在ですが、起業家（特に、まだ成功しているとは言えない歳の近い起業家）に接することで、起業というキャリアの選択肢を身近に感じてもらうことができます。また、

起業家の体験談を聞くことで、起業家にはどのようなスキルや起業に対する考え方（マインドセット）が求められるのかを学び、自らを振り返ることができます。

　プログラムの中（通常 11 月）ではビジネスプラン・コンテストも行ないます。コンテストは事業アイデアを提案したチームから選抜された 7～10 のチームで争われますが、各チームには 2 名のメンター（指導者、助言者）がアサインされて約 2 か月の間アイデアをブラッシュアップします。メンターは従来、経営コンサルタントやベンチャーキャピタリスト、ベンチャー支援を専門とする公認会計士の方などを中心に構成していましたが、近年は道場出身の若手起業家がメンターを務めるケースが増えています。今では半数のメンターを道場出身者が占めるようになっており、先輩起業家が後輩を育てるという良いサイクルが形成されつつあります。コンテストを通してアイデアをビジネスプランに落とし込むスキルを身に付けてもらいますが、チームを組んでプランを練り、最終的にベンチャーキャピタルへのプレゼンをすることは、起業の疑似体験という意味もあります。

　アントレプレナー道場では、ゲスト講演やビジネスプラン・コンテストの他に、下記のような様々な活動を行ないます。

　　・ビジネスの基礎知識に関する講義
　　・アイデアの出し方や検証の仕方を学ぶワークショップ
　　・アイデア出しのための演習やアイデアソン
　　・チーム・ビルディングのための演習や交流会
　　・簡単な WEB サービスを作るプログラミング講習
　　・ビジネスプランの作成方法に関する講義や演習
　　・プレゼンテーションやピッチの演習

　必ずしも毎年これらの活動をすべて実施しているわけではありませんが、このような様々な活動を組み合わせることにより、起業についての知識習得のみならず、起業家精神を醸成すると共にアイデアを創出したりビジネスプランを構築する能力や手法も身に付けてもらうことを目指しています。

　基礎知識の習得のために座学中心の講義も行ないますが、起業アイデア

の創出を目指して創造性や課題発見力を育むことに重きを置いたワークショップ形式での演習を行なったり、アイデアソンのような形で強制的にアイデア出しをする場を設定することもあります。どのような内容であってもグループワーク形式の活動は、チーム・ビルディングの機会提供を兼ねますし、演習の中での発表は自分の考えを他人に伝える訓練の場になります。

　製品やサービスを作ること自体はアントレプレナーシップ教育の範疇には入りません。しかし、製品やサービスのないままでビジネスのアイデアを論ずると机上の空論になりがちなので、プログラミング講習などを組み込み、簡単なものでもいいので実際に製品やサービスを作ってビジネスを考える演習を行なう場合もあります。

　表1.1は2005年の開講以来のアントレプレナー道場の参加者の累計数と所属の分布を示す表です。14年間で累計3,000名を越す参加者がありますが、後述するように2016年から工学部の正規科目と一部共通化した効果で参加者は大きく増加し、近年は毎年400人程度の参加者があります。ただし、この人数は4～5月の時期のプログラムへの参加者数です。プログラムの途中には何度かの選考がありますし、ビジネスプラン・コンテストへの参加者は全体の1割程度になります。参加者の所属を見ると約半分は理系の大学院生（主に修士課程）で占められています[2]。

東京大学におけるその他のアントレプレナーシップ教育プログラム

　東京大学産学協創推進本部では、アントレプレナー道場をベースとして様々なアントレプレナーシップ教育プログラムを展開しています。「アントレプレナーシップ」の授業もその一つです。アントレプレナー道場が課外授業であるのに対して「アントレプレナーシップ」は単位を取得できる正規科目です。元々は工学部の科目ですが大学院の科目にも登録されており、東京大学のどの学部どの大学院研究科からでも受講可能です。この科

---

[2] 1-2年生が少ないのは、東京大学では1-2年生は駒場キャンパスに在籍しており、移動に1時間近くかかる本郷キャンパスで行なわれる本プログラムには物理的に参加しにくいためです。

表1.1 東京大学アントレプレナー道場の受講者数累計（2005〜2018年度）

	1-2年生	3-4年生	大学院生	合計
理系	80	779	1,504	2,363 (74.1%)
文系	89	465	271	825 (25.9%)
合計	169 (5.3%)	1,244 (39.0%)	1,775 (55.7%)	3,188 (100.0%)

目の授業内容はアントレプレナー道場と共通部分が多いことから、2016年度からは「アントレプレナーシップ」と「アントレプレナー道場」の一部を共通化して運営しています。

2017年度からは教養学部前期課程の学生（1-2年生）を対象にした全学自由研究ゼミナールを開講しています。特に理系学生は3年生になると専門分野の勉強が忙しくなるので、大学でのアントレプレナーシップ教育は教養課程の1-2年生で（できれば必修科目として）行なうのが最も効果的だからです。また、この他に大学院工学系研究科の英語講義"Innovation and Entrepreneurship"も担当しています。

産学協創推進本部では、この他にも研究者が自身の研究成果から事業化プランを作成することに重点を置いた研究者向けのプログラムも運営しています。このプログラムは経済産業省や文部科学省の補助金を受けて運営してきたプログラムですが、アントレプレナー道場におけるビジネスプラン・コンテストと同じように各チームに2名のメンターがアサインされて事業化プラン作成の指導にあたることが大きな特徴です。

2016年には、学生が自分の作りたい製品やサービスを作ることができる工房「本郷テックガレージ」を民間企業の支援を得て開設しました。前述したように製品やサービスを作ること自体はアントレプレナーシップ教育ではありませんが、製品やサービスが存在しなければ新しい事業を興せません。日本で起業数が少ない原因の一つは、起業に至るかどうかにかかわらず何か面白いモノを作ってみようというプロジェクトが少ないためだと私達は考えています[3]。本郷テックガレージは、ハードウエアにしろソ

---

3) FacebookもGoogleも、最初は学生が面白がって始めたプロジェクトです。最初から事業計画があって会社を作ったわけではありません。

フトウエアにしろ何かを作りたい学生が技術的なサイドプロジェクトを行なうことができる「秘密基地」と位置付けており、学生が夏休みや春休みの期間中に集中して自分の作りたい製品やサービスを作るプログラムなど様々なプログラムを提供しています。

　アントレプレナーシップに関する教育プログラムとしては、製品やビジネスプランを他者にアピールし他者の評価を受けることも重視しています。製品やサービスについて顧客視点での評価を受けることはビジネスにとって本質的であり、また、自分の考えを他者に伝えて人を巻き込むことも、アントレプレナーシップの重要な要素だからです。2008年から実施している北京大学との交流プログラムもその一つで、アントレプレナー道場で練ったビジネスプランを海外大学の学生と発表し合ってお互いに評価するプログラムです。2014年から実施している TTT（Todai To Texas）プログラムは、毎年3月にアメリカ Texas 州 Austin 市で開催される大規模なコンファレンス South By Southwest（SXSW）の展示会に学生プロジェクトや東大関連のスタートアップを派遣するプログラムです。学生が趣味で作ったようなモノであっても展示会でデモをすれば、「いくらで買えるの？」「何に使えるの？」と質問攻めに遭います。自分達の作ったモノが世の中に出ていくというのはどういうことなのかを肌身で感じることは、工房でモノ造りに熱中していた学生にとって大きな刺激であり学びの機会でもあります。

　図1.1は今まで説明した各種のアントレプレナーシップ教育プログラムを一覧にした図です。アントレプレナー道場を核にして様々なプログラムが発展している様子がわかると思います。

　また、東京大学産学協創推進本部におけるアントレプレナーシップ教育は、大学関連スタートアップを対象としたインキュベーション・プログラムと同じメンバーによって運営されていることも大きな特徴です。インキュベーション活動は、大学の研究成果を基にして創業された会社を支援する活動ですが、アントレプレナーシップ教育を受けて起業した学生は、一定の条件を満たせばインキュベーション施設への応募資格を有し、法務支援、経営アドバイスの提供、投資家などの紹介、ネットワーキング機会の提供など、インキュベーション・プログラムが大学関連スタートアップに

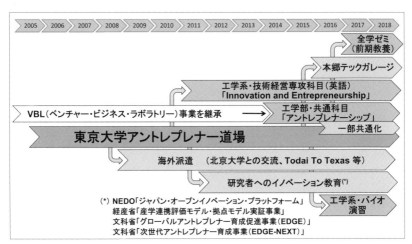

図 1.1　東京大学におけるアントレプレナー教育プログラムの発展

提供する様々な支援を受けることができます。アントレプレナーシップ教育とインキュベーション活動を一体的に運営することにより、教育が単に教育で終わることなく、事業活動にシームレスに繋がる仕組みを実現しています。

なお、アントレプレナー道場も含めて正規科目以外のプログラムは民間企業からの寄附金を主要な原資としていることも付記しておきたいと思います。日本の国家財政事情の中で大学が教育研究活動の規模を拡大していくためには、国立大学と言えども自主財源の拡大が必須であり、特にアントレプレナーシップ教育のようなプログラムが公的資金に依存していたのでは持続可能でありません。アメリカの有名研究大学では、成功した卒業生起業家の寄附が大学の財源として大きな比重を占めていることはよく知られています。日米間には寄附に対する文化的風土や税制の違いがあるものの、日本でも大きな成功を収めた起業家に大学へのまとまった額の寄附を期待することは荒唐無稽な話ではありません。将来、寄附によって得られるであろうリターンを考慮すると、大学にとってアントレプレナーシップ教育は十分な費用対効果が期待できる先行投資だと言えます。

本書で扱う内容

ここまで述べてきた通り、アントレプレナーシップには様々な要素があ

第1章 序論

り、東京大学における教育プログラムも多岐にわたっています。その中で本書が扱うのは、会社（その中でも、特に大きく成長することを目指す会社）を立ち上げるために必要となる基礎知識の部分です。会社を立ち上げて経営していく以上、起業家はビジネスの基礎知識を「知らない」では済みません。本書の内容は起業家が起業を検討する際には理解しておくべき内容だと私達は考えています。

しかし、本書で扱うビジネスの基礎知識の部分は、様々な要素から成るアントレプレナーシップの中の一部分でしかありません。むしろ、アントレプレナーシップの本質はその他の要素、すなわち、やりたいことを見つけ、強い意志を持って、仲間を集め、製品やサービスを作って売る部分にあると言っていいでしょう。本書では、やりたいことの見つけ方も、仲間の集め方も、製品の作り方も、サービスの売り方も取り上げていません。本書が扱う内容は起業を考える際に必須の知識ではありますが、アントレプレナーシップの一部でしかないことには注意して頂きたいと思います。

第 1 章のまとめ

・これから社会に出る皆さんは、いつでも起業できるような能力と心構えを身に付けておく必要がある。

・本当に自分の人生を賭けてやりたいことを見つけたときのために、誰もが起業という選択肢を持っておく必要がある。

・長い目で見れば、起業のリスクは大企業に何十年も居続けるリスクよりも大きいとは言えない。

・アントレプレナーシップは様々な要素から成り立っている。ビジネスの基礎知識を学ぶ本書の内容は、そのごく一部である。

第2章

イノベーションの担い手はスタートアップ

第1章では、誰もがキャリアの選択肢として起業を意識する必要があるというお話をしましたが、本章では、起業家が興すスタートアップ企業[1]が社会全体の中で重要な役割を果たしていることを説明します。

2-1　イノベーションとは何か？

新聞などでは「イノベーション」の訳語として「技術革新」という言葉がよく使われます。技術革新という日本語をイノベーションの訳語として用いたのは1956年の経済白書が最初だと言われていますが、実はこれは非常に誤解を生む訳語です。「技術革新」という言葉からは科学的な発見や技術的な発明を連想しますが、「イノベーション」はもっと広い概念です。イノベーションとは、今までになかった何らかの新しい方法を用いて、新たな「価値」を生み出すことです。新たな価値を生む源泉は必ずしも技術的な革新であるとは限りません。

少し具体的な例をお話ししましょう。コンビニや宅配便はイノベーションの例だと言われています。コンビニは、それまでになかったタイプの小売店舗と流通網によって新しいビジネスを作り出しましたし、宅配便は荷物を各家庭に配送する手段として小包郵便しかなかった時代に新しい配送方法を生み出して新しいビジネスを創造したという意味でイノベーションなのですが、コンビニの販売方法や宅配便の配送方法が、科学的な発見や特許になるような発明に基づいているわけではありません。これらの例で

---

[1]　スタートアップという言葉に馴染みのない方は、とりあえずベンチャー企業と同義語だと思って下さい。詳細は第3章で説明します。

わかるように、イノベーションの源泉は必ずしも新規技術とは限りません。しかし、インターネットや携帯電話の例を引くまでもなく、現代の多くのイノベーションは技術的な革新をベースにしていますので、以下では主に新規技術からイノベーションが生まれるプロセスを考察していきます。

ただ、ここで注意しておかなければいけないのは、技術の革新が起こっただけではイノベーションとは言えないという点です。技術的に大きな革新であっても、それはあくまでも技術の革新であり、その技術革新が経済的な価値を生み出して、はじめてイノベーションになります。中国語ではイノベーションを「創新」と言うそうですが、「技術革新」よりもずっとイノベーションの本質を突いた訳語のように思います。

2-2　イノベーションの担い手の変遷

　Apple、Google、Facebook、Amazon。皆さんも良く知っているこれらの会社は、いずれも世の中を大きく変えるようなイノベーティブな製品やサービスを生み出してきた会社ですが、いずれも最初はスタートアップ企業として始まったことは皆さんもご存じのことと思います。こういう話をすると、多くの日本人（特にオトナ）は「それは、アメリカの話でしょ？　日本はやっぱり大企業が中心ですよ」と仰るかもしれません。しかし、一昔前まではアメリカでもイノベーションの中心は大企業が担っていました。

　大企業がイノベーションの中心であった社会から、スタートアップがイノベーションを担う社会に変化したアメリカの歴史を、日本は正に歩み始めたところです。その意味でアメリカでのイノベーションの担い手の変遷を理解することは重要です。本節では、少し歴史をさかのぼって考えてみたいと思います。

個人発明家の時代

　次（図2.1）の写真の人達をご存じでしょうか？　左は電話の発明者グ

ラハム・ベル（1847-1922）、右は電球や蓄音機など数々の発明から発明王とも称されるトーマス・エジソン（1847-1931）です。「そんな大昔の話をされても困るよ」と思われるかもしれませんが、高々100年ほど

ベル (1847-1922) 　　エジソン (1847-1931)

図2.1　イノベーションの担い手（発明家の時代）

前のことです。二人とも現代社会の基盤を築くようなイノベーションを起こした人物ですが、彼らはどこかの会社の研究所で電話や電球を発明したわけではありません。彼らは個人発明家だったのです。

　21世紀の現代では、どこの組織にも属さない個人発明家は珍しく、少し変わった人のように扱われてしまうかもしれませんが、この頃はこういう人達が個人で研究開発を行ない、良いものができたらそれを大企業に売り込み、大企業がそれをビジネスとして営むのが基本的なイノベーションのパターンでした。ベルはAT&Tの前身となる電話会社を起業しましたし、エジソンはGE（ジェネラル・エレクトリック）の前身となる会社を起業しましたが、それはだいぶ後のことです。大企業への売り込みが大変うまくいったので、「じゃあ、自分の会社を作ろうか」と起業したのであって、彼らが最初から起業家だったわけではありません。最初はあくまで個人の研究開発成果を大企業に売り込むパターンだったわけです。

研究開発の自前主義の時代

　では、いつ頃から大企業がイノベーションを担うようになったのでしょうか？　それは1930年代から1940年代頃からだと言われています。有名な例では、デュポン社によるナイロンの開発やAT&T社によるトランジスタの開発が挙げられます。ナイロンは、化学メーカーであるデュポンが中央研究所の研究者として雇ったハーバード大学の

カロザース（デュポン）　　ショックレー（AT&T）
ナイロンの発明(1931)　　トランジスタの発明(1947)

図2.2　イノベーションの担い手（中央研究所の黄金時代）

化学者W.カロザースによって発明されました。1931年に事業化され、デュポンは合成繊維という新しい事業分野で大きな成功を収めます。もう一つの例であるトランジスタも同じように企業内研究所の基礎研究者によって発明されています。電話会社AT&Tは、真空管に替わる新しい増幅器の開発を物理学者W.ショックレーを長とする研究グループに託し、固体増幅器であるトランジスタが発明されました。トランジスタの発見から半導体産業が生まれ、現在のIT産業が半導体回路の上に成り立っていることを考えると、トランジスタの発明は現在の社会を支える最大のイノベーションであったと言っても過言ではないですが、そのイノベーションはAT&Tという大企業の企業内研究所に勤めるサラリーマンが担っていたわけです。（もっともAT&T社自身はトランジスタの事業化に成功したとは言い難く、半導体を産業として発展させたのは他の会社ですが……）

　この二つの例に見られるように1930年代から1940年代にかけて、多くの大企業は自社内に研究所を作って科学者や研究者を雇い入れ、研究所に勤めるサラリーマン研究者がイノベーションの担い手になっていきます。これから50年ぐらいの間、大企業の従業員がイノベーションの中核を担う時代になります。エジソンやベルのような個人から研究開発の成果を買うのだと、個人発明家が他の会社にもその技術を売れば技術を独占することができませんが、従業員である研究者が発明した技術や開発した製

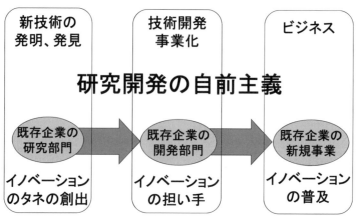

図2.3　大企業がイノベーションを担う時代（1950〜1960年代）

品は自社のものであり、イノベーションから生まれる価値を独占することができます。また、個人発明家は自社の従業員でないので、その技術を進化させたり事業化する際に生ずる様々な技術的課題に社内で対応することが簡単ではありませんが、自社の従業員が研究開発した技術であれば、その技術のことを一番わかっている人が対応することができます。

このようにして、大企業が自社の研究所を持ち、基礎的な研究も従業員として雇った研究者や技術者が行ない、その研究成果を製品にしてビジネスとして展開するところまで一つの企業の中で行なう自前主義のイノベーションが一般的になります。1950年代から1960年代は、このような大企業中心のイノベーションの全盛期と言ってもいいでしょう。IBM、AT&T、RCA、Kodak、Xeroxなどの有力企業は皆大きな企業内研究所を持ち、優秀な研究者や技術者を大量に雇い入れ、イノベーションはこのような大企業の従業員が担う時代になります。

スタートアップと大学の時代

ところがアメリカでは1980年代に入ると大企業による自前の研究開発が急速に衰退していきます。その原因は単純ではありませんが、大きく三つの側面があると言っていいでしょう。

一つは技術の進化です。技術が複雑になると研究開発費はどんどん高額

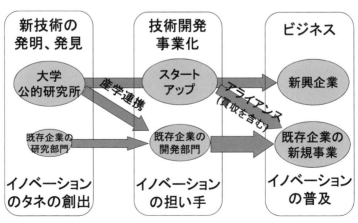

図2.4　大学とスタートアップがイノベーションを担う時代（1980年代以降）

化します。ショックレーの時代なら、物理学者を何人か雇って電気炉と電圧計があれば増幅器の研究開発ができたかもしれませんが、今はちょっと何かするにも数億円の装置を揃えなければなりません。そうなると、いくら大きな会社でも成功の可能性が不明確な研究開発を数多く同時に行なうことはできません。また、技術のデジタル化や標準化が進むとともに、インターネットやIT技術が発達して研究開発の分業化が容易になったという側面もあります。分業化した方が研究開発の効率が高ければ、何もかも自社で行なう必要はなくなります。

　大企業による自前研究開発が衰退した二つ目の原因は産業構造の変化です。工場で大量にモノを生産することが利益の源泉であった時代から、付加価値の源泉がサービスやソフトウエアやコンテンツに移行するのに伴って、開発、製造、販売をすべて一つの会社の中で完結させるよりも、多くの企業が協業して全体を分業化した方が事業効率が上がるようになります。

　大企業による自前研究開発が衰退した三つ目の原因は資本市場の変化です。株主として四半期毎の収益を求める機関投資家が台頭するに従い、上場企業に対する短期的収益へのプレッシャーが強まります。株価は分単位、秒単位で変化するものですが、研究開発は年単位、ときには十年単位の時間がかかり、時間軸のスケールが何桁も違います。四半期毎の収益を追求される経営者には、なかなか長期的な研究開発はできません。長期的な視点での投資がしにくくなった結果、大企業の中での自前の研究開発は短期的な収益に結び付くものだけに成らざるを得なくなりました。

　上述したような様々な理由から1980年代以降アメリカの大企業では社内研究所が急速に縮小していきます。自前主義の大企業における研究所に代わってイノベーションを担うようになったのは大学とスタートアップです。1980年代以降になると新しい技術のタネを生む基礎的な研究開発は大学や公的研究所が担い、そのタネを製品化して産業化する技術開発はスタートアップが担い、大企業は事業化のうまくいきそうなものを取り込んで大きな事業にしていくという流れがイノベーションの主流になります。

オープン・イノベーション

　このように、アメリカではイノベーションのプロセスが、自社だけでな

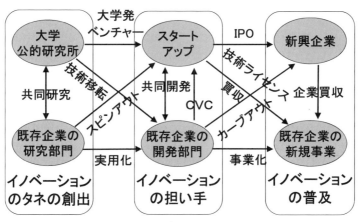

図2.5　オープン・イノベーション

く大学やスタートアップをも巻き込んだプロセスに変化しました。大企業は大学やスタートアップから技術を導入したりスタートアップを買収してイノベーションを進めますが、スピンオフやカーブアウトといった形で技術を切り出すプロセスや、共同研究や共同開発やベンチャー投資など様々な手法を取りながらイノベーションを進めます。これがオープン・イノベーションという概念です。

　このような変化を裏付けるデータをいくつか示したいと思います。図2.6は過去40年間のアメリカでの民間研究開発投資を、どんな規模の企業が担ってきたかを示す図です。1970年代には研究開発の70%以上は従業員25,000人以上の大企業が担っていましたが、その割合は2000年代には30%近くに低下しています。一方、1970年代には数%だった従業員500人以下の企業の割合は、2000年代には20%になります。アメリカの民間企業におけるR&Dが40年間のうちに、大企業から小さな

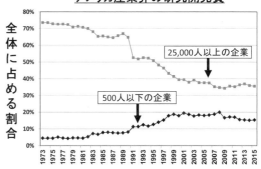

図2.6　R&Dは大企業からスタートアップへ

会社にシフトしてきたことがわかります。

　自前の研究開発が細った大企業はその減少分を外部から取り入れて補います。外部から導入する方法は色々ありますが、最もわかりやすい形はスタートアップの買収です。図2.7は、ベンチャーキャピタルから資金提供を受けたスタートアップのEXIT[2]の推移を過去30年にわたり追ったものです。一般にスタートアップには上場するか大企業に買収されるか二種類のEXITの選択肢があります。1970年代まではEXITのほとんどは上場でしたが、1980年代から大企業による買収が増加し、現在では上場によるEXITは1割にも満たず、9割のスタートアップは大企業に買収されます。この変化には様々な背景がありますが、大企業が自前のR&Dの減少分をスタートアップ買収で補うようになったことが大きな要因であることは疑いありません。

　ここまでのお話をまとめたのが図2.8です。自前のイノベーションであれ、社外で生まれたイノベーションであれ、それを大きなビジネスにして世の中に広めていくのはいつの時代も大企業が中心ですが、新しい技術を生み出してイノベーションを担うのは70〜80年前までは個人であり、最近は大学とスタートアップです。大企業のサラリーマンがイノベーショ

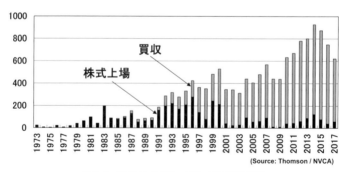

図2.7　アメリカのスタートアップのEXIT実績

---

[2] EXITとは何か？　については第8章で詳しく説明しますが、ここでは事業がうまくいった場合にスタートアップがどういう運命をたどるのか？　という意味だと思って下さい。

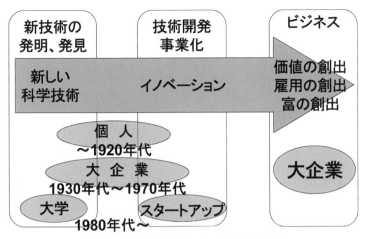

図 2.8　アメリカでのイノベーションの担い手の変遷

ンを担っていたのはその中間の 50 年ぐらいの期間の現象だったと考えるのが自然です。

2-3　日本の状況

前節はアメリカの話ですが、では日本はどうなのでしょう？

欧米へのキャッチアップの時代

エジソンやベルが活躍していた時代は、日本では明治から大正に当たります。この時代の日本にも、例えばトヨタグループの創始者の豊田佐吉のような個人発明家は居ましたが、国全体として見れば、西洋文明を取り入れて近代的な産業が生まれるキャッチアップのステージにあったと言っていいでしょう。

キャッチアップの時代は 1970 年代ぐらいまで続きます。特に第二次大戦以降の日本はモノ造りによって大きな経済発展を遂げましたが、今から振り返ると、この時代の日本経済の発展はオープン・イノベーションに基づいていたと言ってもいいのではないでしょうか。多くのモノ造り日本

企業は、元をたどれば欧米で生まれた科学技術の成果をうまく取り入れて、優れた商品を作り出したからです。もちろんその時代の日本企業や日本人がそれをオープン・イノベーションだと意識してはいなかったでしょう。欧米に比べて科学技術の基盤が劣っていたのでキャッチアップのために海外の技術を導入したのですが、外から取り入れた技術をうまく活用して、顧客の求める優れた商品を作り出して経済的に成功したという意味では、高度成長期の日本企業は正にオープン・イノベーションを実践していたと言ってもいいのではないかと思います。

　ところが不幸なことに、この頃（1950～1970年代）は世界中が研究開発の自前主義の全盛期でした。自前主義の考え方に従えば、基礎的技術を持たない会社がイノベーションを起こせるはずがないし、ましてやビジネスとして成功するはずがありません。つまり、基礎技術を持たない企業や国がビジネスで成功しているのは何か悪いことをしているに違いない、という論理になります。つまり、技術タダ乗り論です。

キャッチアップした後に起こったこと
　確かに技術もリソースも乏しかった日本企業が欧米の先進企業に追い付こうとしたときに、最初はまず先行者の模倣をするところから始めた場合もあったかもしれませんが、高度成長期の日本企業の成功の本質が技術のタダ乗りにあったわけでなかったと思います。多くの新規技術のタネが欧米で生まれたのは確かでしょうが、日本企業にはそれらの海外産のタネをうまく使いこなして品質や価格の面で優位性を持った製品を生み出す力があり、欧米企業には乏しかったのではないでしょうか。技術の源がどこで生まれたものであったとしても、海外企業よりも日本企業の方が顧客が欲しいと思う製品を作る能力が高かったから日本企業は成功したのではないでしょうか。

　しかし、この時代にはオープン・イノベーションなどという考え方はありませんでした。日本人も皆、自前主義が正しいと信じていたのだと思います。自前主義の考え方に従えば、イノベーションを起こすためにはそのタネとなる基礎技術から自前で持たなければなりません。そこで何が起こったかというと、「キャッチアップの時代は終わった。これからは基礎研

究だ」ということで、基礎研究所ブームが起きました。アメリカでは自前主義が正に大きく崩壊しつつある時期に、日本では全く逆のことが起こっていたわけです。

　なぜこの時代の日本企業が自前主義を強化することが可能だったかというと、一つには日本企業は非常に業績が良くて余裕があったからです。いつの時代でも、使い切れないほど稼いだ企業は基礎研究を強化します。50年代、60年代のIBMやAT&Tもそうですし、今なら世界中で一番多くのPh. Dを雇って脳科学や自動運転などに多くのリソースを投入しているGoogleがいい例でしょう。70年代、80年代の日本企業も十分な利益を上げてその余裕分を基礎研究に投入することができました。

　日本企業が自前主義を貫くことができたもう一つの要因は、日本では株主のプレッシャーがあまりなかったという点です。日本の会社は市場からではなく銀行からの資金調達をメインにしてきたので、低収益でも株主からの追及が弱く、従ってすぐに収益に結び付かない基礎研究に経営資源を割くことができたわけです。

成長の鈍化と産学連携

　しかし、90年代に入って事態は急激に変化します。多くの日本企業は、成長率が鈍化して急速に基礎研究を行なう体力はなくなり、それを補うものとして欧米から20年遅れで産学連携がブームになります。基礎的な研究は大学や公的研究所に担ってもらい、その成果を産学連携という形で企業が取り込もうという動きです。しかしながら、日本企業では、研究開発の自前主義からの脱却は基礎研究の部分に留まっています。図2.9は、日本における民間の研究

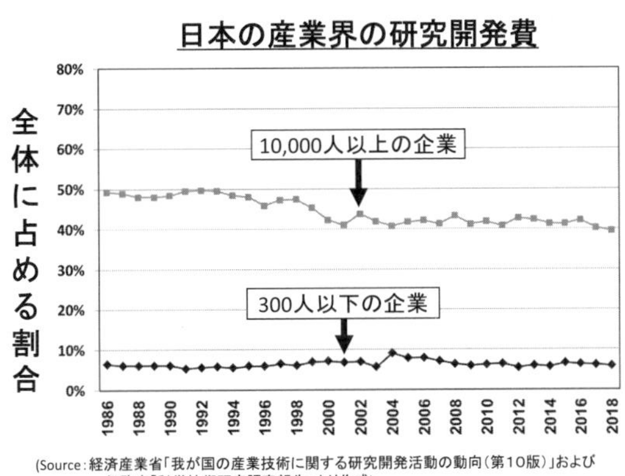

日本の産業界の研究開発費

(Source：経済産業省「我が国の産業技術に関する研究開発活動の動向(第10版)」および総務省「科学技術研究調査報告」より作成)

図2.9　日本ではR&Dは相変わらず大企業中心

開発投資が、どのような規模の企業によって担われているかを示した図ですが、アメリカにおける同様の動向を表すグラフ（図2.6）と見比べると明らかなように、アメリカで起こったような大きな企業から小さな会社への研究開発のシフトは日本では起こっていません。企業では基礎的な研究はやらなくなったかもしれないけれど、その減少分は研究開発全体からするとさほど大きくはなく、事業化に向けた技術開発の部分は相変わらず自前主義が主流だと言えるでしょう。

つまり、日本の今の状況は、「企業ではなかなか基礎的な研究はできないからイノベーションのタネを生む機能は大学に期待しよう。でも、日本ではスタートアップはイノベーションを担う力はないので、イノベーションを起こすのはまだまだ大企業でないと…」といった感じなのではないで

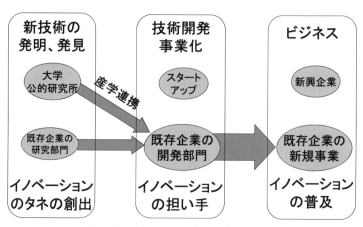

図2.10　イノベーションの担い手（日本の現状）

しょうか（図2.10）。

日本ではスタートアップの存在感が薄いという話は皆さんもよく聞くと思いますが、改めてデータを示したいと思います。図2.11は各国でのベンチャーキャピタル投資額が、それぞれの国のGDPの何%に相当するかの国際比較です。つまり、一国の経済規模と比較して、どれだけの富がリスクマネーとしてその国でスタートアップに投入されているかの指標ですが、日本は主な先進国に比べて小さな値です。これを見ても、日本の産業構造がまだまだ大企業中心であることがわかると思います。

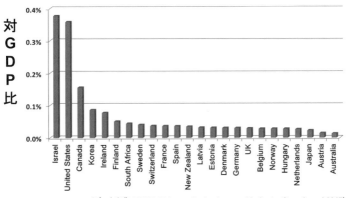

（データ出典：OECD Science, Technology and Industry Scoreboard 2017）

図 2.11　ベンチャーキャピタル投資の対 GDP 比国際比較

日本はやっぱり大企業なのか？

　しかし私達は、日本もアメリカから 20 年遅れで同じ状況に立たされていると考えています。アメリカの企業が研究開発の自前主義を貫けなくなった原因である研究開発費の高額化や産業構造の変化は国境のない話であり、企業が何でも自前で開発することが現実的ではなくなってきたことがアメリカの特殊事情であるとは思えません。また、日本でも株主の力が大きくなってきており、日本企業でも短期的収益のプレッシャーから長期的研究開発がしにくくなっています。（それが良いことかどうかは議論がありますが……）

　そうだとすれば、日本でもイノベーションの中心は大企業から大学やスタートアップにシフトしていかざるを得ません。現状を見ると、政府もベンチャー育成の制度を色々と整備し、産学連携が叫ばれ、また大企業も様々な形で外部から技術を調達、導入することに積極的になってきていますが、一方で「そうは言っても日本はシリコンバレーとは違ってやっぱり大企業だよ…」といった考え方も根強い気がします。

　日本ではアメリカほどにスタートアップが盛んではない理由は、色々な所でも論じられていますし、その分析をすることは本書の主題でもありません。しかし、多くの皆さんが疑問に思う点であることも確かなので、簡単に私見を述べたいと思います。

私は、日米の最も本質的な違いは人材の流動性にあると考えています。雇用の流動性が低い社会では、既存企業に勤める人が会社をやめて起業するハードルは高くなり、起業数は少なくなります。また、人材の流動性は起業した人のセーフティー・ネットという意味でも重要です。誰もやったことのない新しい事業は、そう簡単には成功せず多くは失敗します。起業して失敗した人が既存企業にサラリーマンとして雇われるという選択肢が比較的容易にとれれば、起業のリスクはかなり低減されます。人材の流動性の低さは、起業後のスタートアップにとっても大きな壁です。立ち上げ期のスタートアップで一番苦労するのは優秀な人材を集めることです。4月に新卒を一括採用し、定年まで一つの会社に勤める雇用形態を理想と考える日本の雇用システムの中では、できたばかりの会社が優秀な人材を集めることは容易ではありません。時間をかけて新入社員を教育することのできる大企業と異なり、スタートアップが人を雇用する際には即戦力である必要がありますが、雇用の流動性が低い日本では即戦力となる人材に現職を離れてスタートアップに参画してもらうことは簡単ではありません。

　もちろん、日米の間には人材の流動性以外にも数多くの相違点があります。投資家をはじめとしてスタートアップを支える環境が日本ではまだまだ脆弱であること。十分に大きくなる前に未熟な会社を上場させてしまう株式市場。成功した起業家の蓄積が少ないこと。日本の大企業が日本のスタートアップを買収することがほとんどないこと。今までに取引のなかった新興企業との取引が容易ではない前例主義の商慣行。身近なロールモデルの不在。等々。しかし、私は日米の一番大きな違いは人材の流動性すなわち雇用システムにあると思っています。

2-4　シリコンバレーのエコシステム（生態系）

　話を再びアメリカのシリコンバレーに戻したいと思います。シリコンバレーはご承知のようにスタートアップのメッカですが、個々の会社の成功物語だけを見ているとシリコンバレーの本質を見誤ります。シリコンバレ

ーの本質は、大企業や大学も含めてシリコンバレーという地域全体が一つのエコシステム（生態系）を形作っていることにあります。

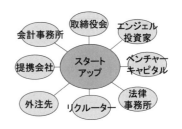

図2.12　スタートアップを支える人達

シリコンバレーのエコシステムとは一体何なのか？　あえて一言で言えば、スタートアップに関係する様々な人達の人的なネットワークだと言っていいと思います。できたてのスタートアップは数人の会社かもしれませんが、その周りにはベンチャーキャピタルや法律事務所や各分野の専門家など様々な専門能力を持った人達が居ます。この人達はスタートアップの社員ではありませんが、このスタートアップの成功のために資金を投じたり時間を使ったりしているという意味で、このスタートアップの一員です。

このような人達が大きな人的ネットワークを構成し、シリコンバレー全体が一つのコミュニティーを形作っているのがシリコンバレーのエコシス

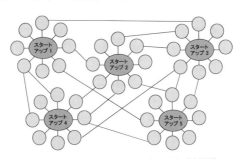

図2.13　シリコンバレーのエコシステム（生態系）

テムです。このネットワークを通して人が動き、資金が動き、情報が流れ、仕事が進んでいきます。

……と言われても、学生さんや日本の大企業の中に居る方にはピンと来ないかもしれませんが、これを大企業の組織と比べてみるとわかりやすいのではないかと思います。大企業の中でも、何か新しいプロジェクトが動き始めるときには実はシリコンバレーのエコシステムと同じようなことが起こっているというのが図2.14です。大企業の中で新規事業を目指した

図 2.14　シリコンバレーと大企業の比較

プロジェクトを始める場合も、人数としてはごく少人数なのが普通でしょう。しかし、プロジェクト・メンバーは少人数であってもプロジェクトには社内の色々な部門の人達が関わっています。プロジェクトには専任の人事担当者も法務担当者も居ないでしょうが、会社の人事部や法務部の人がプロジェクトの面倒を見てくれていることでしょう。プロジェクトを発足させて尻を叩く研究所長やスポンサーになってくれる事業部長も、このプロジェクトのためにフルタイムで働くわけではありませんが、資金や時間を投じてプロジェクトを成功させようとしているという意味ではプロジェクトの一員です。このように、様々な専門能力を持った多くの人達が少人数のプロジェクトをサポートしているという構造はシリコンバレーのスタートアップと同じです。違うのは、大企業の場合は一つの会社という枠の中での構造なのに対し、シリコンバレーの場合は会社の枠を越えたエコシステムの中での構造だという点です。シリコンバレー全体が一つの大きな会社だと考えるとわかりやすいという意味で、ここではこのエコシステムのことをシリコンバレー（株）と呼びます。もちろん、そんな会社が存在するわけではありませんが……。

　そう考えると、様々な職能を担う人達で構成される大きな人的ネットワークを通して仕事が進むという点でも、大企業の組織とシリコンバレー（株）の組織は似ています。大企業の中で新しいプロジェクトを立ち上げる場合、人を集めるにしても、資金を集めるにしても、また色々な技術を組み合わせるにしても、実際にモノを言うのは、上司のネットワークだったり、昔一緒に仕事をした仲間だったり、同期入社のネットワークだったりします。つまり、大企業の新規プロジェクトでは、大企業という共同体

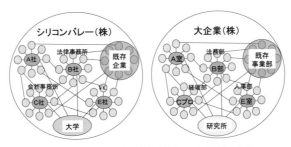

図 2.15　シリコンバレーと大企業のエコシステムの比較

の中に張り巡らされた社内の様々な形のネットワークを通じて仕事が進んでいきます。それと同じことがシリコンバレーではシリコンバレー（株）の中で起こっています。スタートアップが人材を集めたり資金を集めたりする場合、モノを言うのは、CEO の人脈であったり、前の会社の同僚のネットワークであったり、出身大学の繋がりであったりします。つまり、シリコンバレー全体に張り巡らされた様々な形のネットワークを通して仕事が進んでいきます。個々のスタートアップは会社という独立した組織ではありますが、シリコンバレー（株）の中の一つの新規事業プロジェクトと考えた方がいいのです。

　シリコンバレーでは、このエコシステムの中に大学も組み込まれています。大企業ならば、自社の研究所から新しい技術のタネが出てきて、「これはビジネスになるかもしれない」と思ったら、新規プロジェクトを立ち上げて事業化してみようとなりますが、シリコンバレー（株）の場合には大企業における研究所に相当する機能を大学が担います。つまり、大学から新しい技術のタネが出てきてビジネスになりそうであれば、スタートアップを立ち上げて事業化しようということになります。

　大企業の中で新規事業プロジェクトがうまくいきそうになったら、どうなるでしょうか？　プロジェクトが事業部に格上げされて大きく育っていく場合もあるでしょうが、多くの新規技術や新製品は、大企業の中の既存の事業部門に引き継がれることでビジネスになっていきます。新規技術が既存製品の一部に組み込まれる場合もあるでしょうし、新規開発された製品が既存事業部の新製品として引き継がれることもあるでしょう。事業部門はそうやって研究所や新規プロジェクトの成果を取り込みながら事業を

拡大していきます。シリコンバレー（株）では、既存の企業（GoogleやIntelやFacebookといった企業）が大企業における既存事業部に相当します。GoogleやIntelは、スタートアップで開発された新規技術を自社製品に組み込んだり、スタートアップを買収して製品ラインを拡張したりしながら事業を拡大していきます。それは大企業の中で、新規プロジェクトで開発された新製品が既存事業部に引き継がれて事業化されていくことに対応しています。

　このように、シリコンバレーでの新規事業立ち上げはシリコンバレー全体を一つの括りとして考えると、日本の大企業の中での新規事業立ち上げとよく似ています。イノベーションのタネを生む大学も、イノベーションの果実を引き継いで大きなビジネスに育てる既存企業もエコシステムに組み込まれていて、個々のスタートアップはその中の開発プロジェクトのような存在なのです。

　とかくシリコンバレーというと、AppleやGoogleのように大化けした会社に目がいきがちですが、これは無数の開発プロジェクトの中のごく少数の大成功でしかなく、実はその陰で「そこそこの成功」を収めた多数の開発プロジェクト（すなわちスタートアップ）こそがシリコンバレーの本質であることを理解しておく必要があります。つまり大企業内の新規事業とのアナロジーで言えば、AppleやGoogleは新規プロジェクトが既存事業を凌駕するような新しい事業部に育ったような例外的な大成功なのです。

第 2 章のまとめ

・イノベーションの担い手は、大企業からスタートアップに大きくシフトしている。

・これはアメリカの特殊現象ではない。

・シリコンバレーの本質は、大学と大企業と無数のスタートアップで構成されるイノベーションのエコシステムである。

第3章

スタートアップは普通の会社とは違う

　第1章では誰もが起業をキャリアの選択肢として意識する必要があるというお話をしました。第2章では、起業家が興すスタートアップ企業が社会全体の中で重要な役割を果たしていること、また、それはアメリカの特殊現象ではないことを説明しました。本章では、スタートアップという形態の会社が普通の会社とどう異なるのかを解説します。

3-1　スタートアップとは？

　第2章でもスタートアップという言葉を使ってきました。この本は学術書ではありませんので、あまり厳密に言葉の定義をするつもりはありませんが、「スタートアップ」とは何か？　は、新しいビジネスを立ち上げる際には大事な概念ですので、少し説明したいと思います。
　この本では、大きく成長する事業を目指して新たに作られた会社のことを総称して「スタートアップ」と呼んでいます。多くの皆さんには「スタートアップ」という言葉よりも「ベンチャー」もしくは「ベンチャー企業」という言葉の方が馴染みがあるかもしれません。世の中ではスタートアップのこと（つまり、大きく成長する事業を目指して新たに設立された会社のこと）をベンチャー（もしくはベンチャー企業）と呼ぶ場合もあります。しかし、世間一般でベンチャー企業と言った場合には、新たに設立された会社全般を指している場合もあります。そういう幅広い意味でベンチャー企業と言った場合には、大きくなりそうもない会社や急速に大きくなるつもりはない会社も含んでおり、本書で説明するスタートアップとは違った種類の会社も含みます。本書では、「ベンチャー企業」という言葉のこの点での曖昧さを避けるため、基本的にはベンチャーという言葉は使わずに

スタートアップという言葉を使います[1]。

「大きく成長する」という表現は、英語の「スケール (scale)」の訳語です。「このビジネスモデルのままで、この会社はスケールするのか？」「この事業はスケーラブルな事業か？」といった言い方をしますが、これは最初は小さく始めた事業であっても、今の事業形態を続けて売上げを10倍、100倍と大きくできる事業か？　といった意味です。

大きな事業になるためには大きなマーケットが必要です。どんなに優れた製品やサービスであっても、その製品やサービスを使う可能性のある人や会社、つまり潜在顧客が世界中に数えるほどしか居なくて、その人達すべてがお客さんになっても売上げが1,000万円にしかならなければ、この事業は1,000万円以上には大きくなれません。

大きなマーケットがあれば、すなわち、大きな事業になる可能性があれば、必ず同じような事業をする人が出てきます。つまり競争が生じます。新規事業は競争のない分野で行なうことが理想ですが、実際にはそうはいきません。仮に誰も考え付かなかった事業を始めたとしても、その事業がうまくいけば真似をする人は出てきます。従って、スタートアップとして大きな事業を目指すからには必ず競争相手が居ると考える必要があります。競争相手が居る中で事業を成功させるためには、競争相手との差別化が必要です。スタートアップの事業は、必ずしもテクノロジーをベースにした事業である必要はありませんが、他社が簡単には真似できない技術を持っていた方が競争に有利なのは確かです。その技術が特許などの形で守られていれば、より良いのは言うまでもありません。しかし、技術以外でも事業を差別化することはできます。起業家が特定の業界に非常に長く携わっていたため、新規参入者とは比較にならないほど業界に関しての知識が豊富で、しかも強固な業界人脈を持っていることが差別化要因だという場合もあるでしょう。世界中で1か所でしか産出されない特殊な原料や、あ

---

[1] ちなみに、日本語では「ベンチャー企業」のことを「ベンチャー・ビジネス（略してVB）」と呼ぶことがありますが、これは和製英語です。英語では startup、startup company、venture という言い方はしますが、venture business という言い方はしないのが普通です。

る会社でしか作れない特殊な部品を独占的に入手できることが差別化要因である場合もあるかもしれません。また、スタートアップではスピードも大事です。特にITサービス系のスタートアップでは、競争相手が出てくる前に、もしくは競争相手よりも速いスピードで、いち早く大きな会社に成長してしまうのも競争に勝つための一つの方法です。

　スタートアップを起業するにはお金がかかります。それはスタートアップが大きな事業を目指すからです。大きな事業を目指せば必ず競争相手が居り、競争に勝つには独自の技術を持ったり、他社よりも早く急成長する必要があると述べてきました。技術開発にはお金がかかりますし、急成長するためにも先行投資をして事業を急拡大するためのお金がかかります。既に長く事業を行なってきた会社であれば、長年の利益の蓄積を新規事業に投資できますが、新しい会社にそのような蓄積はありません。自己資金だけで必要な資金をまかなえればそれに越したことはありませんが、通常、よほど資産家の家に生まれた人でもない限り、初めて起業する個人が何億円もの自己資金を持っていることはないので、他人から資金を調達することになります。しかも、失敗する可能性も高い事業に資金を提供してもらうので、成功したときに大きな金銭的リターンを提供できる出資（株式投資）という形で資金提供を受けます。つまり、スタートアップの起業は基本的に他人からの出資（株式投資）による資金提供を前提にすることになります。

3-2　スタートアップとスモールビジネスは違う

　新しい会社がすべてスタートアップだと言うわけではありません。必ずしも大きな事業を目指さない会社もあるでしょうし、目指していても思うように大きくならない、つまりスケールしない場合もあります。この本では、そのような事業をスモールビジネスと呼ぶことにします。日本語としては「中小企業」が最も近い言葉かもしれませんが、従業員や売上高が一定の基準以下の会社を中小企業と言うことが法律で決まっています。この

基準に当てはまればスタートアップであっても法律的には中小企業に含まれるので、中小企業[2]という用語を使わずに「スモールビジネス」という言葉を使うことにします。

スタートアップとスモールビジネスの違いは、スケールするビジネスかどうかだと言いましたが、その違いをもう少し掘り下げてみたいと思います。

スタートアップは基本的に今まで世の中になかった事業を新しく創り出すので、構想した製品やサービスが本当にビジネスになるかどうか、最初はわかりません[3]。事業を始めるときにはどんな顧客をターゲットにしてどんな製品やサービスを提供するかを計画しますが、それはあくまでも仮説です。仮説に基づいて作った試作品やプロトタイプを顧客になりそうな人に使ってもらったら使い物にならず、計画が振り出しに戻ることもあります。

例えば、大学の研究室で今までにない画像認識アルゴリズムが開発され、この技術をベースにしてスタートアップを立ち上げる場合を考えてみましょう。画像認識は汎用性の高い技術なので、開発された技術は工場でロボットの制御に使えるかもしれませんし、一般消費者がスマートフォンで撮った写真の整理に使えるかもしれません。ロボット制御に使うのであれば、スタートアップの事業は画像認識ソフトウエアをロボット・メーカーやロボットを導入している工場に売るビジネスになるでしょう。一方、スマートフォンのアルバム内で使うのであれば、この会社の事業は画像認識ソフトウエアをスマートフォン・メーカーにライセンスする事業かもしれませんし、ソフトウエアを自社のクラウド上に置いて画像認識機能を一般消費者に直接提供するサービスになるかもしれません。つまり、スタートアップでは、どんな顧客をターゲットとし、どんな製品やサービスをどのような経路で顧客に届けるかは、最初は決まっていないことが多いのです。こ

---

[2] 中小企業基本法で業種毎にどんな大きさの会社を中小企業と呼ぶかは決まっています。例えば、小売業では資本金5000万円以下、従業員数50人以下ですが、大部分の業種では資本金3億円以下、従業員数300人以下です。

[3] 例外もあります。例えば、がんの治療薬を開発する創薬スタートアップは、がんを治す薬がビジネスになるかどうかを心配する必要はないでしょう。

れはソフトウエアに限らずハードウエアでも同じです。

　このように、スタートアップは今まで世の中になかった事業を興そうとするので、誰にどんな製品やサービスを提供するかが、決まっていない状態からスタートする場合が多く、最初に構想した製品やサービスがあったとしても、それが本当に大きなビジネスになるかどうかはわかりません。スタートアップの立ち上げ期は、どんな顧客に向けてどんな製品やサービスを作ればいいのかを探索・模索する時期なのです。

　一方、スモールビジネスは、通常、誰が顧客で、どんな製品やサービスを提供すればいいかがわかっています。もし皆さんが駅前でラーメン屋さんを始めるとしたら、売る商品はラーメンですし、お客さんは駅前で昼飯を食べる近所のオフィスの人達か帰宅時に夕食や夜食を食べに来る人達でしょう。ラーメン屋が商売としてうまくいくかどうかには様々な要因があるでしょうが、少なくとも昼飯にラーメンを食べる人が居るかどうかを心配する必要はありません。それは新しい画像認識アルゴリズムを買ってくれる人が居るかどうかを心配しなければならないスタートアップとは本質的に違います。

　ここではラーメン屋さんをスモールビジネスの例にして挙げましたが、最近はネットやITを活用したスモールビジネスも数多くあります。物理的な店舗が必要だった小売業がネット上で商品を売るようになったオンラインショップが典型的な例ですが、少し腕の立つ学生さんがWEBページのデザインやソフトウエア開発を請け負うスモールビジネスを営むことも珍しくありません。このようにITを活用しているからと言って、またテクノロジーを使っているからと言って、必ずしもスタートアップであるとは限りません。

　スタートアップとスモールビジネスとでは、お金の面でも大きな違いがあります。ラーメン屋さんは開店すれば日銭が稼げて最初から一定の売上げが立ちます。(もちろん、どれだけ美味しいラーメンを提供できるかにもよります

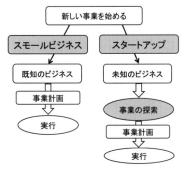

図3.1　スタートアップは事業を模索する

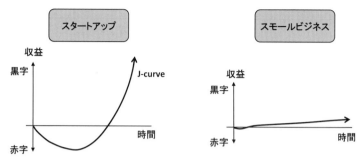

図3.2　スタートアップのJカーブ

が……)。しかし、スタートアップでは誰に対してどんな製品やサービスを提供するかを探索・模索する時期は、売上げがないか、あっても試作品の売上げなど少額なのが普通です。

図3.2は両者の一般的な収益推移の違いを模式的に表した図です。スタートアップでは初期は売上げがない（もしくは少ない）わりに支出が大きいため大きく赤字になるのが普通ですが、一旦ビジネスが立ち上がると急激に売上げも上昇し利益も増えていきます[4]。ビジネスが立ち上がるまでの期間は、通常数か月から2、3年程度でしょう。一般人向けのWEBサービスやアプリ開発であれば開発は数か月でできるかもしれませんが、企業向けサービスやハードウエア製品は開発期間が長くなります[5]。大きな赤字を前提に初期投資をするので、スタートアップは基本的に他人から出資を受けることが前提と前節でお話ししました。しかし、スタートアップの事業も一旦利益が出始めれば、その利益を投資に回すことができ、外部資金に頼ることなくさらなる投資を行なうことができます。このようにして、スタートアップはうまく動き始めると加速度的に大きくなっていきます。相当な資金を調達して、うまくいくかどうかわからない事業を始めて、うまくいけば大きな利益が出るという意味で、スタートアップの起業

---

4) このような動きをJカーブとかホッケー・スティック・カーブと呼ぶことがあります。

5) 創薬を目指すバイオベンチャーであれば、立ち上がるまでに10年近い時間がかかることも珍しくありません。

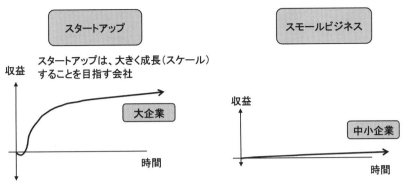

図 3.3　長い時間軸で見たスタートアップの成長

はハイリスク・ハイリターンです。

　一方、スモールビジネスでは比較的早くから売上げが上がりますが、急激に大きくはなりません。初期投資が相対的に小さいため初期の赤字も大きくはなく、順調にビジネスが立ち上がれば比較的早く黒字化します。その意味でスモールビジネスは一般的にローリスク・ローリターンです。スモールビジネスの場合でも初期投資の資金は（スタートアップに比べれば小さいとはいえ）自己資金だけでまかなえずに他人から調達することは多いですが、最初から売上げが上がりローリスク・ローリターンなので、出資（株式投資）ではなく融資という形で資金を調達するのが一般的です[6]。しかし、大きな利益が出るわけではないので大きな投資を行なうことはできず、急速に成長することはできません。スモールビジネスは、うまくいったとしてもゆっくりとしか大きくならないのが普通です。

　図 3.2 の時間軸は通常数か月から 2-3 年程度というお話をしましたが、この時間軸をさらに長くとったのが図 3.3 です。スタートアップはうまくいき始めると加速度的に成長しますが、無限に加速度的な成長を続けることは不可能です。目標通りに大企業になると、成長のスピードは鈍化してより安定的な成長カーブを描くようになります。これに対してスモールビジネスはゆっくりとしたペースで成長していきます。

　ビジネスを始める動機や目標も、スタートアップとスモールビジネスで

6）　出資と融資の違いに関しては第 8 章で詳しく説明します。

表3.1　スタートアップとスモールビジネスの違い

	スタートアップ（例えば画像認識）	スモールビジネス（例えばラーメン屋さん）
何を売るのか？	未定（用途、製品スペック？）	わかっている（ラーメン）
誰に売るのか？	未定（個人、企業、業種？）	わかっている（近所の昼飯客）
どうやって売るか？	未定（代理店、直販、オンライン？）	わかっている（店舗で売る）
どうやって稼ぐか？	未定（製造業、サービス業？）	わかっている（ラーメンを売る）
収入の目途	暫く（もしかしたら何年も）ない	開店した日から得られるであろう
必要な資金	多額（開発費に何千万円？）	少額（開店準備に何百万円？）
必要な人材	多数の専門性の高い従業員	少人数の専門性を要さない労働力
事業パートナー	多数（下請け、製造、販売 等々）	少数（材料仕入先）
リスクとリターン	ハイリスク・ハイリターン	ローリスク・ローリターン
事業の目標	大きな会社になる	自分や家族を養う

は異なるのが一般的です。スタートアップは大きな会社になることを目指しますが、スモールビジネスは「自営業」という言葉に象徴されるように自分や家族が食べていけるだけの収入を上げることが一義的な目標です。（大きな会社になる意欲はあるのだが、結果的にスモールビジネスから脱せない会社もありますが……）表3.1はここまでに述べてきたスタートアップとスモールビジネスの違いを表にまとめたものです。

　ここまでスタートアップとスモールビジネスの違いを説明してきましたが、この本で対象とするのは基本的にスタートアップです。スタートアップを始めるのはスモールビジネスを始めるのとは異なる考え方や手法が必要です。もちろん、スモールビジネスとスタートアップとで共通な点も数多くあります。法律上はスモールビジネスとスタートアップが区別して定義されるわけではないので会社の設立手続きは同じですし、経理処理の仕方も同じです。しかし、スタートアップとスモールビジネスとでは、事業計画に対する考え方も違いますし、資金の集め方も異なるのが一般的です。従って、以下の各章の説明は基本的にはスタートアップを前提にした話だと考えて下さい。その中にはスモールビジネスに当てはまる内容もあるかもしれませんが、個別にそのような注釈は加えませんので、スモールビジネスには当てはまらない内容も数多くあることにご注意下さい。

　ただし、この本の対象がスタートアップだからといって、スモールビジ

ネスがスタートアップに比べて価値が低いわけではないという点は、ここで強調しておきたいと思います。イノベーションを牽引して経済発展の原動力になるのは、大きな会社になることで多くの雇用を生み出し多くの富を生み出すスタートアップですが、どこの国でも中小企業（その大部分はスモールビジネス）は一国の経済の中で極めて重要な役割を果たしています。例えば、日本では事業所の98.5%は従業員が100人以下の事業所であり、78%は従業員10人以下です。また、全雇用者の72%は従業員100人以下の事業所で働いています[7]。従業員の少ない企業の中にはスタートアップも含まれていますが、その数は非常に小さく、小規模企業の大半はスモールビジネスだと言って間違いないでしょう。これは日本だけでなくどこの国でも同じです。どの国でもスモールビジネスは経済全体の中で大きな位置を占めています。

スモールビジネスは数の上で経済全体の中で大きな割合を占めるという意味で重要であり、スタートアップは将来の大企業になる候補だという意味で重要であり、両方とも大事な存在なのです。しかし、世間一般では両者の違いはあまり正確に理解されていません。「起業」という言葉は、スモールビジネスを興すときにもスタートアップを興すときにも使われますし、政府が新規産業を振興しようとする際にも、スモールビジネスの振興策とスタートアップの振興策の区別が付いていない場合もあります。両方とも大事ですが、双方の事業の性格は異なっており、両者の違いをよく認識しておく必要があります。

3-3 スタートアップは大企業の小型版ではない

スタートアップは大きくなることを目指して興された会社です。つまりスタートアップはうまくいけば、ゆくゆくは大企業になっていく会社[8]

---

[7] 出典：平成26年経済センサス基礎調査　http://www.e-stat.go.jp/SG1/estat/List.do?bid=000001064598&cycode=0

です。従って、スタートアップの会社の仕組みはあらかじめ大企業になることを前提にして設計しておく必要がありますし、この本の中で説明している多くの事柄はそのような前提で書かれています[9]。

では、スタートアップの経営は大企業と同じように行なえばいいのかというと、そうではありません。スタートアップ期の会社は、単に小さいというだけでなく、様々な面で大企業とは質的に異なります。

前節でスタートアップの立ち上げ期は、どんな顧客に向けてどんな製品やサービスを作ればいいのかを探索・模索する時期であるというお話をしました。スタートアップは基本的に今まで世の中になかった事業を新しく創るものなので、最初に構想した顧客や製品やサービスはあくまでも仮説でしかなく、それが本当にビジネスになるかどうかはわからないという話でした。

これに対して大企業は既に事業を行なっていますので、既存の製品やサービスが存在します。顧客も居ます。この状態は、誰に何を売ればビジネスになるのかがまだ明らかでないスタートアップとは根本的に違います。誰が顧客で、どんな製品やサービスを提供すればいいかがわかっているという意味では、大企業の事業の性格はスタートアップよりもむしろスモールビジネスに近いと言えます。

既にお客さんが居てお客さんに売る製品を持っている大企業にとっては、既存の事業を拡大していくことが一義的な事業目標になります。もちろん、既存事業だけでは成長の限界があるので、成長が鈍化してきたら大企業も新規事業を開拓する[10]必要がありますが、大企業にとってはあくまでも

---

8) アメリカではスタートアップの多くが大企業に買収されるという話を第2章でしました。独立した会社として事業をやっていくよりも既存の大企業の一部になった方がその事業を大きくできる可能性が高ければ、スタートアップは買収されることを選びますが、この場合も大企業（の一部門）になると言えます。

9) 逆に言うと、この本に書いてあることに従わなくても起業はできますし、スモールビジネスを起業するのであれば、この本の内容に従わない方がいい場合もあるかもしれません。

10) 自前で研究開発をして新規事業を作り出すだけでなく、買収によって事業を拡大していくことが一般的になってきていることは第2章でも述べた通りです。

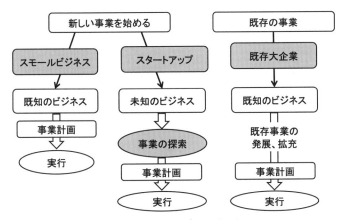

図3.4 スタートアップと大企業の違い

現在売上げを上げ利益を出している事業を拡大させていくことが会社としては優先度の高い目標になります。

　資金の面でもスタートアップと大企業とでは大きく異なります。大企業は既に売上げがあり利益の蓄積もあるのが普通なので、新しい事業に投資するにしても会社が自らの資金を投資することができますが、スタートアップは前にも述べたように、暫くの間は収入がないことが多いので、外部から資金調達をしなければなりません。表3.2は今まで述べてきたようなスタートアップと大企業の違いを表にまとめたものです。

表3.2　スタートアップと大企業の違い

	スタートアップ	大企業
何を売るのか?	未定(用途、製品スペック?)	- 基本的に既知、既存 - 既存事業を拡大・強化したい - 既存の事業を守る必要あり しかし、成長が鈍化したら、新規事業の開拓が必要 (自前で行なうか、買収するか)
誰に売るのか?	未定(個人、法人、業種?)	
どうやって売るか?	未定(代理店、直販、オンライン?)	
どうやって稼ぐか?	未定(製造業、サービス業?)	
収入の目途	暫く(もしかしたら何年も)ない	
必要な資金	多額(開発費に何千万円?)	
必要な人材	多数の高い能力の従業員	
事業パートナー	多数(下請け、製造、販売 等々)	
リスクとリターン	ハイリスク・ハイリターン	概して、ローリスク
事業の目標	大きな会社になる	年率x%の成長

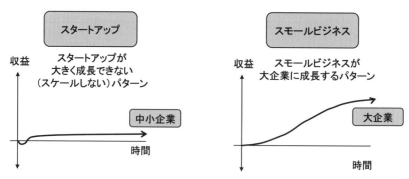

図3.5 違った経路をたどる場合も多い

　ここまで、スタートアップは大企業になるという前提で話をしてきましたが、現実には首尾よく大企業にまで成長するスタートアップはそんなに多くはありません。事業が立ち上がらずに廃業するケースもありますが、スタートアップとして起業したはずの会社がなかなか大きくなれないままスモールビジネスに留まるケースもあります。本来、スタートアップは大きくなることを目指して設立され、外部の投資家もその会社が大きくなると見込んで投資しているので、スモールビジネスにしかならないのなら会社を閉じて次の挑戦をした方がいいのですが、なかなかそうもいきません。特に日本では、スタートアップとして起業したはずの会社がスモールビジネスとして長く存在していることが多くあります。

　逆にスモールビジネスが少しずつ時間をかけて大きな会社になっていく場合もあります。日本の大企業は（少なくとも最近までは）ほとんどがこのパターンであったと言ってもいいでしょう。それは、本書が主題としているようなスタートアップという形態での起業が、日本で一般的になってから、まだ日が浅いからです。第2章で述べたようにスタートアップがイノベーションの主要な担い手になったのは、アメリカですら1980年代以降です。アメリカではApple、Google、Amazonをはじめスタートアップとして急成長した企業が既に大企業になっていますが、日本では、まだスタートアップがイノベーションの主役になる過渡期にあるため、スタートアップから大企業になった会社は少なく、伝統的な日本の大企業はどちらかと言うとスモールビジネスが時間をかけて大きくなった会社だと言っていいでしょう。

3-4 大企業の中での新規事業

前節では、既にお客さんが居てお客さんに売る製品を持っている大企業にとっては、既存の事業を拡大していくことが最優先になるというお話をしました。しかし大企業でも既存事業の成長が鈍化してきたら新規事業を開拓していく必要があります。既存の顧客に既存製品の延長線上の製品を売るのではなく、全く新しい事業を興すのであれば、大企業で新規事業を創出するプロセスはスタートアップを興すことと似てきます。すなわち、誰に何を売ればビジネスになるのかがまだわからない状態で、どんな顧客に向けてどんな製品を作ればいいのかを探索・模索することになるからです。その意味で、本書の内容には既存会社の中でのアントレプレナーシップ（新規事業構築プロセス）[11]に共通の内容も含んでいます。

大企業の中で新規事業を創出するプロセスは、スタートアップを興すのと似ていますが、一般に大企業の中で新規事業を興そうとしてもなかなかうまくいきません。その理由は様々であり単純ではありませんが、基本的にはスタートアップの経営と大企業の経営は本質的なところで異なるから

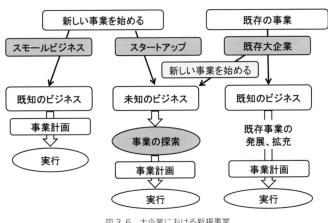

図3.6 大企業における新規事業

---

11) 大企業の社内でのアントレプレナーシップを Intrapreneurship と呼ぶこともあります。

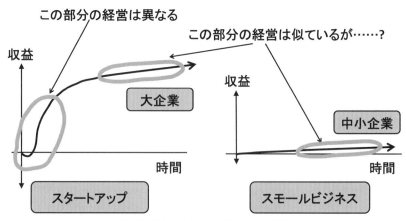

図3.7　スタートアップの経営と大企業の経営

です。大企業の経営の大部分は既にビジネスとして成立することが実証済みの顧客や製品が存在する点でスモールビジネスの経営と共通していますが、スタートアップの経営の初期段階は何がビジネスになるかを探し当てる作業であり、大企業で既存事業を経営していく能力とは全く異なる起業家特有の能力が必要になります。通常、新入社員として入社してそのまま何十年も同じ会社に居て社長になった経営者は、スタートアップの起業家のように何がビジネスになるかを模索した経験はないことが多く、既存事業を回していくのとは違った考え方で新規事業を模索するプロセスを管理することができません。仮にできたとしても、年商（年間の売上げ）1兆円の会社の経営者にとっては売上げを1.1兆円に伸ばすことが最優先の課題のはずです。従って、売上げ10億円の新規事業があったとしても、その事業は、伸ばさなければならない1,000億円の売上げに比べれば誤差と言えるほど小さな事業であり、優先度は低く成らざるを得ません。つまり、大企業の経営はどうしても既存事業を維持し発展させていくことが最優先になり、企業規模が大きいほど守らなければならない既存事業も大きくなるので、ますます新規事業の優先度が低くなってしまうのです。一方、スタートアップの起業家にとっては年商10億円の新規事業は会社のすべてであり、おそらく24時間365日そのことしか考えていないことでしょう。大企業の中で新規事業を興そうとしてもなかなかうまくいかないのは、このような背景からです。

スタートアップの経営と大企業の経営が具体的にどのように違うかを詳しく解説するのは本書の主題からは外れますが、よくまとまった比較が参考文献にありますので、その要約を表3.3にまとめておきます。スタートアップの経営者は経営資源を調達することに注力し、大企業の経営者は経営資源を配分することに注力すること。スタートアップの経営者はビジョンに基づきアクション指向の経営を行なうのに対して、大企業の経営者は数字に基づきコントロール指向の経営を行なうこと。スタートアップの経営は挑戦とスピードが鍵であるのに対して、大企業の経営は規模と効率を追求するものであることなど、示唆に富んだ比較が成されています。

表3.3　アントレプレナーと経営者の違い

スタートアップの経営 (アントレプレナー)	大企業、スモールビジネスの経営 (経営者)
事業の模索、探索	事業計画の実行
破壊的イノベーション	漸進的イノベーション
挑戦とスピード	規模と効率
経営資源の調達、獲得	経営資源の配分
長所のマネジメント	欠点のマネジメント
ビジョンに基づいた経営	数字に基づいた経営
アクション指向	コントロール指向
機会を捉える経営	プロセスに従った経営
リスクを取る	リスクを回避する

出典:"Bringing Silicon Valley Inside"
by Gary Hamel (Harvard Business Review, Sep/1999)

　以上述べてきたようにスタートアップの経営には大企業を経営するのとは異なる能力が必要ですが、スタートアップの経営には大企業の経営と共通の能力も必要になることには注意しておく必要があります。スタートアップの経営者は「これはモノになる」というビジネスを探し当てたら、つまりスケールする事業を特定できたら、その後は速やかにビジネスの実行計画を策定して実行していかなければなりませんが、この部分は大企業の経営と基本的には共通だからです。つまり、スタートアップの経営者には、何がビジネスになるかを探し当てる起業家特有の能力に加えて、事業計画を立てて実行する企業経営の能力も必要なのです。

　起業家の中には前者は得意だけど、後者は苦手というタイプの起業家も居ます。会社が大きくなっていく中で後者の能力を付けていくことが理想ですが、どうしても後者に向かない場合には、後者が得意な仲間と組むとか、事業をスケールさせるフェーズになったら日々の経営は得意な人に任せることも選択肢として考えた方がいいかもしれません。

3-5 なぜスタートアップの仕組みを学ぶのか？

本章ではスタートアップとは何なのか？ スモールビジネスと何が違うのか？ 大企業とはどう違うのか？ を述べてきました。一方で、アントレプレナーシップは必ずしも会社を作ることを意味するものではないとも、大企業の中で新規事業を興すときにもアントレプレナーシップが必要だとも言いました。また、世間一般で「起業」という言葉を使うときにはスタートアップとスモールビジネスを区別していない場合が多いこともお話ししました。話が少しややこしくなってきたかもしれないので、ここで一度言葉を整理しておきたいと思います。

新しい事業を始める、もしくは起業すると言った場合、どんな形態で（新しい会社を作るのか作らないのか？）どんな事業を（今までに誰もやったことのない未知の事業なのか、誰が顧客でどんな製品を作ればいいのかがある程度わかっている既知の事業なのか？）行なうかで図3.8のような分類ができます。

事業内容にかかわらず新しい会社を作ること（起業）はできますが（図3.9 (a)）、スタートアップを始めると言った場合、その事業内容は誰もやったことのないイノベーティブな事業です（同図 (b)）。一方でイノベーティブな事業は既存の会社の中で行なう場合もあり（同図 (c)）、この場合には新しい会社を作るか否かにかかわらず、アントレプレナーシップが必要になります。

以上で「起業」「スタートアップ」「アントレプレナーシップ」といった言葉の整理ができたと思いますが、本書で扱うのは基本的にはスタートア

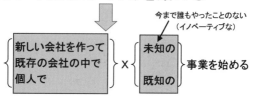

図3.8　新しい事業を始める様々な形

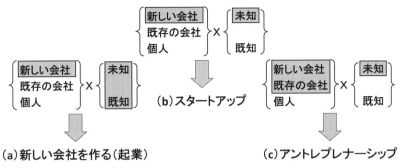

図 3.9 起業とスタートアップとアントレプレナーシップの違い

ップです。つまり大きな事業になる（スケールする）ことを目指した未知のビジネスを新しい会社を作って始める場合を想定しています。

　第1章で、なぜアントレプレナーシップが大事かというお話をしました。本当に自分の人生を賭けてやりたいことを見つけたときに、起業という選択肢を誰もが持っておく必要があるからでした。では、このときの起業はスタートアップである必要があるのでしょうか？　スモールビジネスで自分のやりたいことができれば、スタートアップを興す必要はないのでしょうか？　さらに言えば、個人事業で自分のやりたいことができれば、会社など必要はないのでしょうか？

　答えは YES でもあり NO でもあります。やりたいことをやって食べていけるのであれば、スモールビジネスとして、もしくは個人事業として、やりたいことをやるのも人生として一つの選択です。すべての起業がスタートアップの起業ではありませんし、その必要もありません。スタートアップは新しい会社のごく一部です。

　私達が東京大学で運営しているアントレプレナー道場にも様々な起業のアイデアが集まりますが、その中にはスケールしないであろうと思われる事業のアイデアも数多くあります。教育プログラムとしては、スケールしそうもないアイデアであっても、そのアイデアを基にしてスケールする事業プランを作ることを目指しますが、どうしてもスモールビジネスの事業計画にしかならない場合もあります。そのようなプランは、スタートアップの起業を増やすことを最終的なゴールとするアントレプレナー道場としては満足のいく結果とは言えませんが、そのような事業プランの中には社

会の重要な課題を解決する事業アイデアもありますし、本人が一生を賭けてやりたいと真剣に考えているアイデアもあります。大量の雇用を生むことはなくても、創業者や何人かの従業員が暮らしていけるだけの事業を営むことができれば、それも立派なビジネスです。

では、なぜスモールビジネスではなく、スタートアップが大事なのでしょうか？ 社会全体から見れば、その理由は第2章で述べたようにスタートアップが経済発展に大きな役割を果たしているからです。しかし、これはオトナの都合による理由です。「自分のやりたいことをやるためには起業という選択肢を持つ必要がある」という皆さんの視点から見たときの「なぜスモールビジネスではなく、スタートアップなのか？」という質問の答えにはなっていません。

やりたいことを見つけたときに起業家がスタートアップという選択肢を知っておく必要があるのは、スモールビジネスや個人事業では自分のやりたいことが実現できない場合が非常に多いからです。やりたいことが自分一人だけでできる内容であり、また必要な資金が自分の貯金でカバーできる程度であれば別ですが、やりたいことの内容が社会の課題を解決するようなサービスであったり、世の中のたくさんの人に使ってもらうような製品であると、ほとんどの場合、投資家からの出資を受けて多くの人を巻き込んで大きな事業にしないと、やりたいことは実現できません。世の中にインパクトを与えるような「やりたいこと」をやろうとすると、スタートアップという形をとらざるを得ないことが多いというのが、スタートアップについての知識を皆さんが持っておく必要がある最大の理由です。

しかし、皆さんがスタートアップという選択肢を知っておいた方がいいもう一つの理由は、ビジネスが成功したときの金銭的な報酬がとてつもなく大きいからです。第8章で説明しますが、スタートアップとして事業を始めてうまくいった場合、起業家が得る金銭的な報酬は創業株主としてのキャピタルゲインです。スタートアップがうまくいく確率は決して高くはありませんが、うまくいった場合には数億円からときには数百億円の報酬を手に入れることができます。これは、スモールビジネスや個人事業として新規事業を行なってうまくいった場合の報酬（売上高に応じて得られる利益の配分）や、大企業の中で新規事業が成功した場合の報酬（会社の

業績に貢献したことで得られるボーナスや昇進・昇給）に比べて何桁も大きいのが普通です。確率は高くはありませんが、成功すれば、一生（他人からの投資を受けずに）自分のやりたいことをやり続けることができます。お金だけが目的で起業しても決してうまくはいきませんが、世の中に大きなインパクトを与えるビジネスを成功させたときに、そのインパクトに値する大きな金銭的な報いを得られるのは、スタートアップの起業という形をとった場合であり、皆さんがスタートアップという選択肢を知っておいた方がいい理由として無視できない要因です。

第 3 章のまとめ

・スタートアップとは、大きく成長する事業（スケールする事業）を行なうことを目指して新たに作られた会社のことである。

・スモールビジネスとスタートアップは違う。

・スタートアップは大企業の小型版ではない。

・すべての起業がスタートアップであるわけではないが、世の中にインパクトを与えるような「やりたいこと」をやろうとすると、スタートアップの形をとらざるを得ないことが多い。

第4章

ビジネスとは顧客に価値を届けること

前章までの各章ではアントレプレナーシップやスタートアップがどんなもので、なぜ大事なのかを述べてきました。本章からはスタートアップを起業する際に知っておくべき様々な基礎知識を解説していきます。

4-1 そもそもビジネスとは何か？

「ビジネス」や「事業[1]」という言葉は実社会では様々な意味で使われますが、ここでは、製品やサービス[2]を顧客に提供して、その対価として収入を得る活動という意味で考えます（図4.1）。皆さんがコンビニで弁当を買ってお金を払うのは、弁当という製品の提供への対価ですし、皆さんがアルバイトで家庭教師をすれば、皆さんが提供する教育サービスへ

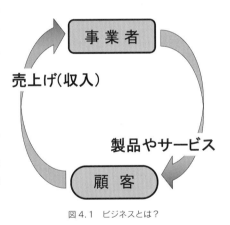

図4.1 ビジネスとは？

---

1) 日本語の「事業」は business を指す場合と project を指す場合があります。公共事業や慈善事業と言ったときの「事業」は project であり、本書で言う「事業」ではありません。
2) 「製品」という言葉からは、手に取って触れるハードウエアを連想するかもしれませんが、ソフトウエアも製品です。また、多くのビジネスはハードウエアもソフトウエアも含まないサービスを提供しますので、本書では、事業が顧客に提供するモノを総称して「製品やサービス」と呼んでいくことにします。

の対価として顧客である親御さんからお金をもらえます。

　何をいまさら当たり前のことを……と思われるかもしれませんが、スタートアップではこの当たり前のことを行なうのは簡単ではありません。実際、スタートアップが失敗する一番大きな原因は顧客が買わない製品やサービスを作ってしまうことなのです。第３章でスタートアップはどんな顧客に向けてどんな製品やサービスを作るかを探索・模索するというお話をしました。多くのスタートアップはこの探索・模索がうまくいかずに失敗します。もちろん、会社が失敗する原因は様々です。お金がなくなって失敗する会社もありますし、製品を作る技術が未熟で失敗する会社もあります。創業者が仲間割れして会社が空中分解することが多いのも現実です。しかし、圧倒的に多くのスタートアップは、売れない製品やサービスを作ったことが原因で失敗します。スモールビジネスや大企業の既存事業でも売れない製品やサービスを作ってしまうことはありますが、スモールビジネスや既存事業であれば、どんな顧客にどんな種類の製品やサービスが売れるかは、ある程度わかっています。今まで世の中になかった事業を新しく創り出そうとするスタートアップの方が、売れない製品やサービスを作ってしまう危険性はずっと高いのです。事業を営むからには、顧客が対価を払う価値のある製品やサービスを提供するのは当たり前のことなのですが、実はこれが一番難しいことなのです。

　ビジネスや事業と言うと会社を思い浮かべますが、「個人事業」や「ファミリー・ビジネス」という言葉があるように、事業を営む主体が必ずしも会社である必要はありません。どういう事業を行なう場合に、なぜ会社があった方がいいのか？　については第７章で解説しますが、たくさんの人達を巻き込んで大きな事業を行なうには会社として事業を行なう方が色々な面で都合がいいのが普通です。前章でお話ししたように本書で扱う起業は大きな事業を目指す起業なので、事業を営む主体は会社であるという前提で話を進めていきます。

ビジネスの核となる機能

　ビジネスの本質である顧客に製品やサービスを提供する活動は次の三つの要素から構成されます。

・どんな製品やサービスを誰に対して提供するかを決める機能
・製品やサービスを作る機能
・製品やサービスを売る機能

```
誰に何を提供す  →  製品や         →  製品や
るかを決める       サービスを作る      サービスを売る
```

図4.2　ビジネスの基本機能

　「決める」機能は、誰に対してどんな製品やサービスを提供すればどれだけの対価を得られてどれだけ大きなビジネスになるかを調べて、考えて、最終的に決定する機能です。この機能は大きな会社でも重要ですが、スタートアップでは大企業以上に重要であることは先程述べた通りです。一般的には「決める」機能はマーケティングとか経営戦略といった言葉で表され、古くから様々な手法や考え方が提唱されていますが、最近では事業内容を探索・模索することを特徴とするスタートアップに特化した考え方も広まっています。

　「作る」機能は、ハードウエアを作る製造業であれば、設計、開発、製造といった部門から成り立っているのが普通ですが、最近では製造プロセスは自社で工場を持って行なうのではなく他の会社に委託する場合も珍しくありません。ソフトウエア・ビジネスであれば、ハードウエアのような「製造」に対応するプロセスはないので、ソフトウエアを開発する工程が「作る」機能に相当します。サービス業の場合には「作る」機能はない場合も多いですが、サービスといってもWEB上での色々なサービスを展開する場合にはソフトウエア開発が「作る」機能に相当するかもしれませんし、色々なパートナー企業と連携してサービスを構築するタイプの事業なら、他企業との提携交渉をまとめあげることが「作る」機能と言えるかもしれません。

　「売る」機能は、文字通り製品やサービスを販売する機能です。一般消費者を対象にしたビジネスであれば、店舗を構えてサービスを提供する場合もあるでしょうし、オンラインで製品を販売する場合もあるでしょう。売る相手が企業や団体であれば一般消費者に対する売り方とは違った売り

方になるかもしれません。消費者相手でも企業相手でも、製品やサービスを顧客に直接売る場合と、事業者と顧客の間に様々な人達が介在して顧客に間接的に売る場合があります。また、いくら素晴らしい製品やサービスがあっても顧客がその存在を知らなければ買ってくれませんので、どうやって顧客に知ってもらうかも「売る」機能の大事な側面になります。

会社を構成する様々な要素

　ここまで会社としてビジネスを行なっていく上では「誰に何を提供するのかを決める」「製品やサービスを作る」「売る」の三つの機能が核になるというお話をしました。できたばかりの会社であれば一人で何でもやらなければならないでしょうが、会社が大きくなってくると、これらの機能はだんだんと別々の部門に分かれていきます。どこの会社でもいいですが、皆さんが知っている大きな会社のWEBページを見てみて下さい。たいていの会社のWEBページには、会社概要の下に組織図があると思います。そこを見ると、開発、営業、マーケティング、人事、財務、法務、品質管理、カスタマー・サポート、広報、経営企画等々……様々な機能を持った部署が並んでいると思います。会社に必要な機能は業種や業態によって異なりますし、部門の呼び方も異なりますが、「決める」機能を担う部門と、「作る」機能を担う部門と、「売る」機能を担う部門に加えて、事業の核となるこれらの部門をサポートする様々な部門から成り立っているはずです。

　サポート部門（間接部門）というのは、人事、経理、財務、法務などの部門のことです。大きな事業を行なおうと思えば、たくさんの人を雇用するので人事の機能が必要ですし、様々な形で大きな額のお金を扱うので経理や財務の機能も重要です。多くの事業は様々な法的な規制があり、ビジネスをしていく上で色々な契約を結ぶ必要があるので法務の機能もおろそかにできません。消費者向けのビジネスでも企業向けのビジネスでも売った後のカスタマー・サポートは重要です。会社の経営者は、これらの事業を営むために必要な様々な機能を有機的に統合して組織として運営していくこと、すなわち会社を経営していかなければなりません。

　本書では、スタートアップを起業する際に知っておくべき様々な基礎知識を解説していきますが、経営者の知っていなければならない会社の様々

な機能をを一つの書物ですべて解説することは不可能です。「作る」機能、すなわち製品やサービスの作り方に関しては本書では全く触れませんし、「売る」機能、つまり製品やサービスの売り方に関しても、少ししか触れていません。本章から第6章にかけては、主に「誰に何を提供するのかを決める」機能について、特にスタートアップの視点から説明し、それ以降の章では株式会社の仕組みを説明した上で、資金面を中心として経営の基礎知識を解説します。

4-2 顧客は何に対して対価を払うのか？

　ビジネスは、顧客がお金を払って製品やサービスを購入することで成り立ちますが、顧客がお金を払うのは製品やサービスにお金を払うだけの価値があると思うからです。言い方を変えると、顧客は目に見える形での製品やサービスそのものにお金を払っているのではなく、製品やサービスが生み出す目に見えない価値に対価を支払っていると言えます。

　顧客が対価を払うに値すると考える価値の中身は様々です。便利さや使い勝手に価値がある場合もあるでしょうし、安全性や信頼性に価値がある場合もあるでしょう。企業相手のビジネスであれば、顧客は業務コストを削減してくれるサービスや業務効率を向上してくれる製品に価値を見出すはずです。顧客が個人であっても企業であっても、単純に今までにあった製品やサービスよりも低価格であることが大きな価値である場合もあります。

課題（Problem）と解決策（Solution）
　多くの皆さんは何万円もするスマートフォンを購入して毎月何千円かの通信料を払っていると思いますが、皆さんはなぜスマートフォンや通信料に多額のお金を払っているのでしょうか？　人によってスマートフォンの使い方は異なるとは思いますが、おそらく最大公約数は、いつでもどこでも友達や家族と繋がることができる価値や、いつでもどこでも様々な情報

にアクセスできる価値に対してお金を払っていると思います。

　顧客にとってお金を払う価値のある製品やサービスは、多くの場合、顧客にとっての何らかの課題を解決してくれる製品やサービスです。つまり、顧客は自身の課題（Problem）を解決してくれる解決策（Solution）にお金を払います。ビジネス、特に今までになかったビジネスを興すスタートアップの本質は、今まで顧客が抱えていた困り事を解決してあげる製品やサービスを提供することです[3]。

　スマートフォンがなかった時代には、満員電車の中で友達や家族とコミュニケーションをとることはできませんでしたし、アクセスできる情報源は電車に持ち込んだ新聞や本しかありませんでした。つまり、外出先では友達や家族と離れてしまい、ネット上の情報にアクセスできないことが課題（Problem）でした。スマートフォンと無線通信システムは、この課題を解決して、いつでもどこでも友達や家族と繋がり、いつでもどこでも様々な情報にアクセスできる解決策（Solution）を提供します。スマートフォンは正に今までの課題を解決してくれる製品であったから、これほどまでに急速に普及したのです。

　研究開発型のスタートアップでは、特にこのProblem/Solutionの考え方は重要です。技術者や研究者は得てして技術を売ろうとしがちだからです。「この技術は世界一！」「この製品は世界最高性能！」「このサービスは世界最高速！」　しかし、技術はあくまで価値を実現するための手段です。顧客は技術に対価を払うわけではなく、技術によって実現される価値に対価を払うのです。世界一の技術は論文にはなるかもしれませんが、その技術が顧客のProblemを解決してくれるSolutionに結び付かなければビジネス的な価値はありません。顧客の求める解決策を実現できる性能や機能があれば、必要以上に高い性能や機能はオーバースペックでしかないかもしれません。性能が高いことや機能が充実していること自体の価値が高いと考えるのは供給側の論理であり、性能や機能に価値があるかどう

---

[3]　単に製品やサービスを提供するだけでなく、製品やサービスを組み込んだもう一段ハイレベルでのシステムやサービスを提供しないと顧客にとってのソリューションとはならない場合もあります。

かを判断するのは顧客です。

　スマートフォンの例で言えば、新しいメモリ技術によって大容量のストレージを搭載し、新しいディスプレイ技術によって大画面ディスプレイを実現したとしても、顧客にとってはストレージ容量や画面サイズ自体に価値があるわけではありません。大容量のストレージを搭載することによって大量の動画を保存できるようになったり、大画面ディスプレイによってニュース記事が快適に読めるようになったりすることが、顧客にとっての価値なのです。

　スタートアップの世界では"pain killer（痛み止め）"対"vitamin（ビタミン）"という例えがよく使われます。顧客は、本当に困ったことを解決する（痛みを止める）ための薬（pain killer）にはお金を払うが、なくても困らない薬（vitamin）には金を払わない。だから、スタートアップの事業はpain killerを目指さなければならないという言い方をします[4]。痛みが大きければ大きいほど、つまり顧客の課題が大きければ大きいほど、顧客は解決策に高いお金を払ってくれますし、また、その課題を課題だと感じる顧客の数が多い程、お金を払ってくれる人や会社が多くなります。従って、大きなビジネスを目指すスタートアップは、多くの人にとっての大きな課題に挑戦する必要があります。

顧客にとっての様々な価値

　しかし、顧客がお金を払う価値があると考えるのは、必ずしも顧客にとっての明確な課題を解決してくれる場合だけではありません。製品やサービスが提供する楽しさや快適さや快楽が価値である場合もありますし、デザインやブランドに価値がある場合もあります。

　皆さんがスターバックスに入ってコーヒーを注文したとします。皆さんは何に価値を見出してお金を払っているのでしょうか？　単に美味しいコ

---

4)　同様の内容を表すのに"need to have"対"nice to have"という表現もよく使われます。顧客はなくてはならないもの（need to have）にはお金を払うが、あったらいいなというもの（nice to have）にはお金は払わない、という意味です。

ーヒーが飲みたいのであれば、他にも色々な選択肢はあるはずです。多くのスターバックス利用者は、美味しいコーヒーをすすりながらラップトップを広げて仕事を片付けることができる落ち着いた空間と時間に対してお金を払っています。つまり、スターバックスの顧客は、コーヒーそのものにお金を払っているというよりは、スターバックスが提供する空間の価値に対してお金を払っていると考えるべきです。ゲームや娯楽がビジネスとして成り立つのも、誰かの課題を解決しているというよりは[5]楽しさを提供していると言った方がいいでしょう。

　また、高級ブランドのハンドバッグが高い値段でも売れるのは、ブランド品を持つこと自体に価値があると顧客が考えるからです。多くの場合、高級ブランドのバッグとノン・ブランドのバッグを比べたとき、機能や品質に値段ほどの大差があるわけではないでしょう。顧客はバッグの機能や品質に対してお金を払っているのではなく、ブランドにお金を払っているのです。

　このように、顧客は快適さや楽しさやブランドに対してお金を払う場合もありますが、ビジネスの本質はあくまでも顧客の課題（Problem）に対する解決策（Solution）の提供にあることは改めて強調しておきたいと思います。スタートアップとして今までにない新しいビジネスを興そうとするのであれば、製品やサービスの詳細を考えるよりも前に、まず顧客の課題（Problem）を探し出すことを考えなければなりません。

4-3　顧客とユーザー

　ここまで、あまり明確に定義することもなく「顧客」という言葉を使ってきましたが、本節では「顧客」について少し深掘りします。
　顧客は、製品やサービスに対して対価を支払ってくれる人達です。皆さ

---

[5] 暇を持て余しているという顧客の課題を解決しているという場合もあるかもしれませんが。

んがコンビニで弁当を買うときは皆さんが顧客ですし、皆さんが家庭教師のアルバイトをするときは教えている子供の親御さんが顧客です。では、家庭教師として教えている子供は顧客ではないのでしょうか？　家庭教師をビジネスとして見た場合、お金を払っているわけではないという意味で教え子は顧客ではありません。お金を払っている人とサービスの提供を受けている人は異なるのです。このような状況の場合、お金を払っていないけれども製品やサービスの提供を受けている人達のことをユーザーと呼ぶことにします。ユーザーは製品やサービスの利用者や受益者です。つまり、親が顧客で子供はユーザーです。

　家庭教師の場合は親子なんだから別にそんな小難しい区別をする必要はないと思われるかもしれませんが、ここで家庭教師の例をお話ししたのは、顧客とユーザーが一致しないビジネスが実は非常に多いからです。家庭教師に限らず教育ビジネスでは、多くの場合、製品やサービスに対価を支払う顧客は親や学校で、製品やサービスの受益者は子供や教師です。従って、教育ビジネスを行なう場合には、ユーザーである子供や教師にとって価値ある製品やサービスを提供すると同時に、顧客である親や学校を満足させなければなりません。

　教育ビジネス以外にも、顧客とユーザーが異なるビジネスはたくさんあります。例えば、広告ビジネスです。Googleの検索サービスやFacebookのSNSサービスを使っている人は多いと思いますが、皆さんはGoogleやFacebookに利用料金を払ってはいません。GoogleやFacebookの事業は広告収入で成り立っているので、GoogleやFacebookにとっての顧客は広告主であり、皆さんはユーザーです。民放のテレビ放送をはじめ広告収入で成り立つ無料サービスは皆同じ構造です。広告主が顧客で、視聴者はユーザーです。

　医療ビジネスも顧客とユーザーが一致しないビジネスです。皆さんが病院に行って診察を受ける場合、サービスの提供者はお医者さんでサービスの受益者は患者ですが、患者は通常、医療サービスの代金の一部しか払っていません。代金の大部分は健康保険でカバーされるので、お金を払っているという意味での医療サービスの主要な顧客は保険会社や健康保険組合です。患者は代金の一部を支払っているという意味で顧客ではありますが、

サービスの受益者としてのユーザーの立場の方が大きいことになります。

　ユーザーと顧客が同一であるビジネスなら、ユーザーに提供する価値を高めることに注力すればいいですが、ユーザーと顧客が異なるビジネスの場合には、ユーザーと顧客の両方に対して、それぞれ異なる価値を提供する必要があります。

顧客のセグメンテーション

　事業を行なう際、特に新しい事業を興す際には、具体的にどのような顧客やユーザーをターゲットとするかが重要になります。一般に顧客の求める価値は顧客によって異なるからです。従って、理想を言えば顧客毎に異なる製品やサービスを提供するのが一番いいのですが、通常、顧客毎に違った製品やサービスを作るのではコストが合わないので、一定のプロファイルを持った顧客層毎に製品やサービスを提供します。スタートアップの場合、多くの異なる顧客層に対する製品やサービスを同時に提供するのは難しいので、どの顧客層をターゲットとするか優先順位を付けます。つまり、顧客層を分類して絞り込みます。この際、顧客とユーザーが異なるビジネスの場合には、顧客とユーザーの両方について分類と絞込みが必要になります。

　顧客やユーザーの分類の仕方は様々ですが、ハイレベルの分類として、個人（一般消費者、Consumer）をターゲットとするビジネス（B2C、BtoC、Business-to-Consumer ビジネス）か、事業者（多くの場合は会社）をターゲットとするビジネス（B2B、BtoB、Business-to-Business ビジネス）かという分類があります。B2C や B2B という表現は、元々は EC（Electric Commerce、電子商取引）ビジネスの分野で用いられた用語ですが、最近では EC ビジネスだけでなく、より一般的に使われるようになっています。また、ここから派生した言葉として、B2C、B2B ほど一般的な用語ではありませんが、B2G（Business-to-Government、政府などの公的機関をターゲットとするビジネス）といった言い方や、B2B2C（Business-to-Business-to-Consumer、最終的な顧客は一般消費者だが、直接の売り先は企業）といった言い方をすることもあります。

　顧客層をさらに絞り込んでいくプロセス、すなわち顧客やユーザーを分

```
・ジオグラフィック(地理的)分類
    国、地域、都市 vs 地方、都心 vs 郊外、寒冷地、山間部 など
・デモグラフィック(実態人口統計)による分類
    年齢、性別、家族構成、所得、職業、教育水準、宗教、人種、世代、国籍など
・サイコグラフィック(心理的傾向)による分類
    価値観、ライフスタイル、性格(例:保守的、野心的、アウトドア志向、地味)
・行動(状況)による分類
    潜在的顧客、得意客、新規顧客 など、日常的な状況、特別な状況 など
```

図 4.3　B2C ビジネスでのセグメンテーション例

類するプロセスをセグメンテーションと呼びます。

　まず、B2C ビジネスでの顧客セグメンテーションを考えてみましょう。顧客やユーザーの分類には様々な切り口があります。例えば、地理的な分類です。日本人とアメリカ人では求める製品仕様が異なる場合も多いでしょう。同じ日本人でも関西と関東では消費者の嗜好は違いますし、都会の消費者と地方の消費者では求めるものが違うかもしれません。性別や年齢も顧客セグメンテーションの切り口として重要です。一言で消費者向けと言っても、女子高校生と中年サラリーマンとでは求めるものは全く違うでしょうし、同じ中年サラリーマンでも性格やライフスタイルによって何にお金を使うかは違うかもしれません。顧客を分類する切り口としては、常連客や新規顧客かといった要素もあります。セグメンテーションの仕方は事業によって様々なので一般化することは難しいですが、よくある切り口を図 4.3 に示します。

　B2B ビジネスだとセグメンテーションの切り口も少し違ってきます(図 4.4)。国や地域の違いに起因する地理的な分類は B2C ビジネスと同じように存在しますが、B2C ビジネスにおける消費者の性別や年齢による違いは B2B ビジネスでは会社の事業規模、業種、部門といった項目に置き換えられます。例えば経理システムを売るとしても、従業員が何万人も居る大企業向けのシステムと家族経営の商店向けのシステムでは求められる機能や性能は違いますし、製造業向けの経理システムと小売業向けの経理システムは異なるかもしれません。

- 地理的分類
    国、地域、都市 vs 地方、都心 vs 郊外、寒冷地、山間部 など
- 事業規模による分類
    個人事業、中小企業、大企業、公共機関、非営利団体 など
- 業種による分類
    製造業、小売業、サービス業、学校、公共機関、医療機関 など
- 企業内の部門による分類
    営業、研究開発、設計、生産、人事、経理、IT、サポート など
    社長、重役、部課長、平社員 など
- 取引形態による分類
    取引規模、取引履歴、取引頻度、提携関係、系列関係 など

図 4.4　B2B ビジネスでのセグメンテーション例

顧客のターゲティング

　顧客の分類（セグメンテーション）ができたら、次に考えなければいけないのは、どの顧客セグメントをターゲットとするか？　です。なるべく広い範囲の顧客セグメントに売れる汎用的な製品やサービスを作ればいいと思われるかもしれませんが、万人向けの製品やサービスは特徴がなくなり、どの顧客セグメントにとっても魅力のないものになりがちです。従って、新しいビジネスを興すときには最初は顧客セグメントを絞り込んで、数は少なくてもいいので特定層の顧客やユーザーに気に入られる製品やサービスを作るべきです。そもそもスタートアップは資金も人員も限られているので、最初から様々な顧客層の異なる希望に沿える製品やサービスを揃えることはできません。一定のプロファイルを持った顧客層をターゲットとした製品やサービスを提供することからスタートせざるを得ません。

　ターゲットとなる顧客層を絞り込む際にも色々な視点があります。典型的な顧客のプロファイルはどんなものか？　このビジネスにとって一番大事な顧客セグメントはどこか？　一番数の多い顧客セグメントはどこか？　一番最初にターゲットにするセグメントはどこか？　競合が居ない（少ない）顧客セグメントはどこか？　など考慮すべき視点は色々あります。

　一般にセグメントによって顧客の求める価値は異なるので、ターゲットとする顧客セグメントが変わる度に製品やサービスを何度も変更していく

必要があります。

4-4 マーケティング

　ここまでビジネスの基本機能としての「誰に何を提供するのかを決める機能」について述べてきましたが、これはスタートアップに特有の話ではありません。顧客への価値提供、Problem/Solution の考え方、顧客とユーザーの違い、顧客セグメンテーションの考え方などは、スモールビジネスにも大企業にも共通の視点です。大きな会社であればこのような機能は一般的にはマーケティング部門や企画部門が担う機能でしょう。本章でここまでに述べてきた顧客への価値提供や、顧客のセグメンテーションやターゲッティングといった考え方も、一般的にはマーケティングの考え方や手法として論じられます。しかし、「マーケティング」という言葉は非常に幅広い意味を持ち、特に技術者にとっては捉えどころのない言葉なのではないでしょうか[6]。本書は経営学の教科書ではないので、マーケティングに関して体系的な解説を展開するつもりはありませんが、ビジネスをしていく上でマーケティングという言葉は避けて通れない言葉なので、本節では、この捉えどころのないマーケティングという言葉について少し説明します。

---

[6] 日本マーケティング協会によるマーケティングの定義（1990）は「マーケティングとは、企業および他の組織がグローバルな視野に立ち、顧客との相互理解を得ながら、公正な競争を通じて行なう市場創造のための総合的活動」だそうです。また、American Marketing Association の定義（2013）は "Marketing is the activity, set of institutions, and processes for creating, communicating, delivering, and exchanging offerings that have value for customers, clients, partners, and society at large." だそうですが、正直なところ、私には何のことだかさっぱりわかりません。

狭義のマーケティング

マーケティングという言葉は様々な意味に使われます。狭い意味では、広告・宣伝や販売促進活動のことを指すことが多いようです。製品やサービスを顧客やユーザーに使ってもらうためには、まず知ってもらう必要があります。広告や宣伝は知ってもらうための手段です。しかし、知ってもらったからといって使ってくれるとは限りません。そこで、安売りをしたり、クーポンを付けたり、キャンペーンをしたり、といった様々な方法で販売促進活動（販促）をします。このような狭い意味でのマーケティング活動は、ビジネスを行っていく上で核になる三つの活動「誰に何を提供するかを決める」「製品やサービスを作る」「売る」の中では「売る」機能の一部分に担当します。

広義のマーケティング

しかし、広義のマーケティング活動、すなわち本章で今まで述べてきた顧客への価値提供や、顧客のセグメンテーションやターゲッティングは、「誰に何を提供するかを決める」機能です。このあたりにマーケティングという言葉のわかりにくさがあります。マーケティングという言葉は、狭い意味では「売る」機能の一部、すなわち販売やセールスの一部分を指しますが、広い意味では「誰に何を提供するかを決める」機能全般を指します。技術者の仕事は第一義的には製品やサービスを開発し製造すること、すなわち「作る」ことなのでわかりやすいですが、マーケティングは、広い意味では製品やサービスを作る前の「誰に何を提供するかを決める」段階全般を指すのに対して、狭い意味では製品やサービスを作った後の販売活動の一部分を指すこともあるのが、わかりにくさを増幅しているように思います。

近年、日本の大企業の競争力低下の原因として、「日本企業は技術は強いが、マーケティングが弱い」という言い方をされることがよくあります。この場合のマーケティングは広義でのマーケティングを意味していることが多いと思います。つまり、日本企業は「作る」機能は強いが「誰に何を提供するかを決める」機能が弱い、という意味です。そもそもマーケティングという英語の和訳がないこと自体が日本企業のマーケティングの弱さ

を表しているのかもしれません。欧米企業では「売る」機能を担う部門（Sales 部門）と「誰に何を提供するかを決める」機能を担う部門（Marketing 部門）は分かれているのが普通ですが、日本の企業（特に伝統的な製造業の企業）では、Sales 部門と Marketing 部門が分かれておらず、両者を一緒にしたような営業部門として存在する場合が多くあります。

　本書は日本企業全般の競争力を論ずるものではありませんが、「技術は強いが、マーケティングが弱い」という議論はスタートアップを考える際にも参考になります。ビジネスをしていく上では、優れた製品やサービスを作ることはもちろん大事ですが、誰も買ってくれない製品やサービスを作ったのではビジネスになりません。本章の最初で、多くのスタートアップは売れない製品やサービスを作ることが原因で失敗するというお話をしました。どんな顧客をターゲットにしてどんな種類の製品やサービスを提供するかがある程度わかっている既存企業ですら、売れない製品やサービスを作ってしまうのですから、今まで世の中になかった事業を新しく創り出そうとするスタートアップは、なおのこと誰にどんな製品やサービスを提供するのかをより真剣に考えなくてはなりません。

4-5　どうやって売るか？

　本書ではビジネスを行なう上で核になる三つの機能「誰に何を提供するかを決める」「製品やサービスを作る」「売る」のうち、「作る」機能や、「売る」機能はほとんど取り上げませんが、誰に何を売るかを決める際に、製品やサービスの売り方は重要なポイントなので、本節で簡単に触れておきたいと思います。

　「どうやって売るか？」を考える際に最も重要な点は、「製品やサービスをどうやって顧客やユーザーに届けるか？」という点です。

どうやって製品やサービスを顧客やユーザーに届けるか
　製品やサービスの最も単純な届け方は、事業者が顧客やユーザーに製品

やサービスを直接届ける「直接販売」（直販と略すこともあります）です。街角のパン屋さんがお店の奥で焼いたパンを店頭で売るのも、理容店が店舗を構えて訪れるお客さんに散髪サービスを提供するのも直接販売です。皆さんが親戚に頼まれて知り合いの家に出向いて家庭教師をするのも、サービスの売り方としては直接販売と言っていいでしょう。

　しかし、直接販売を行なうのは個人商店や自営業者だけではありません。Apple Store は Apple が一般消費者に直接販売をする直営店ですし、ユニクロは自社製品を自社の店舗で消費者に直接販売しています。直接販売を行なえば流通や販売のコストは増大しますが、流通業者や販売業者に対する利益配分をしなくてもいい分だけ利益率を高くすることができます。また、近年はインターネットの発達によって、製造業者が実店舗を持つことなくオンライン販売によって直接製品を顧客に届けることが可能になりました。今まで実店舗による直接販売をしていなかった事業者や、したくてもできなかった事業者がネット上で直販をするケースも数多くあることは皆さんもご存じのことと思います。また、ソフトウエアや情報サービスを提供する事業も、インターネットの発達によって顧客やユーザーに製品やサービスを直接届けることがより一般的になってきています。

　製品やサービスを顧客やユーザーに自分で直接届ける直接販売に対して、誰か他の人に売ってもらうことを間接販売やチャネル・セールスと呼び、製品やサービスが事業者から顧客やユーザーに届くまでの経路のことをセールス・チャネル（販売チャネル、販売経路、略して販路）と言います。皆さんが家庭教師をする場合でも、仲介業者を通して派遣されれば、サービスの間接販売です。一般に事業の規模が大きくなると、事業者と顧客の間に様々な流通業者や販売業者が入り、間接販売の形態をとることが多くなります。大規模に直接販売を行おうとすると、自前の販売店網や流通網を持つために多大な費用がかかるので、利益の一部を分配してでも専門の流通業者や販売業者に任せた方が効率的だからです。

　例えば皆さんがパソコンを買うとしたら、大学の生協や家電量販店から買うことが多いかもしれませんが、パソコンが家庭に普及し始めた頃であれば街の電気屋さん（小売店）から買っていたかもしれませんし、最近であれば Amazon などの EC サイトや家電量販店のオンライン販売から買

うことが多いかもしれません。パソコン・メーカーから見れば、小売店や量販店やオンラインのネット・ショップは、それぞれ異なるセールス・チャネルです。この例でもわかるように、大きなビジネスになれば様々なチャネルを通して製品やサービスが顧客に届けられるのが普通です。たくさんのチャネルを使うことによって、より多くの顧客セグメントに製品やサービスを届けることができます。

　一般消費者、特に学生の皆さんにとっては、事業者（会社）を顧客とするB2Bビジネスの製品やサービスは直接目にすることが少ないので、どのように売られているかを知る機会が少ないかもしれませんが、一般に、消費者を顧客とするB2Cビジネスに比べてB2Bビジネスの方が複雑なチャネル・セールスの割合が大きくなり、製品やサービスの種類や顧客やユーザーの特徴に応じて最適なチャネルを選ぶ必要があります。同じパソコンでも業務用パソコンであれば、特約店とか代理店とかディーラーと呼ばれる販売業者を通して顧客の手に届くことが多いでしょうし、研究室で使う計測機器や実験機器に組み込まれたパソコンであれば、計測機器や実験機器の販売業者を通して売られていることでしょう。B2Bビジネスの中でも、特に業務用のソフトウエアやサービスの場合には、他の製品やサービスと組み合わせたり、大きなシステムの一部として組み込まれたりすることも多く、また、顧客毎に手を加えてカスタマイズする必要がある場合もあります。このような場合には、システム・インテグレータ（System Integrator、略してSI）やVAR（Value Added Reseller）と呼ばれるセールス・チャネルを通して間接販売されます。

　製品やサービスをどういう経路で顧客に届けるかは事業内容を決める際の重要な要素です。例えば、代理店やSIを通して販売することが当たり前の業種・業態であれば、顧客に提供する価値だけでなく、セールス・チャネルとなる代理店やSIにとってのメリットも考える必要があります。セールス・チャネルとなる人達は、例えば、売る手間がかからないとか、顧客に説明しやすいとか、セットアップがしやすいとか、他のサービスと組み合わせやすい……といったメリットがあれば一生懸命に売ってくれるはずです。一方、既存の販売チャネルを破壊することで大きなビジネスが生まれる場合もあります。新しいサービスが、従来とは全く異なる販売チ

ャネルを通して顧客に提供できるサービスであったり、今まで必要であった販売経路を中抜きして顧客に届けることができたりすると、大きなビジネスになる可能性があります。

どうやって製品やサービスを知ってもらい、買ってもらうか

「どうやって売るか？」を考える際、「どうやって顧客やユーザーに製品やサービスのことを知ってもらうか？」「どうやって買ってもらうか？」といった点も大事な点です。これらは、前節で述べたように狭義のマーケティング活動ですが、知ってもらうためには広告や宣伝が必要であり、買ってもらうためには販促（販売促進、プロモーション）が必要です。

広告媒体が、従来のテレビや新聞・雑誌広告からネットに移行していることは皆さんもよくご存じと思います。ネット上の広告では検索エンジンやSNSへの広告掲載も重要ですし、SEO（Search Engine Optimization）によって自社のサイトや製品が検索で上位に表示されるようにすることも大事です。古典的な広告手法である駅前でのビラ配りや個別訪問や街頭広告の看板は今でも健在ですが、最近はSNS上での口コミでユーザーを増やすバイラル・マーケティング（Viral Marketing）がより重要になってきています。B2Bビジネスであれば、一般消費者向けの広告よりも顧客となる業界の人達が集まる展示会に出展したり、プレス・リリースを出して業界関係者が見るメディアに取り上げてもらうことが有力な広告・宣伝の手段ですが、ネットの発達に伴って自社のWEBサイトをしっかりと作り、プロモーション・ビデオを上げておくことがB2Bビジネスにおいても大事になってきています。

B2Cビジネスでの販売促進活動には、試供品の提供（スーパーで味見をさせるのもその一種です）、実演販売、無料体験キャンペーン、値引き、景品の提供など様々な手法があります。チャネル・セールスの場合には、卸売業者や小売業者に対してリベートや報奨金を払うのも販促活動の一手法です。

一度製品やサービスを使ってくれた顧客やユーザーをどうやって逃さないようにするか？　という点も、広い意味で売り方のキーポイントの一つです。売った後のカスタマー・サポートやアフターサービスが大事である

ことは昔から変わりませんし、ポイントやクーポンを発行してお客さんを繋ぎとめる手法は皆さんにも馴染み深いものと思いますが、最近はオンライン上のユーザー・コミュニティーやSNSなどを通してユーザーを繋ぎとめることも大事になっています。

第 4 章のまとめ

・ビジネスとは、顧客にとって何らかの価値を生み出す製品やサービスを提供して、その対価として収入を得る活動である。

・ビジネスの核となる機能は「誰に何を提供するかを決める」「製品やサービスを作る」「売る」の三つの機能だが、多くのスタートアップは売れない製品やサービスを作ったことが原因で失敗する。

・顧客は、自身の課題（Problem）を解決してくれるような解決策（Solution）にお金を払う。

・お金を払う顧客と、製品やサービスの提供を受けるユーザーが異なるビジネスの場合には、顧客とユーザーの双方に価値を提供する必要がある。

・スタートアップでは、顧客やユーザーを分類（セグメンテーション）し、ターゲットとするセグメントを絞り込んでスタートする。

・ビジネスを考える上では、製品やサービスをどういう経路で顧客やユーザーに届けるかも大事なポイントである。

第5章

どうやってスケールするビジネスを見つけるか

　スタートアップは大きく成長する事業、すなわちスケール（scale）するビジネスを目指すと第3章で述べました。しかし、スタートアップは何もないところから新しい事業を立ち上げるわけですから、事業がどれくらい大きくなるのかなど最初はわかりません。本章では、事業の大きさをどうやって予想し、どうやって大きくなるビジネスを見つけていくのかについて述べます。

5-1　マーケットと市場規模

　大きな事業になるためには大きなマーケットが必要です。どんなに素晴らしい製品やサービスであっても、世界中の顧客になりそうな人がすべて買ってくれても売上げが1000万円にしかならなければ、この事業は1000万円以上には大きくなれず、スケールする事業とは言えないという話を第3章でしました。この事業は、スタートアップの事業としてはマーケットが小さすぎるわけですが、そもそも「マーケット」とは何でしょうか？

マーケットとは
　「マーケット（日本語では市場（しじょう））」という言葉は皆さんもよく聞く言葉だと思いますが、この言葉も「マーケティング」と同じように非常に幅広い意味で用いられる言葉です。株式市場、為替市場、青果市場などと言った場合の「市場（マーケット）」は売り手と買い手が取引をする場所という意味で、これは「マーケット（市場（いちば））」という言葉の語源でもあります。しかし、市場経済や市場価格と言ったときの「市場（マーケット）」は、具体的な取引場所というよりも、競争する無数の売り手と買い手の関係という

抽象的な概念を指しています。一方、新興国市場、高齢者市場、自動車市場、健康食品市場などと言った場合の「市場（マーケット）」は買い手（潜在顧客）の集団を指しています。本書でマーケット（市場）と言った場合には、ほとんどの場合、この最後の使い方、つまり買い手（潜在顧客）の集団を指していると考えて下さい。「市場に出す」という表現は、製品やサービスを顧客に対して売り出す、発売するという意味ですし、「市場がない」というのは、顧客が居ない、つまり誰も買ってくれないという意味です。「市場が大きい」というのは潜在顧客の集団が大きい、すなわち大きな売上げ（収入）が見込める、という意味です。

市場規模（マーケット・サイズ）

　スタートアップは大きなマーケットを目指す必要があると何度か言ってきました。では、どれぐらい大きければ大きいと言えるのでしょうか？　その問いに答えるためには、まず市場規模（マーケット・サイズ）という概念を説明する必要があります。

　市場規模（マーケット・サイズ）は特定の事業領域における顧客や潜在顧客の集団の大きさを金額単位で表現したものです。つまり、

**　　　市場規模 ＝ 顧客や潜在的な顧客の数 × 一顧客当たりの売上げ**

です。ここで注意しなければいけないのは、市場規模の単位は金額なので、どの程度の数の顧客が居れば大きなマーケットだと言えるかは、一顧客当たりの売上げ（顧客単価）次第だということです。会社の事業が自動車の製造販売であれば、顧客単価は数百万円でしょうから、1万人の顧客や潜在顧客が居れば数百億円の市場規模になります。しかし、WEBのクリック広告で収入をあげる事業であれば、クリック当たりの収入は数円でしょうから（一人の人が100回広告をクリックしたとしても）顧客数が数億人のオーダーで居なければ数百億円の市場規模にはなりません。

　市場規模は、自社の事業が最大でどれくらいまで大きくなる可能性があるかの指標です。通常、特定の事業領域で事業を行なう企業は複数居るので、

自社の売上げ見込み ＝ 市場規模 × 自社のシェア

です。

　我が社のビジネスがどれだけ大きくなるかは、同じ事業領域で事業を行なう競争相手に勝ってどれほど大きなシェアを取れるかに大きく依存しますが、そもそも市場規模が大きくなければ、100％のシェアを取っても大きなビジネスにはなりません。スタートアップのみならずビジネスをする場合には、その事業領域で独占的な地位を築ければいいのですが、なかなか思惑通りにはいきません。従って、目指すビジネスの市場規模は、何社かで市場を分け合っても十分に大きなビジネスになるほど大きいことが望ましいことになります。

　では、市場規模はどのように見積もればいいのでしょうか？　既にビジネスを行なっている大企業であれば、過去の事業実績から予想することも可能ですし、他社も含めた業界全体の事業実績やその予測をお金を払って調査することもできますが、過去の実績がないビジネスを目指すスタートアップで将来の市場規模を見積もるのは簡単ではありません。しかし、公的機関や業界団体などの統計データなどを調べていくと、事業を行なおうとしている業界全体での事業規模はある程度わかるものですし、公表されている統計がない場合でも業界関係者や潜在顧客へのヒアリングをしていくとある程度の目安を推測することはできるものです。その業界では全く初めてのビジネスを興す場合であっても、他の業界で類似のビジネスを行なっている会社の実績から市場規模を類推するといった方法もあります。

　市場規模を見積もる際には、いくつかの考え方があります。一つの考え方は、製品やサービスを使う可能性のある潜在顧客すべてを合算した市場の規模で、これは TAM（Total Available Market または Total Addressable Market の頭文字をとった略語、日本語では有効市場）と呼ばれます。TAM は、あるビジネスが実現可能な最大の市場規模と見ることができます。事業がすべてうまくいき、将来的に製品やサービスを使うことのできる潜在顧客がすべて実際に顧客になったとしたら、どれだけの売上げ規模になるかを示す数字だからです。通常 TAM は、インターネット広告の市場規模とか、受験産業の市場規模とか、タクシー産業の市場規模といったハイレ

ベルでの市場規模を表すことが多く、その業界で事業を行なう会社の売上げの総和といった形のトップダウン的なアプローチによって計算されます。多くの場合、TAM は公的機関の統計や調査会社が公表している数字から見積もることができるでしょう。

　これに対して、TAM の中で自社の製品やサービスを提供することが可能な特定の顧客セグメントの潜在顧客に対応した市場規模を SAM（Serviceable Available Market または Served Addressed Market の略、日本語では対象市場）と呼びます。スタートアップが実際にターゲットとするマーケットは通常 SAM のさらに一部分です。SAM の中で、実際に自社の顧客にできるターゲット顧客の割合や顧客平均単価などをボトムアップで計算した市場規模を SOM（Serviceable and Obtainable Market）と呼ぶこともあり、このあたりになるとスタートアップにとっては市場の規模というよりも自社の売上げ目標という意味合いが強くなります。

　ボトムアップでの積み上げによる市場規模の推定は、対象とする顧客数がある程度明確で、顧客毎の単価設定が単純な場合は比較的容易です。例えば、自動車産業の市場規模は、自動車を購入する人の人数と自動車の平均単価の掛け算で計算できますし、WEB サイトのクリック広告の市場規模であれば、例えば下記のように見積もることができます。

---（仮定）---
- WEB に毎日アクセスするユーザーは 1 億人居る。
- ユーザーは 1 日に 5 回 WEB にアクセスする。
- ユーザーは 1 回のアクセスで 10 ページを見る。
- ユーザーが広告をクリックする確率（クリック率）は 0.5% である。
- ユーザーが 1 回クリックすると 10 円の広告収入が得られる。

市場規模＝10 円×1 億（人）×5×10×0.005×365（日）＝912 億円

　WEB 広告のようなケースではスタートアップが実績値を把握することは簡単ではないので、上記のような仮定がどれだけ正しいかは検証が難しいですが、少なくとも市場規模の桁を見積もることはできます。

5-2 どれくらい大きなマーケットが必要か？

さて、市場規模の見積もり方や考え方を一通り説明したところで、本章の最初の疑問に戻りたいと思います。スタートアップの目指すべき市場は、どれくらい大きければ大きいと言えるのでしょうか？

この問いに対する答えは、本当は第8章で資金調達やベンチャーキャピタルに関するお話をしてからでないと答えられない質問です。それは、マーケットが十分に大きいかどうかを気にするのは、一義的には起業家ではなく投資家だからです。

第3章で、なぜ皆さんがスタートアップの仕組みを知る必要があるのか？　というお話をしました。皆さんが人生を賭けてやりたいことが、社会の大きな課題を解決するサービスや多くの人に使ってもらえる製品を作ることである場合には、スタートアップとして大きな事業にしていかないと、やりたいことが実現できないからでした。そして、多くの場合、そのためには投資家から出資を受ける必要があるというお話をしました。投資家から出資を受けるためには、スケールする事業、すなわち大きな市場規模を有するビジネスでなければなりません。詳しくは第8章で述べますが、投資家は、どんなに皆さんの解決しようとする社会課題が大きくて個人的に共感できるものであっても、また、どんなに皆さんの技術が素晴らしくて個人的に惚れ込んだとしても、投資して入手した皆さんの会社の株式が将来高く売れる見込みがなければ投資はできません。投資した会社の株が将来高くなるのは、その会社の事業が大きく成長して大きな利益を生み出したときや、その期待が持てるときです[1]。つまりスタートアップは、将来、自社の株価が十分に高くなる程度にまで会社の売上げや利益を大きく

---

[1] スタートアップが大きなビジネスを目指すのは投資家のためだけではなく起業家自身のためでもあります。皆さんがスタートアップという選択肢を知っておくべき理由の一つは、ビジネスが成功したときの金銭的な報酬が大きいからだという話を第3章でしましたが、それは創業者の持つ株の価格が大きく上がるからです。大きな事業を目指すことで会社の株価の上昇を目指すという点に関しては、創業者の利害は投資家の利害と一致しています。

しなければなりません。では、具体的にはスタートアップは会社の売上げとしてどの程度を目指せばいいでしょうか？　数億円なのでしょうか？　数千億円なのでしょうか？

　この質問に対する答えも単純ではありません。株価がどの程度まで高くなれば十分に高いと考えるかは、基本的には起業家ではなく投資家が決めることであり、それは投資家のタイプや投資額、事業の特性や利益率、地域性など様々な要素により異なり一概には言えないからです。しかし、これではこの節のタイトル「どれくらい大きなマーケットが必要か？」の答えは解なしになってしまいますので、目安となる数字を説明していきたいと思います。

　第8章で詳しく述べますが、投資家にとっては投資先の会社が株式市場に株式を上場して市場で株を売却できるようになることが最も望ましい結果です。従って、スタートアップの目指すべき売上げ規模の一つの考え方は、上場企業としてやっていける程度の売上げ規模というものです。一般に上場企業は百億円のオーダーの年商になることが期待されていると考えていいでしょう[2]。ある事業領域の市場を複数の競争相手で分け合う前提で考えると、必要とされる市場規模は単一の会社が目指す売上げの数倍から10倍、つまり、数百億円から一千億円程度になります。つまり、スタートアップとして起業を考えるのであれば、数百億円、できれば一千億円の市場規模がある事業領域を目指す必要があることになります。

　数百億円の市場規模と聞くと皆さんには非常に大きな数字に聞こえることでしょう。考え付いた起業アイデアでは、どう考えてもそんなに大きな市場規模はなさそうだという場合は、どうすればいいのでしょうか？

　第3章で述べたように、すべての起業がスタートアップとしての起業とは限りません。新しい事業をスモールビジネスとして起業することも一つの選択肢です。大きな市場が見込めないビジネスでも社会の大事な課題

---

2) 成長性の高い分野（すなわち、これから市場がどんどん大きくなると期待される分野）の事業を営む会社が新規に上場する場合は数億円から数十億円の売上げで新規上場ができる場合が多いですが、その場合もゆくゆくは百億円のオーダーの年商を期待されていると考えていいでしょう。

を解決するビジネスはありますし、大量の雇用を生まなくてもニッチ（隙間）マーケットで着実に売上げを上げて利益を出していけるビジネスもあります。ただし、スモールビジネスとしてやっていくのだと、出資という形で大きな外部資金を調達することは難しくなるので、特に開発費がかさむ技術系の起業を目指す場合には、スモールビジネスでは事業を立ち上げることすらできない場合が出てきます。世の中にインパクトを与えるような「やりたいこと」をやろうとすると、スタートアップという形をとらざるを得ないことが多いと第3章で述べたのは、このような状況を指しています。

　ただし、ここでいう数百億円の市場規模は、前述した用語で言うとTAMです。つまり、製品やサービスを使う可能性のある潜在顧客すべてを合算した市場の規模です。TAMは、将来的に製品やサービスを使うことのできる潜在顧客がすべて実際に顧客になったとしたら、どれだけの売上げ規模になるかを示す数字だというお話をしました。ですから、スタートアップの売上げ目標が最初から年間数百億円でなければならないという意味ではありません。スタートアップの短期的な売上げ目標としては、特定の顧客セグメントをターゲットとした値、前述の用語で言えばSAMやSOMがより近い値になります。

　スタートアップは最終的には大きな市場を目指しますが、最初は小さくてもいいので確実に事業を立ち上げることのできる顧客セグメントから攻めるべきです。最初にターゲットとする顧客セグメントのマーケットが小さくても、使ってくれる顧客が居れば初期の顧客からのフィードバックを受けて製品やサービスを向上させていくことができます。小さなマーケットから出発して、最終的には大きなマーケットを目指すのがスタートアップの事業展開としては理想的なパターンです。

　最初はニッチなマーケットしか見つからずスモールビジネスとして始めるしかなかった事業でも、スモールビジネスとしてやっていく中で思いもかけない大きな市場を見つけ出すこともあります。起業時に投資家から出資を受けることが難しくても、自分がどうしてもやりたいことであれば、とりあえずはスモールビジネスとして始めるのが選択肢の場合もあります。

5-3　マーケットが大きければ必ず競合が居る

　スタートアップは大きく成長する事業、すなわちスケール（scale）するビジネスを目指します。大きなマーケットがあれば、すなわち、大きな事業になる可能性があれば、必ず同じことを考えて同じような事業をする人が出てきます。つまり競争が生じます。本節と次節では競争について考えます。

　起業家の話を聞くと、時々「競合は居ない」という場合があります。「この事業をやっているのは自分だけである。他に同じことをやろうとしている会社はない。競争相手は居ない」というわけです。

　しかし、こういう話は疑ってかかる必要があります。単に起業家が競争相手を知らない（調べていない）だけの場合もありますが、本当に誰もやろうとしていないなら、それは市場がないからかもしれません。つまり、その起業家は誰も買ってくれない製品やサービスを作ろうとしているのかもしれません。買ってくれる人が居たとしても、スタートアップの事業としては市場規模が小さすぎるのかもしれません。

　ビジネスをする以上、競争相手を寄せ付けることなく市場を独占することができれば申し分ありませんが[3]、スタートアップが本質的に大きなマーケットを目指して新しい事業を行なう会社である限り、必ず競争相手は居ると思うべきです。調べた範囲では見つからなくても、広い世界には同じことを考えている人は必ず居るものです。素晴らしいビジネスのアイデアを思い付いたのが世界中であなただけであることは、残念ながらほとんどないのです。仮に本当に今現在は居なかったとしても、競争相手は必ず出現すると考えるべきです。競合として考慮すべきなのは、現在の競争相手だけでなく将来の競争相手もです。特に、最初は本当に大きなビジネスになるかどうかを横で静観していた大企業が、大きな市場が見えた段階から参入してきて強力な競争相手になる可能性は常に想定しておく必要があ

---

[3] 本当に市場を独占したら独占禁止法を気にしないといけませんが、通常はスタートアップが心配することではないでしょう。

ります。

　ただ、競合が居ないという場合には、他の理由がないかどうかも考えてみる必要があります。誰もやっていないのは、本質的にできない理由があるのかもしれないからです。開発しようとしている技術が原理的に実現不可能である場合や、実現しようとしているサービスが法律で規制されていて制度的に実現できない場合もあります。これらは、よく調べれば（調べてもわからないときには、その道の専門家に聞けば）わかることですが、本質的にできない理由がはっきりしていれば、逆にそれはビジネス・チャンスでもあります。技術的な壁であれば、例えば新しい材料や新しいアルゴリズムが発見されて一気に大きなビジネス・チャンスが生まれる可能性がありますし、制度的な壁であれば、規制緩和などによって新しい事業形態の会社が参入して業界構造が大きく変わるかもしれません。違う国に行けば制度的な壁がそもそもない場合もあるかもしれません。

既存市場か、新規市場か

　新規事業を考える際、その事業が全く新しい市場を切り開くタイプの事業なのか、もしくは、既に存在する市場に参入しようとするタイプの事業なのか、という視点は重要な切り口です。

　市場が既に存在するということは、既にその市場でビジネスをしている企業があるということです。つまり、既に顧客が居て顧客が買ってくれる製品やサービスが存在します。スタートアップが既存の市場に参入するのであれば、買ってくれる顧客が居るかどうかを心配する必要はないので、誰も買わないものを作ってしまうリスクはずっと低くなりますが、既にその分野でビジネスをしている企業と競争して顧客を奪わなければなりません。既存のプレイヤーと同じような製品やサービスを投入したのでは、通常は勝ち目はないので、既存市場に参入する場合には既存の製品とは異なる新しい製品やサービスを投入する必要があります。つまり、既存製品を新規製品で置き換えていくタイプの新規事業です。

　一方で、今までに存在しなかった新しい市場を創り出すタイプのビジネスもあります。前述した既存市場に新製品を投入するタイプの新規事業が市場のパイを取り合うのに対して、新しい市場を創り出すタイプの新規事

業は市場のパイを大きくします。新市場を創出するタイプの新規事業はさらに2種類に分けられます。既存の製品やサービスを（若干の修正を加えて）新しい顧客に提供するパターンと、今まで世の

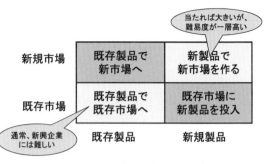

図5.1 既存市場か、新規市場か

中になかった全く新しい製品やサービスを投入して新しい市場を創るパターンです。

　以上の話を図にまとめたのが図5.1です。縦軸に新規市場か既存市場か、横軸に新規製品か既存製品かをとると2×2のマトリクスができます。通常スタートアップが狙うのは、右下か左上の領域です。右下は既存製品を新規製品で置き換えていくタイプの新規事業で、左上は既存の製品やサービスで（若干の修正を加えて）新規市場に進出していくタイプの新規事業です。例えば、右下の領域は従来のガソリン車（既存製品）に代えて電気自動車（新規製品）を投入する電気自動車メーカーに対応し、左上の領域は、既存の自動車メーカーがまだ車の普及していない新興国に進出するような場合に相当します。

　この左上の領域は自動車を例にするとスタートアップが進出するのは難しく見えてしまいますが、既存製品を修正して新規の顧客に提供する事業は色々なパターンが考えられます。例えば、今までB2B向けの製品であったものを一般消費者向けの製品に作り直して新しいB2C市場を開拓する場合もありますし、アメリカで流行っているビジネスを日本向けにアレンジして立ち上げるのもこの範疇に入るでしょう。若者向けサービスを焼き直して高齢者向けのサービスを新たに立ち上げるケースもあるかもしれませんし、医療機器に用いられていた技術をエンターテイメント市場に応用するといった展開も考えられます。

　左下の領域は、既存市場に既存製品を投入する事業です。自動車産業であれば、車メーカーがモデルチェンジや価格競争をしながらシェアを奪い

合うような領域なので、通常はスタートアップが進出することが難しい領域です。

　右上の領域は、全く新しい製品やサービスを投入して新しい市場を創る事業です。携帯電話やインターネットのような例を思い浮かべればわかるように、この領域のビジネスを立ち上げることができれば非常に大きいですが、市場（すなわち顧客）も未知、製品（すなわち技術）も未知だと、未知の要素が二乗で効くので難易度は高くなります。

　スタートアップは常にリスクとリワードのトレードオフなので、理想を言えばスタートアップは右上を目指すべきとも言えますが、実際には左上（ある程度見えている技術で新しい市場を創る）か右下（ある程度市場があることがわかっている分野を新製品で置き換える）を目指すのが現実的です。

　ただし、既存／新規の線引きは必ずしも絶対的なものではありません。先程、電気自動車を新製品と分類しましたが、運転手が要らなくなる自動運転車を新製品と考えれば、電気自動車は既存製品の動力をマイナーチェンジしただけの製品です。個人が自動車を保有するという概念自体がなくなる世界が来れば、自動運転車ですら既存製品の一つの種類でしかなくなるかもしれません。

規模の経済性（Economies of Scale）

　スタートアップを考える際に、頭に入れておく必要のある考え方に「規模の経済性（Economies of Scale）」があります[4]。規模の経済性とは、会社の規模が大きくなるほど有利になる様々な要因を指します。製造業であれば、製品の生産量が多いほど固定費（原材料費のように製品毎に発生する費用ではなく、工場の土地代のように生産数によらず発生する費用）は分散されて製品単位当たりのコストは減少します。（図5.2）

　製品コスト以外でも規模の経済性が働くものは色々あります。物流コストや宣伝・広告にかかるコスト、人材の確保に要するコストも規模の経済性が働きます。大きい会社で多くの社員が居て、多量の製品やサービスを販売しているほど、一つの製品やサービス当たりのこれらのコストは低く

---

[4] 日本語では「スケールメリット」という和製英語がよく使われます。

なります。

　以上の説明から明らかなように、規模の経済性はスタートアップ、特に大企業と競争するスタートアップにとっては不利に働きます。スタートアップは大企業に比べて規模の面で劣っているからです。従って、スタートアップは基本的に大企業が既に事業を行なっている領域で新規事業を興そうとすべきではありません。規模の経済性を強みにしている競争相手がまだ居ない領域で事業を興すべきです。特に競争の要素が価格だけになったら、小さな会社は大きな会社には勝てませんので、スタートアップは価格競争に陥らないような差別化要因を持つ必要があります。

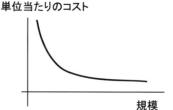

図 5.2　規模の経済性
(Economies of Scale)

　ここまで英語の「スケール (scale) する」という言葉を「大きく成長する」という日本語で表してきましたが、より正確には「規模の経済性の効果を享受できるように大きく成長する」と言うべきでしょう。スタートアップが急成長を志向するのも、早く大きな会社になって早く規模の経済性を活かせるようになった方が有利だからです。逆に言うと規模の経済性が働かない事業構造のビジネスは、いくら売上げが大きくなる可能性があってもスケールする事業とは言えません。第6章で詳しくお話ししますが、ソフトウエア開発、システム開発、データ処理、コンサルティングなど各種の受託ビジネスは仕事が増えた分だけ人を増やさないと回らないビジネスであり、人の数以上には成長できないビジネスです。つまり受託ビジネスは規模の経済性が働かない、すなわちスケールしないビジネスだと言えます。

5-4　どうやって競争に勝つか？

　新規事業は競争のない分野で行なうのが理想ですが、実際にはなかなかそうはいかず、スタートアップには必ず競争相手が居るというお話をしま

した。従って、スタートアップとして大きな事業を目指すからには、何らかの形で他社の追随を許さず、模倣を阻むような差別化要因を持つ必要があります。

差別化（Differentiation）とほぼ同義の表現として、競争優位性（Competitive Advantage）という言葉もよく用いられます。単に優位性を持つだけでなく、持続的に優位性を持つ必要があるとの意味でSustainable Competitive Advantage という表現もよく用いられますし、参入障壁（Barrier of Entry）や Unfair Advantage[5] という表現も用いられます。

様々な差別化要因

スタートアップが自身のビジネスを他社から差別化するポイントは様々です。特許として権利化された技術を持っていれば、それはわかりやすい差別化要因です。特許化された技術は（少なくとも一定の期間は）他社が使うことができないので、その技術を使わないと実現できない製品やサービスであれば明白な競争優位性を持ちます。しかし、特許で事業を守ることができる分野は実際にはそれほど多くはありません。創薬や素材などのように物質そのものに新規性があり、その物質についての特許を持っていることが事業の差別化要因そのものであるような場合もありますが、技術ベースのスタートアップであってもITやソフトウエアの分野であれば、特許のみによって事業を差別化して守ることは難しいのが普通です[6]。エレクトロニクスやデバイスの分野でも特許は重要ですが、最先端のIT機器やデバイスは何千という特許の組み合わせで構成されるので、スタートアップが少数の特許を持っていても数多くの特許を持つ大企業に対して特許だけで事業を守ることは難しいと考えておいた方がいいでしょう。

また、特許を取得するためには技術内容を特許明細書の中で公開しなければならないので、差別化すべき技術は特許化せずにノウハウとしてブラ

---

5) Unfair Advantageを文字通りに訳すと「不公正な優位性、不正な方法で築いた優位性」という悪い意味になりますが、スタートアップの文脈では「不公平に思えるほどの圧倒的な優位性」という良い意味に使われます。

6) ソフトウエアは、特許ではなくソフトウエア著作権という形での権利化も可能ですが、通常は権利化されていることだけで強い差別化要因になるとは言えません。

ックボックス化しておいた方がいい場合もあります。特許に関しては第10章で少し触れますが、差別化要因になる技術のうち、何を特許として権利化し、何をノウハウとして表に出さないでおくかは、よく考える必要があります。

　事業の差別化要因は技術とは限りません。製品やサービスの機能、性能、デザイン、安全性、使い勝手、充実したサポート、アフターサービス、省エネ性等々様々なポイントが差別化要因と成り得ます。これらのポイントは技術がないと実現できない場合もありますが、必ずしも技術の裏打ちがなくてもいい場合もあります。例えば製造業であれば、製品そのものではなく独自の生産方式や生産ラインの管理方法が差別化要因である場合もありますし、部品の供給体制や在庫管理に独自の方法を導入していることが差別化になる場合もあるでしょう。会社のブランドやユーザーのコミュニティーでの評価が差別化要因の場合もあるかもしれませんし、他社の参入を阻むパートナー企業（例えば、販売業者や原材料の供給業者）との独占的な取引関係が参入障壁になることもあります。特にB2Bビジネスの場合には、一旦使い始めた製品やシステムから別のシステムに乗り換えるのは簡単ではない[7]ので、キーとなる顧客を囲い込むことが参入障壁になる場合もあります。駅前の一等地に立地していることが優位性の根源であったり、業界の重鎮の支持を得ていることや天才プログラマーが居ることが競争優位性である場合もあるかもしれません。競争優位性の根源が一部の業界関係者しか知らない情報や行政機関や規制当局との強固なネットワークから得られる情報だったりすることもあります。これらの技術以外の様々な差別化要因は、特許のように権利化できないので、他社に真似されることを完全に防ぐことは難しいですが、これらの要因がノウハウや経験として会社に蓄積されて組織文化として根付いていたり、ビジネスを越えた強固な人間関係の上に成り立っていると、容易には覆すことのできない差別化要因に成り得ます。

---

[7] 特に社会インフラに直結するような大きなシステムであれば、稼動中のシステムを新しいシステムに入れ替えるのは、相当のリスクが伴います。このような状況を「スイッチング・コストが高い」と言います。

スピードで勝つパターン

　しかし、世の中には明確な差別化要因がなくても成功したスタートアップもたくさんあります。ITサービス系のスタートアップによくある例ですが、その多くは競争相手が出てくる前に、もしくは競争相手よりも早いスピードで、いち早く大きな会社に成長してしまうことで競争に勝っています。つまりスピードで勝つというパターンです。Facebookなどもその例でしょう。Facebookが世界で最初のSNS（ソシアル・ネットワーク・サービス）だったわけではありませんし、Facebookのサービス自体が特許で守られる技術に立脚しているわけでもありません。競争相手よりも先に市場を取り、競争相手よりも早いスピードで急成長して先に大きくなってしまえば、規模の経済性の効果を享受することができます。その事業領域でのブランドも確立できますし、経験も蓄積されます。競争相手よりも先に大きくなれば、競争相手よりも大きな投資をしてさらに優位に立つことができます。

　スピードで競争に勝てるのであれば、製品やサービスを最初に提供すること自体に競争優位性があると考えることもできます。このような優位性をFirst Mover Advantage（先行者優位）と呼びます。ある事業分野で最初に事業化に成功すれば差別化要因を手に入れやすくなります。他にまだ競争相手が出てこないうちであれば、キーとなる顧客や事業パートナーを囲い込むことも容易ですし、駅前の一等地を競合と争わなくてもいいかもしれません。他に選択肢がない状況で我が社のサービスを使い始めた顧客は、後から競合サービスが出てきても、コストや手間がかかるので競合サービスには乗り換えにくいでしょう。また、最初に製品やサービスを提供した会社は技術的に一番進んでいるはずなので、競合が追い付いてくる間に次のステップの技術開発を進めて、さらに技術的に優位な次世代の製品を出すこともできます。

　しかし、現実には先行者が競争に勝てない例も多くあります。SNSも先行者が競争に勝てなかった例の一つです。Facebookが世界最初のSNSではないことは先程触れました。Facebookが一般に公開されたのは2006年ですが、本格的なSNSとしては2002年にスタートしたFriendsterが最初です。その後、Facebookの登場までにMySpace、

Orkutなどいくつものか SNS が存在して相当数のユーザーを集めましたが、競争に勝ったのは Facebook でした。検索エンジンも同じような歴史をたどっています。検索エンジンの勝者は（少なくとも 2019 年の時点では）Google ですが、Google も最初の検索エンジンだったわけではありません。1998 年に Google がサービスを始める前には Infoseek、Lycos (1994)、Exite、Altavista、Yahoo! (1995) 等たくさんの検索エンジンが世に出ましたが、競争に勝ったのは後発の Google です。

SNS や検索エンジンの分野で先行者が競争に勝ち残れなかったのは、ユーザーの乗り換えが容易であることや、難しい技術に立脚したサービスではないことなどから、先行者が享受するはずの優位性があまり大きくなかったのではないかと思います。

一方、後から参入した会社は先行者のやってきたことを見て学ぶことができます。特に、スタートアップが一番苦労する「誰にどんな製品やサービスを提供したら、スケールするビジネスになるか」の模索・探索を先行者が既に済ませているので、後発で参入した会社は模索・探索のプロセスを経る必要がありません。このような Late Mover Advantage とも言える後発のメリットは、日本でも「二番手商法」という呼び方で古くから知られていますが、特に規模の経済性を活かすことのできる大企業にとっては合理的な選択であり、スタートアップにとっては潜在的に手ごわい競争相手になります。

競合の分析

競合との比較を行なって競争戦略を練るための手法やツールには様々なものがありますが、よく使われる手法を二つほど紹介しておきます。

一つ目（表 5.1）は様々な比較項目について、自社や競合他社の製品の優劣を記入していくものです。単純な表[8]ですが、競合製品との比較対照には便利です。

このような分析を行なうと、どうしても自社に不利な項目を除いて比較

---

8) ○×を記入していくので、このような形式の表のことを「星取り表」と呼ぶこともあります。

したり、競合の現状と自社の将来を比較したりしがちですが、紙の上で勝てたとしても実際の製品では勝てません。競合分析は冷静に客観的に行なう必要があります。また競合分析を行なう際には、優位性が持続可

表5.1 競合の分析例

（例）	我が社	競合A	競合B	競合C
価格	◎	○	○	△
性能	◎	○	△	◎
信頼性	◎	○	△	○
設置の容易さ	◎	△	○	○
操作性	◎	○	◎	△
サポート体制	○	◎	○	○
維持管理	◎	△	○	△

能かも重要な観点です。現時点で競争優位性があったとしても、競争相手も欠点は直してくるので、いずれは追い付かれると考えておかなければなりません。現在の優位性をどうやって維持していくか、逆に他社が優位な点に対してどういう対策を施して追い付くかも検討する必要があります。

競合との比較を行なう際によく用いられるもう一つのツールは図5.3のような図です。これは、製品や市場を特徴付ける二つのキーとなる指標やパラメーターをそれぞれX、Y軸にとり、競合他社や自社がX-Y平面上でどこに位置するか（自社のポジショニングPositioning[9]、位置取り）を示す図で

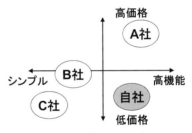

図5.3 ポジショニング

す。X、Y二つの指標しか取り上げることができないので、二軸にどのパラメーターを選ぶかに大きく依存しますが、自社がどのような市場を狙っていて、それが従来の製品や競合他社がターゲットとする市場とどう違うのかをわかりやすく示すことができます。

---

[9] 4-3節で説明したSegmentation、Targetingと、ここで説明したPositioningの頭文字を繋げてSTPと呼ぶことがあり、市場を開拓するマーケティングの代表的な手法として知られています。

5-5 スケールするビジネスの見つけ方

スタートアップは今まで世の中になかった製品やサービスを新しく創ろうとするので、構想した製品やサービスが本当に大きなビジネスになるかどうか最初はわからない。スタートアップの立ち上げ期は、どんな顧客に向けてどんな製品やサービスを作ればいいのかを探索・模索する時期だという話を何度か繰り返してきました（図5.4）。

しかもスタートアップは、最初こそ顧客セグメントを絞り込んで小さな市場から始めたのでもいいが、最終的には数百億円の市場を目指さなければ投資家からの出資を引き付けられないと5-2節で説明しました。

本節では、スタートアップはどのようにしてスケールする事業を探索・模索するのか、つまり、どうやって顧客が本当に価値を認めてくれる製品やサービスを見つけ出すのかについて解説します。

大企業やスモールビジネスで新製品を検討する際には、既存事業の経験や前例があるので、まず市場調査を行なうことでしょう。どのような顧客セグメントの顧客が、どのような製品やサービスを欲しているかを綿密に調査し、その結果を基にして次の製品やサービスの仕様を決めていくことが、経営学の教科書に書いてある一般的な手法です。しかし、今まで世の中になかった製品やサービスを創り出そうとするスタートアップでは、この手法はあまり役に立ちません。まだ存在しないモノについてのデータはありませんし、顧客やユーザーは自分がまだ見たこともないモノについて聞かれても答えられません。まだ存在しない製品やサービスを顧客やユーザーが欲しているかどうかは、彼ら自身もわからないのです。

では、未来を見通すことのできる予言者でないとスタートアップを成功させることはできないのでしょうか？　それとも、起業家は何が当たるかわからないままにヤミクモに危険な賭けをするしかな

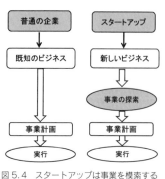

図5.4　スタートアップは事業を模索する

いのでしょうか？　そんなことはありません。実はこの探索プロセスは、極めて科学的に進めることができます。

サイエンスにおける「仮説→実験→検証」のプロセス

サイエンス、特に自然科学の分野では未知の真実や普遍的な法則・原理を見つけ出すために研究活動を行ないますが、研究の本質は「仮説→実験→検証」のプロセスを回すことです。

通常、研究は自然現象の観察からスタートし、観察した現象から未知の真実や法則・原理に関しての仮説を立てます。仮説が正しいかどうかを確かめるために、実験やシミュレーションを行ない、その結果を分析して仮説が正しかったかどうかを検証します。仮説を支持する実験結果が得られれば、その仮説が証明されたことになりますが、仮説に反する

図5.5　サイエンスにおける研究活動

実験結果が出たら仮説が間違っていたことになるので、新たな仮説を立てて新たな実験を行なって検証します。サイエンスにおける研究活動は、このような「仮説→実験→検証」のプロセスを繰り返す中で未知の真実を見つけ出し、普遍的な法則や原理を確立していく活動です。ほとんどの仮説は間違っているので、真実にたどり着くまでには、このプロセスを何度も何度も地道に回す必要があります。

スタートアップにおける「仮説→実験→検証」のプロセス

スタートアップにおいて、誰にどんな製品やサービスを提供するかを決めるプロセス、つまりスケールするビジネスを探索・模索するプロセスは、実は上述したサイエンスにおける研究活動によく似ています。

研究活動と同様、プロセスは観察からスタートします。自然科学での観察対象は自然現象ですが、スタートアップでの観察対象は潜在的な顧客やユーザーです。観察で得た知見を基に「顧客はこういう課題を抱えていて、こういう解決策を提供すれば価値を認めてお金を払ってくれるはずだ」という仮説を立てます。仮説を立てたら、それが正しいかどうかを確かめる

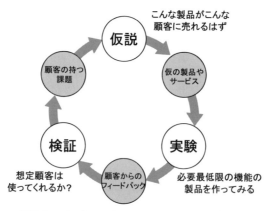

図5.6　スタートアップでの「仮説→実験→検証」プロセス

ための実験をします。スタートアップの場合、実験というのは顧客（や潜在顧客）に製品やサービスを使ってもらうことです。実験材料は（完璧でなくてもいいけれども検証が可能な）仮の姿の製品やサービスであり、実験データは顧客やユーザーからのフィードバックです。仮説を支持する実験結果が得られれば、つまり、想定した顧客の課題が正しく、仮定した解決策に顧客が喜んでお金を払ってくれるようであれば、この仮説が証明されたことになります。しかし、自然科学の研究と同じようにスタートアップでも仮説の多くは間違っています。仮説が間違うポイントは様々ですが、例えば、想定した顧客の課題が実は顧客の抱える本当の課題ではなかったり、課題は正しくてもその課題をうまく解決できる製品ではなかったり、良いサービスではあるがビジネスとして成り立つような価格では顧客は買ってくれなかったり……といったケースが多いことでしょう。どのような形にしろ、仮説に反する実験結果（顧客やユーザーからのフィードバック）が出たら仮説は間違っていたことになるので、新たな仮説を立てます。サイエンスと同様に、新たな仮説が正しいかどうかは新たな実験を行なって検証します。つまり、機能や仕様を変えた別の姿の製品やサービスを顧客（や潜在顧客）に使ってもらって検証します。スタートアップは、このような「仮説→実験→検証」のプロセスを何度も回す中で、誰にどんな製品やサービスを提供するかを決めていく、つまりスケールするビジネスを見つけていきます。

実験(仮の姿の製品やサービス)

　スタートアップで「仮説→実験→検証」のプロセスを回す際の「実験材料」は仮の姿の製品やサービスです。この時点での製品やサービスは必要最低限の機能を持っていれば十分です。顧客からのフィードバックを得て仮説の検証を行なうことが目的なので、製品やサービスとして完璧である必要はありませんし、この時点で製品や製造方法がスケールするもの(規模の経済性が働くような製品や製造方法)である必要もありません。あくまでも仮説検証が目的です。仮説の多くは間違っているので、如何に速く「仮説→実験→検証」のループを回して間違った仮説を早く潰すかが鍵です。ループを如何に多く回せるかが大事なのですから、「実験材料」は最小限のコストと最小限の時間で作って、いち早く顧客からのフィードバックを得ることに注力しなくてはなりません。技術者はいい加減なものを顧客に提供したくないと思うものですが、完璧な製品を作っても誰も買ってくれなければ全くの無駄です。誰が顧客かも未定で顧客が何に価値を認めるかも不明な段階では何をもって品質を評価すべきかもわかりません。「実験材料」としての製品は、必要最低限の機能を持っていさえいれば、品質よりもスピードが大事になります。

検証(顧客へのインタビュー)

　スタートアップで「仮説→実験→検証」のプロセスを回す際に、一番最初の仮説は潜在顧客の観察をベースにして立てるというお話をしました。観察と言っても自然観察ではないので、ただ見ているわけではなく、潜在顧客にインタビューをして顧客の行動を理解し、顧客の課題を聞き出すことが観察の主な中身です。

　また、「仮説→実験→検証」のプロセスを回す際の「実験データ」は顧客からのフィードバックです。「データ」という言葉からは、統計処理ができる多量の数値データをイメージするかもしれません。もちろん、アンケートや調査も有用ですが、通常、そのような数値データが効果的に使えるのは顧客の数が増えてからです。スタートアップが、誰にどんな製品やサービスを提供するかを模索する時期に重要なデータは、顧客に直接インタビューをして得られる生の声です。仮の姿の製品やサービスの製法が

この時点でスケーラブルである必要がなかったように、この時点でのデータ収集（インタビュー）方法はスケールする方法（規模の経済性が働くような方法）である必要はありません。

　このように、スタートアップの初期段階では顧客（潜在顧客も含む）へのインタビューは非常に重要です。顧客と話をすると売り込みをしがちですが、このフェーズでの顧客インタビューは売り込みのためではありません。また、顧客に答え（何が欲しいか？）を聞きに行くものでもありません。前にも述べたように、顧客やユーザーは自分がまだ見たこともないモノについて聞かれても答えられないからです。顧客インタビューは、顧客の具体的な行動パターンを把握し、顧客の課題を聞き出し、顧客の特性を理解し、仮説を検証するためのものです。一番最初の仮説を構築する段階であれば、顧客がどのような課題に直面していて、その課題に対して現状はどのように対応しているのかを聞き出すことが大事ですし、仮の姿の製品を使ってもらった後であれば、自分達のProblem/Solutionの仮説検証が目的ですから、製品やサービスの優れているところや劣っているところ（特に競合に比べての優劣）を聞き出すとともに、製品やサービスの価格や機能に対するフィードバックも得る必要があります。同時に、顧客がどういう経路で製品やサービスを購入しているか、誰が意思決定者なのか、といった内容も顧客インタビューで聞き出すべき内容です。販売チャネルや消費行動に関する仮説も、検証すべき仮説だからです。

　この時期の顧客インタビューは単なるセールス（販売）活動ではなく、事業戦略を決める活動ですから、インタビューはCEOおよび創業メンバー自らが行なうべきです。経営者や開発者が直接顧客と話すことで、戦略や製品仕様に直接フィードバックすることができますし、フィードバックサイクルを早く回すことができます。

5-6　リーン・スタートアップの考え方

　前節で述べたようなスタートアップの初期における考え方は、一般には

「リーン・スタートアップ（Lean Startup[10]）」と呼ばれています。

リーン・スタートアップの考え方は、エリック・リース（Eric Ries）がその著書[11]で提唱した概念ですが、顧客やマーケットがある程度見えていることを前提とした従来の大企業の経営手法はスタートアップには通用せず、スタートアップにはスタートアップ固有のマネジメント手法が必要だと主張します。本節では、エリック・リースの言葉遣いに沿って、リーン・スタートアップの考え方を解説します。

リーン・スタートアップの考え方では、前節で述べた「仮説→実験→検証」のループを「Build（構築）→Measure（計測）→Learn（学習）」のフィードバックループと呼びますが、スタートアップの製品アイデアは仮説であると考える点、必要最低限の機能の製品を作って顧客からのフィードバックに基づいて仮説を検証する点、検証に際しては顧客インタビューを重視する点、仮説の多くは間違っているので如何にループを早くたくさん回すかが大事であると考える点などは、前節で述べた考え方そのものです。

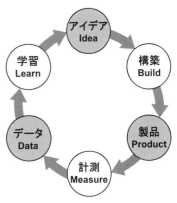

図5.7 リーン・スタートアップでのBuild/Measure/Learnループ

MVP（Minimum Viable Product）

前節で「仮の姿の製品やサービス」と言っていたものを、リーン・スタートアップの用語では、MVP（Minimum Viable Product）と呼びます。MVPは必要最低限の機能を持った製品のことで、顧客からのフィードバックを得て仮説の検証を行なうための製品なので、製品やサービスとして完璧である必要はないことも前節で述べた通りです。

---

10) リーン・スタートアップという名称は、トヨタのリーン生産方式に由来する名称です。価値を生まない生産工程の無駄を徹底して省いて「リーン」にするという意味があります。

11) "The Lean Startup"（Eric Ries 著），和訳『リーン・スタートアップ』（井口耕二訳、日経BP社、2012年）

検証可能な「必要最小限の機能」といっても様々な形態があります。ハードウエアであれば、必要最小限とはいっても、ある程度実際に動くプロトタイプを作らないと検証しづらい場合も多いですが、サービス（特にWEBサービス）の場合には、文字通り必要最小限の機能だけをWEBサービスとして実装することもできます。例えば、オンライン販売のビジネスを興す際にWEBのフロントページだけを作り、顧客が入力した内容をすべて人間が処理するという形態もMVPの一つです。WEB上で注文が入ったら自分達で近くの店に行って注文された商品を買ってきて自分達で配送するのです。もちろん、事業が大きくなるに従って、受注システムや配送システムなども自動化し、在庫も持つようにしないとスケールしませんが、最初は受注、購入、配送などのプロセスをすべて人間が行なうことで業務のプロセスを学び、顧客の行動や特性を学ぶことができます。

Pivot（ピボット）

Pivot（ピボット）という言葉もリーン・スタートアップの用語ですが、スタートアップの世界ではかなり一般的な用語になっています。元々の意味は「方向転換」といった意味ですが、スタートアップの文脈では、仮説が間違っていることがわかって事業の仮説を大きく方向転換[12]することを言います。

方向転換の内容は事業内容や業態によって様々ですが、製品機能の一部だと思っていたものが製品全体になる場合（その他の製品機能は不要だった）や、逆に最終製品だと思っていたものが一機能にすぎなかった場合（他の機能も併せ持たないと顧客は買ってくれない）はよくあるパターンです。また、製品の機能は間違っていなかったが、ターゲットとする顧客層が間違っていた場合や、顧客ターゲットは変えずに販売チャネルを変えるピボットもあります。B2Cビジネスではうまくいかずに B2B ビジネスにピボ

---

[12] どこまでが小さな方向転換で、どこから先が大きな方向転換かに明確な線引きがあるわけではありませんが、「Build→Measure→Learn（仮説→実験→検証）」のフィードバックループを回すことによる小幅な仮説修正は通常は Pivot とは呼びません。

ットするケースもありますし、例えば、汎用品を開発していた会社がカスタム品の開発に方向転換する場合もピボットと言えるでしょう。

　ピボットは、今までの仮説を根本から捨てて新たな仮説を設定して製品やサービスを作り直す作業であり、起業家にとっては自分の考えが間違っていたことを認めることになります。顧客の課題が、そもそも想定していたものと異なっていたときにはピボットせざるを得ない場合が多いですが、仮説は常に揺れるものですし曖昧な場合が多いので、もう少しこの仮説を信じて、このまま頑張ればうまくいくのではないか？　という気持ちを断ち切ってピボットするのは勇気がいるものです。しかし、事業を模索しているフェーズのスタートアップで誤った仮説に固執することは致命傷になりますので、ピボットの可能性も常に念頭に置いて「仮説→実験→検証」のループを回す必要があります。

リーン・スタートアップの広がり

　リーン・スタートアップの考え方は、元々はソフトウエアやWEBサービスの事業分野での考え方です。ソフトウエアやWEBサービスはハードウエアに比べて開発リソースが比較的少なくて済み、製品の変更も容易です。従って、「Build→Measure→Learn（仮説→実験→検証）」のループを高速に回すことができます。また、ソフトウエアやWEBサービスはネット上で顧客からのフィードバックを得ることも容易です。リーン・スタートアップの考え方は、このような背景からソフトウエアやWEBサービスの分野で発達してきました。

　しかし、近年リーン・スタートアップの考え方は急速に他の事業分野にも広がっています。多くの分野でIT化やネットとの連携が新規事業の鍵になってきていることが背景にあり、従来は「Build→Measure→Learn（仮説→実験→検証）」のループを回すには不向きだと考えられていたハードウエア・ビジネスも最近では例外ではなくなってきています。

　従来のハードウエア・ビジネスは大量生産・大量消費を前提としていました（図5.8）。モノを大量に生産するには工場を持つ必要があり、モノを大量に売るためには販売網を構築して大掛かりに宣伝・広告をする必要があります。大量のモノを顧客まで届けるには物流や決済のシステムもし

っかりしたものを持たなければなりませんが、これらはどれもまとまった資金が必要です。多額の投資をするためには相応に確度の高い仮説に基づいた事業計画が必要です。つまり、大量生産・大量消費の従来型ハードウエア・ビジネスは、誰に何を売るかに関してある程度確度の高い計画がないと始められません。最初から規模の経済性が成り立つことを前提にしないと始められない事業構造だと言ってもいいでしょう。これは、不完全な仮説に基づいて、スケールするかどうかがわからない「仮の姿のモノ」を作って顧客のフィードバックを得て仮説を修正していくというスタートアップの考え方とは相いれない事業構造です。

しかし、近年ハードウエア・ビジネスを取り巻く環境は大きく変化しています。まず、変化の最も大きな要素として製品開発が容易になったこと

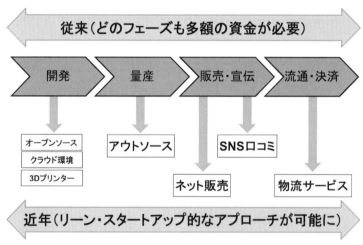

図5.8　ハードウエア・ビジネスの事業環境の変化

が挙げられます。3Dプリンターをはじめとする様々な機器の進歩によりハードウエアの開発が容易になりました。また、少量生産を請け負う製造専門のアウトソース先が増え、従来に比べて多品種少量での生産が容易になりました。現代のハードウエアは必ずと言っていいほどソフトウエアを搭載していますが、従来であれば自社でサーバーを持って独自開発する必要があったソフトウエアも、クラウド環境やオープンソースのソフトウエアを活用することで格安に実装できるようになりました。製品の販売面で

も、インターネットの発達により独自の販売網や販売チャネルを持たなくてもネット上で容易に直販することができますし、Amazonのようなオンライン・ストアを通したネット販売も容易にできます。広告や宣伝も、従来であれば多額の資金を投入してテレビ・コマーシャルを打つ必要があったかもしれませんが、最近であればSNSによる口コミやバイラル・マーケティングを活用すれば、大きなコストをかけることなくマーケティングを行なうことが可能です。従来であれば小規模な企業には敷居の高かった物流や決済機能も、今はAmazonが決済、在庫管理、発送までやってくれます。ハードウエア・ビジネスを行なうために必要となる資金は大量生産・大量消費の時代に比べると大幅に低下しているのです。資金という切り口で見ると、必要な資金量が低減しただけでなく、クラウド・ファンディングのような新しい資金調達の仕組みも出現しています。

　このような環境変化により、ハードウエア・ビジネスであっても従来に比べてスタートアップ的な手法が格段にとりやすくなっています。もちろん、コードを書き換えることで瞬時にサービスを変更できるWEBサービスに比べれば、ハードウエア開発は「仮説→実験→検証」のループを回すのにずっと時間がかかりますが、製造、販売、在庫、決済、宣伝といった機能をすべて自社で持ち、多額の初期投資、設備投資をした上で在庫リスク等を抱えなければならなかった従来の大量生産・大量消費型のハードウエア・ビジネスに比べれば、「仮説→実験→検証」のループを回しながらスケールする事業を探索するというスタートアップの手法をとりやすくなったことは間違いありません。

　このような背景から、元々はソフトウエアやWEBサービスで広まったリーン・スタートアップの手法が、最近ではハードウエアのみならず幅広い分野のスタートアップでも使われるようになっています。大学の研究成果を活用するような研究開発型のスタートアップも例外ではありません。一般に研究開発型スタートアップでは「実験」を行なうことが簡単ではありません。スタートアップにおける「実験」は必要最小限の機能を持った製品やサービスを作って潜在顧客に使ってもらうことですが、既存技術では実現できない新しい機能を新しい技術によって実現するのが研究開発型スタートアップですから、必要最低限の機能でもそれを実現するには多大

な時間と資金を要します。しかし、だからと言って研究開発型スタートアップでリーン・スタートアップの考え方が使えないわけではありません。むしろ、製品やサービスがまだ存在しない段階から顧客インタビューを行なうことで Problem/Solution に対する仮説の精度を高めるというリーン・スタートアップの考え方は、研究開発型スタートアップでこそ重要と言ってもいいかもしれません。最初の仮説の精度を高めることができれば、回さなければならない実験・検証のループの数を減らすことができるからです。多大な時間と資金を要する研究開発型スタートアップでは、仮説の精度を高めることはソフトウエア・ビジネス以上に重要ですし、研究者や技術者は技術を売ろうとしがちなので、Problem/Solution に対する仮説を実験・検証するという視点でビジネスを考えることも重要です。

　本章では、スタートアップがどうやってスケールするビジネスを見つけていくかについて説明してきましたが、「仮説→実験→検証」のループを回しながらスケールするビジネスを探索する手法は、大企業の中の新規事業でも使える手法であることを最後に付記しておきたいと思います。

第 5 章のまとめ

- スタートアップは大きなマーケット（最終的には数百億円の市場規模のあるマーケット）を目指す必要がある。

- 初期のスタートアップは最初から大きなマーケットを目指すのではなく、少数であっても確実に製品やサービスを使ってくれる顧客の獲得を目指すべきである。

- 市場を独占するのが理想だが、マーケットが大きければ必ず競争相手が居るので、スタートアップは何らかの差別化要因を持つ必要がある。

- スケールする事業とは、「規模の経済性（Economies of Scale）」の効果を享受できるような事業である。スタートアップは早く規模の経済性を活かすことができるように急成長を目指す。

- 何がビジネスとしてスケールするかは、顧客からのフィードバックに基づいて「仮説→実験→検証」のプロセスを回す中から見つけ出す。

- 如何にフィードバック・ループを早く回すかがスタートアップの成功の鍵である。

第6章

ビジネスモデルとビジネスプラン

　第4章と第5章では、スタートアップを始める際に考える必要のある様々な要素を説明してきました。本章では、ビジネスを考える際のもう一つの重要な要素であるお金の稼ぎ方について説明した後、これらの各要素を繋ぎ合わせて自分達が行なおうとする事業の骨格や計画を書類やプレゼンテーションにまとめる方法を解説します。一般にビジネスモデルやビジネスプラン（事業計画）と呼ばれるものですが、これは投資家などにビジネスの説明をするためのものであると同時に、自分自身の考えを整理するためのものでもあります。ビジネスは非常に多くの要素が複雑に絡み合っているので、自分の頭の中で考えているだけでは辻褄の合わないことをしてしまいがちです。書類やスライドに書き出すことで事業の全体像を把握し、分析することが可能になります。

6-1　狭義のビジネスモデル＝お金の稼ぎ方

　最初に「ビジネスモデル」についてお話ししたいと思います。ビジネスモデルという言葉も色々な意味で使われる言葉です。狭い意味ではお金を稼ぐ方法を指しますが、広い意味ではビジネスの仕組みや構造全般を指します。
　本節では、まず狭義のビジネスモデル、すなわち事業としてのお金の稼ぎ方について解説します。狭義のビジネスモデルのことを、収益モデル（Revenue Model）と言うこともありますし、マネタイズ（Monetize）の方法という言い方をすることもあります。
　第4章の冒頭でお話ししたように、ビジネスは製品やサービスを顧客に提供して、その対価として収入を得る活動ですが、収入を得るには様々な方法があります。お金を稼ぐ方法は、顧客に提供するモノが製品なのか

サービスなのかによって違いますし、製品であってもハードウエアかソフトウエアかでも違ってきます。まず最初に比較的わかりやすいハードウエア製品の場合から考えてみましょう。

ハードウエア製品での様々なお金の稼ぎ方

　ハードウエア製品（モノ）を扱うビジネスでは、モノを作って顧客に売る（製造業）のが一番基本的なお金の稼ぎ方です。収益モデルと呼ぶほどでもないシンプルなお金の稼ぎ方ですが、第4章で説明したように、製品を売る場合にはエンドユーザーに直接売る場合と様々な販売チャネルを通して売る場合があり、間接販売の場合には直接にお金を頂戴する相手はエンドユーザーではなく販売業者かもしれません。また、完成品をエンドユーザーに提供するメーカーの下には、部品を提供するメーカーが居て、さらに部品メーカーに原材料を提供する素材メーカーが居て……と階層構造になっている場合が多く、そのような場合には単に自分の顧客からの収益モデルだけでなく、顧客の顧客や、そのまた顧客のお金の稼ぎ方も理解しておく必要があります。

　モノを扱うビジネスとしては、自分では製品を作らずに製品を仕入れて売る形態のビジネスもあります。売る相手がエンドユーザーであれば小売業、売る相手が小売店であれば卸売業ですが、小売業にも、専門店、量販店、通信販売、オンラインなどの様々な形態が存在します。

　モノでお金を稼ぐ方法は、売る以外にも色々あります。売らずに貸すのも一つの稼ぎ方です。顧客の手元に渡すことができる製品であればレンタルやリースという形で貸すことになるでしょうし、持ち運べない大型機器や短時間しか使わない製品であれば、顧客に来てもらって機器を使わせて利用料の形で対価を得るのが普通でしょう。

　モノを売った後の保守、点検、修理でお金を頂戴するのも別の稼ぎ方です。製品を売る際には利益の出ないような低価格で売っておいて、保守・点検で利益を出すビジネスもあります。また、モノを捨ててあげる、キレイにしてあげる、預かる、運ぶ……といったことでもお金を稼げる場合があります。このあたりになってくると、製品の提供というよりもサービスの提供ですが、近年は単にモノを作って売るだけではなかなか利益が上が

らないので、製造業者(ハードウエア・メーカー)自身もハードウエアに付随する様々なサービスで収入を得ることを検討する必要があります。このあたりは、ハードウエア系のスタートアップを興すのであれば、十分に考える必要のあるところです。

一方、近年は作ることに専門特化した製造会社が台頭して、製造業の業態が大きく変化しています。製品を作って売るハードウエア・ビジネスの会社であっても、自社では製造機能を持たずに製品の設計・開発や販売に特化し、実際の製造は製造サービスを専門とする会社にアウトソースする会社(このような形態の会社をファブレスと呼びます)が増えています。特に電子機器の受託生産を行なう製造会社はEMS(Electronics Manufacturing Service)と呼ばれ、主に台湾や中国を中心に数多く存在します。

ハードウエア・ビジネスのビジネスモデルに関しては、もう一点説明を付け加えておきたいと思います。スマイルカーブと呼ばれる考え方です。製造業を構成する色々な事業プロセスを分解していくと、収益性が高いのは製品の設計・開発や部品の提供および

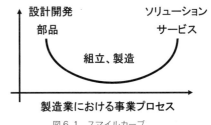

図6.1　スマイルカーブ

製品のアフターサービスや製品を使ったソリューションを提供する部分で、組立てや製造の部分はあまり儲からないという見方です(図6.1)。横軸に事業プロセス、縦軸に収益性をとって図にするとスマイルマークのように見えることからスマイルカーブと呼ばれます。元々はエレクトロニクス産業の業界構造の説明として提唱されたもので、アメリカ企業は左右の収益性の高い分野にシフトしていったが、日本企業は真ん中の部分に留まっていたため収益性が上がらなかったと言われています。すべての製造業がスマイルカーブに従うわけではありませんが、ハードウエアの事業を興そうとする場合には頭に置いておいた方がいい視点だと思います。

ソフトウエア製品での様々なお金の稼ぎ方

ソフトウエア・ビジネスでも、ハードウエア・ビジネスと同様、作ったソフトウエア製品を顧客に渡して、対価としてお金を頂戴するのが一番基本的なお金の稼ぎ方です。自分で製品を作らずに仕入れて売る形態のビジネスがあるのもハードウエア・ビジネスと同じです。

しかし、これらのビジネスモデルはソフトウエアがCDなどのメディア媒体に格納されて、媒体がハードウエアと同じように物理的に顧客の手元に届けられ、しかもそのソフトウエアが顧客の所有するハードウエア上で使用されるのが一般的であった時代の名残でしょう。

現在ではほとんどのソフトウエアはネット上で顧客がダウンロードすることで顧客に届けられます。また最近では、ソフトウエアは顧客のハードウエア上にインストールされるのではなく、サーバーやクラウド上にあるソフトウエアを顧客が使いに行く形態で使用されることが多くなっています。このようなソフトウエア製品の顧客への届け方の変化に伴って、ソフトウエア・ビジネスでのお金の稼ぎ方も変化しています。

届け方がCDからダウンロードに変わっても、製品を購入してもらって対価を得る基本的な収益モデル（売り切りモデル）はなくなってはいませんが、ダウンロードした製品を利用できる権利と引き換えに対価（ライセンス料）を得るライセンス・モデルや、クラウド上のソフトウエアを一定の月額料金で利用させるサブスクリプション・モデル、ソフトウエアを使った量に応じて利用料を課金する従量課金モデルなどが多くなっています。ソフトウエア系のスタートアップを興す場合には、このあたりの収益モデルをよく検討する必要があるでしょう。

また、売り切りモデルの場合も、ソフトウエアのバージョンアップの度にアップデート料で稼いだり、売ったソフトウエアのメンテナンスや保守料で稼ぐことは以前から行なわれており、ソフトウエア・ビジネスの重要な収益源です。

ソフトウエア・ビジネスでは、この他にソフトウエア開発を請け負う形態（受託開発）があります。特にソフトウエア・スタートアップの初期段階では、ソフトウエアの開発力さえあれば比較的収入を得やすいため、とりあえず特定顧客向けのソフトウエア開発やシステム開発を受託して請け

負うケースが多くあります。開発工数に見合った収入を得られるのであれば、受託ビジネスもそれはそれで立派なビジネスですが、スタートアップを目指すのであれば注意が必要です。請け負い仕事は基本的にスケールしないからです。ソフトウエア開発やシステム開発に限らず、データ処理やコンサルティングなどの受託もそうですが、受託ビジネスは仕事が増えた分だけ人を増やさないと回らないのが普通です。つまり、受託ビジネスは、事業を大きくしようとすると人を増やすしかない、言い換えると、人の数以上には成長できないビジネスです。第5章で述べたように受託ビジネスは「規模の経済性（Economies of Scale）」の効果を享受できないビジネスモデル、つまりスケールしない事業構造なので、スタートアップが目指すビジネスとしては不適当なのです。

　そうは言っても様々な理由からソフトウエア・ビジネスを受託ビジネスからスタートさせざるを得ない場合もあります。スタートアップとして革新的な製品の計画はあるのだが、製品の開発期間中は自社製品の売上げはないので、その期間の開発資金を稼ぐために受託で食い繋ぐというパターンです。十分に高い技術力があり、自社製品の開発パワーを落とさずに片手間で受託開発がこなせればいいのですが、受託開発が忙しくて自社製品の開発に時間が割けない事態に陥ってしまうと、自社製品の開発はどんどん遅れて、最悪の場合にはスタートアップとして創業したはずなのに、自社製品の開発は断念して、受託ビジネス（ソフトウエアの下請け）だけになってしまうこともあります。

　また、自社製品はあるが、顧客のシステムに導入するには大幅なカスタマイズ作業が必要で、カスタマイズ部分を受託開発として受けないと自社製品を使ってもらえないというケースもよくあります。この場合も、受託開発が自社の活動のほとんどを占めるようになり、自社製品を改良したり他の顧客に販売したりする工数が割けなくなってしまうこともあります。

　このような事態に陥らないようにするには、やはり高い技術力や他社にない独自技術を持つ必要があります。一般に受託開発では開発したソフトウエア（開発成果物）は委託した側のものになるのが普通ですが、他社にない独自技術を持っていれば、コア部分に関しては自社のものとして権利を保持して他の受託開発に汎用的に使い回すこともできますし、受託開発

での蓄積からコア技術を改善・改良して自社製品を確立することも可能かもしれません。このあたりは受託を受ける際の契約条件で権利関係を明確にしておく必要があります。委託する側は通常自分達よりも大きな会社で、受託を受ける側は力関係としては弱い立場ですが、独自のコア技術や高い技術力があれば交渉力も強まり、コア技術の権利を自社に帰属させることやコア技術を自社製品として他社にも提供できることなどを契約条件に入れることができるはずです。

　このような形で受託ビジネスをしながら自社製品の開発を進めていくことも不可能ではありませんし、そうせざるを得ない場合があることは確かですが、スタートアップは基本的には受託ビジネスで日銭を稼ぐようなことはせずに、開発に必要な資金はキチンと調達して自社製品の開発に集中するのが本来の姿です。

　なお、受託開発の場合にはレベニュー・シェア（Revenue Share）という収益モデルもあります。これはソフトウエア開発だけでなく幅広く業務委託全般に見られる形態ですが、顧客はあらかじめ決められた開発対価を支払うのではなく、顧客が成果物を活用して得られた収入の一定割合を開発者に配分する仕組みです。受託開発の費用支払いを成功報酬型にしたもので、委託者と受託者が収入をシェアすると共にリスクもシェアすることになります。受託側は開発費用を回収できないリスクを負う代わりにうまくいった場合には大きな収入を得られる可能性があり、委託側は初期費用を低く抑えられる代わりにうまくいった場合には自身の儲けが目減りすることになります。

サービス業での様々なお金の稼ぎ方

　次にサービスを提供するビジネスでのビジネスモデルを考えてみましょう。一言でサービスと言っても様々なサービスがあります。運輸、宿泊、飲食、出版、通信、データ処理、金融、保険、法務、不動産、医療、介護、人材斡旋、教育、スポーツ、娯楽、広告、デザイン……多種多様なビジネスの収益モデルを一般化するのは簡単ではありませんが、大きな考え方として以下の5種類があると考えていいと思います。

- 時間課金
- 従量課金
- 定額課金
- 仲介手数料
- 広告収入

時間課金は文字通り、サービスを提供した時間に応じてお金を頂戴するモデルです。3分間何円の電話料金や1時間何万円の弁護士費用は典型的な例でしょう。

従量課金は提供したサービス量に応じた金額を課金するモデルです。乗車区間に応じた電車賃、使用したデータ量に応じたデータ通信料、診療内容に応じた医療費など、これも様々な例が思い浮かぶことと思います。時間課金を従量課金の一形態と見ることも可能です。

定額課金は一定の期間や一定の範囲内であれば、実際にどれだけのサービス提供を受けたかにかかわらず一定の金額でサービスが利用できるような課金形態です。スポーツジムの年間パス、レストランの食べ放題、学会の年会費、新聞の定期購読などなど。英語だとsubscription feeやmembership feeといった言葉で表される課金方法です。

仲介手数料もサービス・ビジネスではよくある課金形態です。不動産屋さんはアパートの家主と借り手を仲介して手数料で稼ぎますし、証券マンは株の売買を仲介して手数料を得ます。最近は、WEB上でモノの売買や各種の紹介を仲介し、マッチングが成立すると仲介手数料を得るサービスが数多くあることは皆さんもよくご存じと思います。近年発展が著しいシェアリング・エコノミーのビジネスも多くは仲介手数料で稼ぐ収益モデルです。空き部屋の賃借を仲介するAirbnbや、配車サービスのUberやLyftが有名ですが、シェアリング・エコノミーは、余剰資産を有効活用することで収入を得られる貸し主と、モノを所有することなく必要なときに必要なだけ利用したい借り主との間で、個人が保有する資産の貸し出しをするサービスで、その主要な収益源は個人間の仲介手数料です。

広告を収入源とするビジネスも数多くあります。古くからある民放テレビが広告収入で成り立っていることはご存じのことと思いますが、インタ

ーネットの急激な発達によってネット上での広告を収益源とするビジネスは大きく成長しており、GoogleやFacebookが広告収入で何兆円もの売上げを上げていることはよく知られています。ネット上での広告にも様々な形態があります。最も単純な広告は、WEBサイト上の広告枠（バナー広告など）を売るものや、広告がクリックされる度に広告収入が発生する形態ですが、商品の購入やサービスの利用に応じて広告費用が発生する成果報酬型のアフィリエイト広告も広告を収入源とするビジネスモデルの一つと考えられます。

　学生の皆さんの考えるWEBサービスでは、広告収入をビジネスモデルとするアイデアがよくありますが、広告収入で事業を成り立たせることはそんなに簡単ではないことは注意しておく必要があるでしょう。小遣い稼ぎ程度のビジネスを考えているのであれば別ですが、会社を回していくだけの広告収入を上げるためには相当大きなトラフィックが必要になります。ある程度大きなトラフィックがないと広告主は集まらないからです。膨大なトラフィックを集めることは容易ではありませんし、集めたトラフィックを処理するインフラを構築して運用するには、それなりの知識やコストが必要です。お金を稼ぐ方法を思い付かないのでとりあえず広告収入で……というのは、サービスのアイデア出しの段階ではいいかもしれませんが、真剣にビジネスを立ち上げるのであれば、よく検討する必要があるでしょう。

　話が少し脱線しましたが、サービス業でのお金の稼ぎ方に話を戻しましょう。サービス業では、一つのサービスが複数の課金形態で収入を上げることが珍しくありません。電車賃は切符を買えば従量課金ですが、定期券を買えば定額課金です。データ通信料金も従量課金と定額課金が組み合わされていたり選択できたりするサービスが多いことでしょう。オンライン・メディアではユーザーからの購読料と広告の両方が収入源の場合が多いと思いますが、これは旧来の新聞や雑誌のビジネスモデルを踏襲したものと言えるでしょう。テーマパークや遊園地であれば、定額課金（入場料）と従量課金（アトラクションや乗り物毎にかかる料金）の組み合わせかもしれませんし、オークション・サイトであれば、定額課金（出品手数料）と仲介手数料（売買成立時に発生するコミッション）を組み合わせた収益モ

デルが多いものと思います。

その他のお金の稼ぎ方

　ここまで、ハードウエア、ソフトウエア、サービスと分けて様々なお金の稼ぎ方を見てきましたが、現実のビジネスでは、このような単純な分類ができることの方がむしろ少ないかもしれません。先程、ハードウエアを売るビジネスでもサービス収入が重要になっていると述べたように、収益の上げ方は多種多様です。

　大学での研究成果を活用する研究開発型の会社の場合には、技術ライセンスを主要な収益源とする場合もあります。ハードウエアにしろソフトウエアにしろ、顧客に買ってもらえるような製品にまで小さな会社が仕上げるのは大変なので、特許などの知的財産権（知財権）を他社に技術ライセンスし、実際の製品開発は他社に委ねるというやり方です。いわゆる「大学発ベンチャー」と称される会社にはこのようなビジネスモデルの会社もありますが、一般的に言うと技術ライセンスや研究開発の請け負いでは大きなビジネスにはなりにくいので、本書のメインテーマであるスタートアップが主要な収益モデルとするのは適当ではありません。ただし、創薬ビジネスは例外です。創薬は製品化までに膨大な資金と時間を要するという意味で少し特殊なビジネス分野で、技術ライセンスを主要な収益源とすると共に研究開発の請け負いが収益源である場合もあります。

　スタートアップを興す場合には、どのような収益モデルをとり得るかに関して幅広く検討し、どのような課金形態が最適であるかを常に考える必要があります。色々な種類のビジネスモデルを組み合わせることで新しいビジネスにならないだろうか？　という視点や、ある業界で生まれたビジネスモデルが他の業界で使えないかどうか？[1]　という視点は常に考えておく必要があるでしょう。その際、以下に述べるようなビジネスモデルは頭に入れておくといいでしょう。上述した単純な大分類には収まらないビ

---

[1]　シェアリング・エコノミーはいい例でしょう。既存のあらゆるビジネスにシェアリング・エコノミーの考え方を導入すれば新しいビジネスになる可能性があるでしょう。

ジネスモデルであり、新規事業を考える際に参考になる考え方だと思います。

フリーミアム・モデル（Freemium Model）

　フリーミアム（Freemium）は free と premium を繋げた合成語で、基本的なサービスや機能は無料（free）で提供し、ユーザーがさらに高度な機能やサービス（premium service）を使用したい場合は課金するというビジネスモデルです。何 GB までのストレージは無料で提供するが、それ以上の容量を使いたければ有料になるオンライン・ストレージ・サービスや、月に何件までの記事は無料で購読できるが、それ以上の量の記事を読みたければ有料になるオンライン・メディア、見るだけであれば無料だが、編集機能を使おうとすると課金されるソフトウエアなど、皆さんの使っているサービスやソフトウエアでもフリーミアム・モデルのビジネスモデルを採用しているものは多いと思います。

　フリーミアム・モデルは、無料版を配布することでサービスを広く知ってもらうことができ、ユーザー数を増やすことができます。ソフトウエアやコンテンツは基本的に製造コストがゼロなので、無料版の利用者が多くてもサービスの提供コストに大きな影響を与えないから可能なビジネスモデルです。

　フリーミアム・モデルのビジネスでは、無料版のユーザーばかりでは収入になりませんので、無料版からは広告収入を得ることも多くあります。ユーザーから見ると、無料でサービスを使いたければ広告を見せられることになります。一般に、無料なら使うけど有料なら使わないというユーザーは多く、（サービス内容に大きく依存しますが）フリーミアム・モデルのビジネスでの有料利用者の割合は全ユーザーの 1% 程度が平均だと言われています。

消耗品モデル（Razor Blades Model）

　英語では Razor-Blades（レイザー・ブレイド、髭剃りと替え刃）モデルとか、Captive 価格戦略と言われるビジネスモデルです。髭剃りと替え刃という例でわかるように、最初の製品（髭剃り）を安く（もしくはタダで）

提供して、その代わりに後から提供する消耗品（替え刃）やサービスで儲けるというビジネスモデルです。ユーザーは最初の製品を使用する限り、消耗品を買い続けてランニングコストを支払い続ける必要があるので、事業者は長期・安定的な収益を確保できます。Razor-Bladesモデルは昔からあるビジネスモデルで、フィルム・カメラとフィルム（消耗品）や現像・焼付け（サービス）のビジネスなどは典型的な消耗品モデルのビジネスだったと言えます。最近では、プリンター・メーカーが消耗品（インクやトナー）で稼いでいるのがわかりやすい例かもしれませんが、ゲーム機とゲームソフト、携帯電話と月額通信料などもRazor-Bladesモデルの一種と言えます。

6-2　広義のビジネスモデル＝ビジネスの仕組み

前節では狭義のビジネスモデル、すなわち様々な形のお金の稼ぎ方について説明しましたが、本節では広義のビジネスモデルについて説明します。ビジネスは製品やサービスを顧客に提供して、その対価として収入を得る活動です。広義のビジネスモデルはこのようなビジネス活動を成り立たせるための仕組みや構造全体を指します。つまり、第4章や第5章で述べてきた事柄すべてを包括してビジネスモデルと呼んでいることになります。ビジネスの仕組みとして、顧客は誰で、顧客の課題は何で、それをどう解決するのか？　顧客にどんな価値を提供する

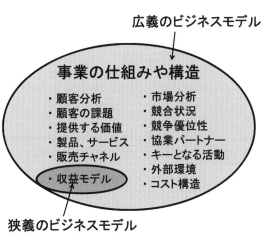

図6.2　広義のビジネスモデル

のか？ どうやって顧客まで届けるのか？ といった内容はビジネスモデルの根幹を成す重要な要素です。対価として収入を得ないとビジネスにはなりませんので、どうやって収益を上げるのか？ も当然ビジネスの構造を決定付ける大事な要素です。スタートアップのビジネスはスケールするビジネスを目指さなければいけませんので、マーケットはどれくらい大きいのか？ 競争相手は誰で自社の競争優位性は何なのか？ といった要素もビジネスモデルとして重要です。

　ビジネスの仕組みや構造としては、これらに加えて、このビジネスを行なっていくためにはどんなリソースが必要で、どんなパートナーと組んでどんな活動をする必要があり、それらにはどの程度の費用がかかるのか、といった点も重要なポイントになります。

　ビジネスを行なう際にはこれらの複雑に絡み合う要素をそれぞれ検討して事業の進め方を決めていかなければなりませんが、これらの様々な要素の中で何が最も時間をかけて検討すべき要素であるかは、業種や業態によって違います。例えば、新しく興すスタートアップの事業が創薬事業であれば、顧客の課題について悩む必要はないでしょう。解決すべき課題は、特定の病気で健康を損ない命を落とす人が居ることです。また、製品が薬である以上、販売チャネルや収益モデルにはあまり工夫する余地がないことが普通でしょう。どれほど大きなビジネスになる可能性があるか、すなわちマーケットの大きさは、その病気の患者がどれくらい居るかに依存しますので、患者数の見積もりは必要ですが、何を見積もればいいかは明確です。一方、ビジネスモデルの中で鍵になるのは、薬効や安全性などの純粋に技術的な側面や、特許の取得状況、薬事承認の認可プロセスや保険適用の有無などといった法的、行政的な規制などの外部要因でしょう。長期間にわたる研究開発を行なうために必要な費用の見積もりや、そのための資金をいつどのようにして調達するかも大事ですし、最終的に薬として販売してくれる製薬会社との協業関係の構築も重要な要素になります。

　しかし、新しく興すスタートアップの事業が、一般消費者向けの新規なWEBサービスであれば、創薬ベンチャーとはだいぶ様子が違ってきます。ビジネスモデルの中で最も時間をかけて検討すべき内容は、どんな顧客のどんな課題を解決するサービスかという部分や、どうやって顧客に知って

もらうかといった要素でしょう。技術面の要素は事業規模が大きくなると無視できませんが、少なくとも最初のうちはビジネスモデルの中心課題ではないでしょうし、収益モデルですら、初期段階ではあまり重要な要素ではない場合も多いでしょう。WEBサービスのようなビジネスの場合には、とにかくユーザーを増やすことに注力して、どうやって収入を得るかはユーザー数がある程度増えてから考えるのでも構わない場合も多いからです。

このように、スタートアップが検討すべき最もクリティカルな要素が何かは事業内容や業態によって異なりますが、どの要素もビジネスモデルを構成する大事な要素であることに変わりはありません。本節では、様々な要素から成り立つビジネスモデルを簡潔に整理する方法をいくつか紹介します。本章の冒頭で述べたように、ビジネスは非常に多くの要素が複雑に絡み合っているので、自分の頭の中で考えているだけでは抜けが生じますし、それぞれの要素の中では辻褄が合っていても複数の要素の間では整合性のないことを実行してしまうかもしれません。上述したようにビジネスモデルは業種や業態によって異なりますが、すべてのビジネスに汎用的に使える方法やツールがいくつか提唱されています。

リーン・キャンバス（Lean Canvas）

最初にご紹介するのはリーン・キャンバス（Lean Canvas）と呼ばれるツールです[2]。リーン・キャンバスは図6.3に示すように、広義のビジネスモデルを構成する様々な要素を九つに分類して1ページに収めた図です。自分の考えている（もしくは行なっている）ビジネスに関して九つの要素を記入していくだけでビジネスの仕組みや構造の全体像が把握できるようになっています。書かなければいけないのは図1枚だけで、しかも箇条書きで項目を列挙すればよく、文章を書く必要はないので簡単に作ることができ、また修正も簡単です。

リーン・キャンバスを作成する際には、九つの要素を書き入れていく順番にもお勧めがありますので、その順番に沿って各要素を簡単に説明して

---

[2] 出典："Running Lean"（Ash Maurya 著）和訳『Running Lean 実践リーンスタートアップ』（角征典訳、オライリージャパン、2012年）

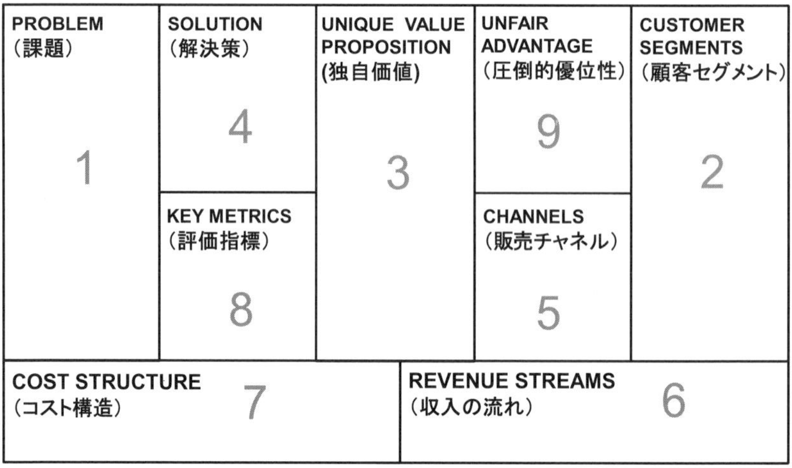

PROBLEM （課題） 1	SOLUTION （解決策） 4	UNIQUE VALUE PROPOSITION （独自価値） 3	UNFAIR ADVANTAGE （圧倒的優位性） 9	CUSTOMER SEGMENTS （顧客セグメント） 2
	KEY METRICS （評価指標） 8		CHANNELS （販売チャネル） 5	
COST STRUCTURE （コスト構造）　　7			REVENUE STREAMS （収入の流れ）　　6	

図 6.3　リーン・キャンバス（Lean Canvas）

いきます。

(1) 課題（Problem）
(2) 顧客セグメント（Customer Segments）

　最初に書き込むのは左端の課題の欄と右端の顧客の欄です。第 4 章で説明したように、スタートアップとして今までにない新しいビジネスを興そうとするのであれば、製品やサービスの詳細を考えるよりも前に、まず顧客の課題を探し出すことを考えなければなりません。また、スタートアップの場合、多数の顧客層を同時に攻めることは難しいので、顧客セグメントをある程度決めて、最初に顧客になってくれそうな具体的な顧客像を絞り込む必要があります。4-3 節で述べたように、顧客とユーザーが異なるビジネスの場合には、その両方についてのセグメンテーションが必要になります。

(3) 独自価値（Unique Value Proposition）
(4) 解決策（Solution）

　これも 4-2 節で説明しましたが、顧客は目に見える形での製品やサービスそのものにお金を払うのではなく、製品やサービスが生み出す目に見えない価値に対して対価を支払います。課題のソリューション（製品やサービスそのものの場合もあるし、製品やサービスを使ったもう一段上のレベル

でのシステムやサービスの場合もある）が何で、そのソリューションによってどんな価値を顧客に提供するのかをこれらの欄に書き込みます。

(5) 販売チャネル（Channels）

　この欄は 4-5 節で説明した内容に対応します。製品やサービスは顧客に直接届けるのかチャネル・セールスなのか、後者であればその販路は何かを記入します。チャネルは複数あった方がいいことは 4-5 節でも触れました。どうやって顧客に知ってもらうのかが重要な要素となる事業内容の場合には、それもチャネルに含めて検討すべきでしょう。

(6) 収入の流れ（Revenue Streams）

　この項は狭義のビジネスモデル（6-1 節で説明した様々なお金の稼ぎ方）です。一つのビジネスで複数の収益モデルがあり得ることも 6-1 節で説明した通りです。

(7) コスト構造（Cost Structure）

　この項目は本書では今まで触れてきませんでしたが、事業を行なっていく上で必要になる費用の欄です。会社の詳細な支出項目を書き出したらキリがありませんので、ここには事業構造を特徴付ける出費や事業の実現に必要となる大きな支出項目など、大事なものだけを列挙します。

(8) 主要指標（Key Metrics）

　この項目も今まで説明してこなかった項目ですが、ビジネスの進捗度合いを定量的に表す何らかの指標で、KPI（Key Performance Indicator）と呼ばれることもあります。ビジネスの最終的な成果は売上げや利益の額で定量的に評価されますが、そこに至るまでのビジネス活動の中で、事業がうまくいっているかどうかを評価する指標を決めます。ネット・ビジネスではサイトへの訪問者数やサイトの滞在時間などを指標にとることが多いようですが、ビジネスモデルを模索している段階では、事業業績を最大化する指標が何であるかは未知であることが多いので、適切な指標を選ぶのは必ずしも簡単ではありません。

(9) 圧倒的優位性（Unfair Advantage）

　これは 5-4 節で述べました。競合に対する差別化要因、競争優位性、参入障壁を書き入れる欄です。

　以上九つの要素を 1 枚の図に書き込むと、構想している（もしくは実行

しようとしている）ビジネスの仕組みや構造の全体像を一目で俯瞰することができます。

ビジネスモデル・キャンバス（Business Model Canvas）

　もう一つ、ビジネスモデルを簡潔に整理するツールをご紹介したいと思います。ビジネスモデル・キャンバス（Business Model Canvas）[3]と呼ばれるツールで、前述のリーン・キャンバスと同様にビジネスモデルを構成する様々な要素を九つの箱に記入していく形式をとります。キャンバスを構成する要素のいくつかはリーン・キャンバスと共通ですが、いくつかは異なっています。実は、時系列的にはビジネスモデル・キャンバスの方がリーン・キャンバスよりも先に提唱され、ビジネスモデル・キャンバスを、より初期のスタートアップ向けに改造してできたのがリーン・キャンバスです。従って、ビジネスモデル・キャンバスは、スタートアップとは言っても最初期のビジネスモデルを模索している時期のスタートアップよりは、ある程度スケールする事業が見えてきた時期のスタートアップに向

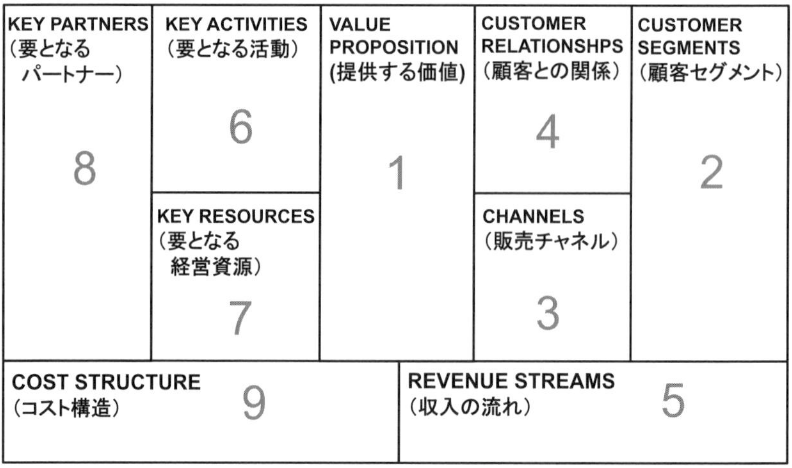

KEY PARTNERS（要となるパートナー）8	KEY ACTIVITIES（要となる活動）6	VALUE PROPOSITION（提供する価値）1	CUSTOMER RELATIONSHPS（顧客との関係）4	CUSTOMER SEGMENTS（顧客セグメント）2
	KEY RESOURCES（要となる経営資源）7		CHANNELS（販売チャネル）3	
COST STRUCTURE（コスト構造）9		REVENUE STREAMS（収入の流れ）5		

図 6.4　ビジネスモデル・キャンバス（Business Model Canvas）

---

[3] 出典："Business Model Generation"（Alexander Osterwalder & Yves Pigneur 著）　和訳『ビジネスモデル・ジェネレーション』（小山龍介訳、翔泳社、2012 年）

いたツールです。ビジネスモデル・キャンバスには事業の実行（execution や operation）に必要な要素を書き出す欄もあり、事業をスケールさせるための仕組みや構造をも含んだ構成になっています。

　ビジネスモデル・キャンバスを作成する際にも、リーン・キャンバスと同様にお勧めの順番がありますので、その順番に沿ってキャンバスを構成する九つの要素を簡単に説明していきます。

(1) 提供する価値（Value Proposition）
(2) 顧客セグメント（Customer Segments）

　最初に埋めるのは、キャンバスの真ん中に位置する Value Proposition と右端に位置する Customer Segments の二つの要素です。Value Proposition の欄には、このビジネスが誰にどんな価値を提供するのか？　誰のどんな Problem をどんな Solution で解決するのか？　を表します。顧客セグメントを絞り込むことはリーン・キャンバスと同じです。

(3) 販売チャネル（Channels）

　この項はリーン・キャンバスにおける販売チャネルの項と同じで、4-5節に対応します。顧客に直接届けるのかチャネル・セールスなのか、後者であればその販路は何かを記入します。

(4) 顧客との関係（Customer Relationships）

　この要素はリーン・キャンバスにはない要素ですが、狭義のマーケティングに対応する内容です。どうやって顧客に知ってもらい顧客を獲得するか？　どうやって顧客を逃がさないか？　どうやって顧客を増やすか？　といった要素を含みます。

(5) 収入の流れ（Revenue Streams）

　この項はリーン・キャンバスでの項と同じで、6-1 節で説明した狭義のビジネスモデルです。

　ビジネスモデル・キャンバスがリーン・キャンバスと大きく異なるのはキャンバスの左半分です。リーン・キャンバスがビジネスの基本機能の中の「誰に何を提供するのか？」に関する分析に特化しているのに対して、ビジネスモデル・キャンバスはより広く「作る」機能や「売る」機能を構成する要素を含めた分析をします。左半分は事業の実行（execution や

operation）に必要な要素を書き出すことで、「誰に何を提供するのか？」がある程度決まった後に事業をスケールさせるための仕組みや構造を俯瞰できるようになっています。

(6) 要となる活動（Key Activities）

　この欄は、事業の実現にとって、つまり顧客にとっての価値を生み出すために最も重要な活動は何か？　を列挙する項です。創薬ベンチャーであれば、臨床試験を行なうことや許認可を得ることが最も重要な活動かもしれませんし、高級化粧品を売る会社であれば宣伝活動や販売員のトレーニングが最も重要な活動かもしれません。製造業であっても、工場の自動化が最も大事な会社もあれば、サプライ・チェイン・マネジメントがキーになる会社もあるでしょう。同じ業種であっても、その会社が顧客に提供する価値の種類や差別化要因の中身によって、要となる事業活動は異なります。

(7) 要となる経営資源（Key Resources）

　この項目は事業を行なっていくために最も重要なリソース、すなわち最もクリティカルな経営資源は何か？　を記入する欄です。製造業であれば工場や設備が重要なリソースかもしれませんが、製造業といってもファブレス会社であれば最も大事な経営資源は設計資産かもしれません。創薬ベンチャーなら、事業を実現する上でなくてはならないリソースは特許でしょうし、高級化粧品の会社ならブランドが最大のリソースかもしれません。天才プログラマーの才能に依存した製品を作っている会社であれば、そのプログラマー個人が最も重要なリソースですし、カリスマ経営者の率いる会社であれば経営者自身が最重要の経営資源かもしれません。

(8) 要となるパートナー（Key Partners）

　この項には、事業を実現するために要となる事業パートナーを記入します。製品を扱うビジネスであれば、部品や材料の仕入先や調達先や流通経路となる協業先、ファブレス会社であれば製造委託先、ソフトウエアの外注先などが重要な事業パートナーとなることでしょう。B2Bビジネスの場合には顧客が協業パートナーでもあるというケースもあります。B2Bビジネスのエンドユーザーは顧客の顧客である場合も多く、自社と自社の顧客とが協力して当たらないと、エンドユーザーである顧客の顧客の課題

を解決するソリューションを提供できないことが多いからです。

(9) コスト構造（Cost Structure）

　これはリーン・キャンバスと同じ項目ですが、ビジネスモデル・キャンバスはより幅広い事業活動を視野に入れているので、スケールするビジネスを見つけた後の事業構造をベースにした支出を考慮する必要があります。事業を行なっていく上で、どのコストが一番大きいか？　要となる活動や経営資源のうちで最もコストがかかるのは何か？　事業規模が大きくなったときに、主要な支出項目は規模の経済性（Economies of Scale）の働くコストかどうかは大事なポイントです。規模の経済性が働かないコストがコスト構造の大部分を占めていれば、そのビジネスモデルはスケールしない、すなわちスタートアップのビジネスには適さないビジネスモデルと言ってもいいでしょう。人の数以上に成長できない受託ビジネスがそのような例であることは前節で述べた通りです。

　以上九つの要素を1枚の図に書き込むと、ビジネスを模索する時期を過ぎて、スケールすることを考慮する段階にあるビジネスの仕組みや構造の全貌を大局的に概観することができます。

キャンバスの使い方

　ここまで、リーン・キャンバスとビジネスモデル・キャンバスという二つのツールを紹介しました。実際にこれらのキャンバスを使ってみると、事業を構成する要素がうまく箱に収まらなかったり、複数の箱にまたがったりして迷うこともあります。自分の考えている事業構造ではあまり重要でない要素があったり、逆に自明すぎて書き入れる必要がないように思う場合もあります。しかし、キャンバスはあくまでも自分の考えを整理するためのツールです。与えられたフォーマットをあまり厳密に考える必要はありません。キャンバスの内容を文章として書き下そうとすると相当な労力と時間を使う必要がありますが、それに比べてキャンバスは、ある程度真剣に検討してきた事業アイデアであれば（書けなくて空白の欄もあるかもしれませんが）、おそらく30分もあれば記入できるはずです。

　また、キャンバスは簡単に更新ができる点も大きな特徴です。第5章

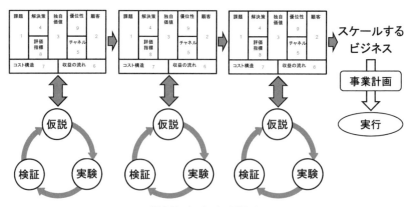

図6.5 キャンバスの使い方

　では、スタートアップでの探索・模索プロセスは「仮説→実験→検証」のプロセスを何度も回すことであるというお話をしました。キャンバスは簡単に更新できるが故に、このプロセスを回す際に使うツールとして便利です。

　図6.5はその様子を模式的に示した図です。スタートアップの事業アイデアは「顧客はこういう課題を抱えていて、こういう解決策を提供すれば価値を認めてお金を払ってくれるはずだ」という仮説です。仮説をキャンバスに書き下した上で「仮説→実験→検証」のプロセスを回します。スタートアップでは「実験」は顧客や潜在顧客に仮の姿の製品やサービスを使ってもらうことを意味し、「検証」は顧客やユーザーにインタビューをしてフィードバックを得ることでした。多くの仮説は間違っていますが、仮説のどの部分が間違っていたかは千差万別です。想定した顧客の課題が間違っていたかもしれませんし、解決策が間違っていたかもしれません。ターゲットとする顧客セグメントが間違っていたのかもしれませんし、競合に対して勝っていると思っていた優位性が間違っていたかもしれません。キャンバスを使えば、仮説のどこが間違っていたかを一目で確認することができ、仮説のどこを修正すればいいかがすぐにわかります。簡単に作成ができて簡単に更新ができるキャンバスは、スタートアップで「仮説→実験→検証」のプロセスを回すのに便利なのです。

　「仮説→実験→検証」のフィードバック・ループを何度も回すことで、

事業に関する仮説はだんだんと精度の高い仮説になっていきます。使うキャンバスも最初はリーン・キャンバスが適当で、ある程度仮説が固まってきたらビジネスモデル・キャンバスが有効になってきます。初期段階での仮説検証は、まず顧客や顧客の課題にフォーカスした方がいいのでリーン・キャンバスが向いていますが、ビジネスモデルがだんだんと具体的になってくると、そのビジネスモデルをスケールさせるための様々な要素も考慮する必要が出てくるので、リーン・キャンバスよりも幅広い要素を包含したビジネスモデル・キャンバスでの分析が向いてきます。顧客への価値提供という面でのビジネスモデルが検証できたとしても、そのビジネスモデルをスケールさせるために必要なパートナーについての仮説やそれを実現するために必要となる経営資源についての仮説が間違っていれば、事業をスケールさせることはできないからです。

　キャンバスを用いて「仮説→実験→検証」のフィードバック・ループを何度も回して、スケールするビジネスを構築できる段階まで来たら、より精緻な事業計画を立てて実行していくことになります。

6-3　ビジネスプラン（事業計画）

　ビジネスプラン（Business Plan、事業計画）という言葉も幅広い意味で使われる言葉です。元々、スタートアップが事業計画書を作成するのは、投資家の出資を募ることが一番大きな目的ですが、事業パートナーや顧客・取引先に対して事業提携を募るためにも用いられますし、従業員に対して会社の目標等を伝えるために用いられることもあります。

　大企業の事業計画書であれば、今年度どれだけの売上げを上げてどれだけの利益を出すかという点が中心になっているはずです。つまり事業計画のポイントは数字であり、その数字を達成するための様々な方策や計画が文章として説明されます。しかし、まだ売上げもなく、売るべき製品やサービスすらないようなスタートアップの事業計画は、だいぶ様子が違います。事業計画と銘打っていれば、何年後かにどの程度の売上げを目指して

いるかの数字が記載され、また、その数字を達成する根拠となる市場規模の予測や、収入計画の根拠となる価格や販売数量の計画も記載されているとは思いますが、スタートアップの事業計画は、それらの定量的な内容よりも、どのような事業を行なっていくかの定性的なビジネスモデルの説明に、より重点が置かれた内容になっています。スタートアップが今までにない新しいビジネスを創ろうとしている限り、事業計画の内容は、誰が顧客で、顧客が今までに解決されていないどんな課題を抱えていて、我が社はどのような独自の解決策を提供するのかといった点が重要になります。つまり今まで説明してきた広義のビジネスモデルそのものです。その意味では、スタートアップ段階においてはビジネスモデルという言葉とビジネスプランという言葉には本質的な差異はないのですが、一般的にはビジネスプランは図6.6に示すように、事業の仕組みを定性的に表したビジネスモデルの内容に加えて、より具体的で定量的な計画を盛り込んだ内容を指すことが多いと思います。

　スタートアップの事業計画書（ビジネスプラン）は、昔は数十ページの文書で構成されるのが一般的でしたが、現在の（特に初期段階のスタートアップの）ビジネスプランは、伝統的な事業計画書の簡略版であったり、文

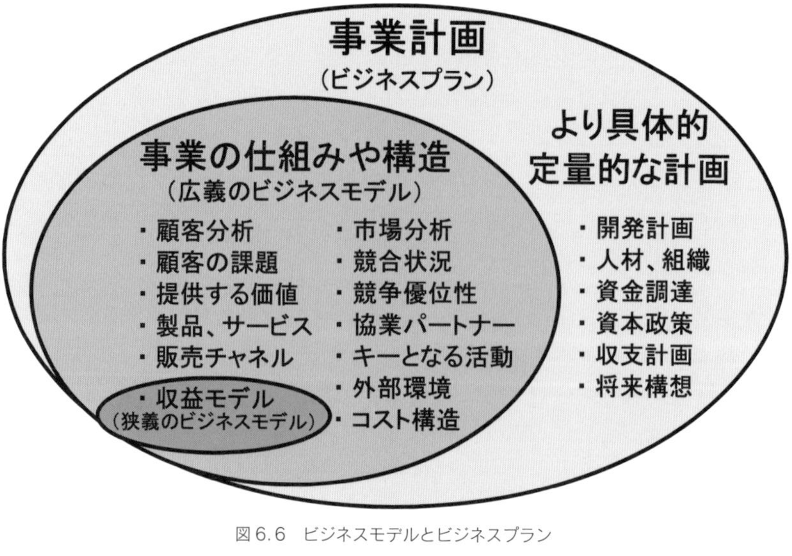

図6.6　ビジネスモデルとビジネスプラン

書ではなくプレゼンテーション・スライドと補足資料から成り立っていることも多くなってきています。

前述したように、スタートアップの特に初期段階の事業計画はあくまでも仮説であり、「仮説→実験→検証」のフィードバック・ループを早く数多く回して、誰にどんな製品やサービスを提供するのかを決めることが大事です。仮説を修正する度に数十ページの事業計画書を書き直すのは大変ですし、仮説段階では定量的な数字にはあまり意味はなく定性的なロジックの方が大事です。従って、「仮説→実験→検証」のプロセスを回す段階ではキャンバスのような簡単なツールを使い、スケールするビジネスを構築できる段階になって初めて定量的な計画を含んだ事業計画を立てるというスタイルが一般的になっています。ビジネスを実際にスケールさせる段階になると、既存企業と同じように定量的な分析に基づく数字の裏付けも必要になります。どれだけ大きなビジネスになるのかは数字で説明する必要があるからです。この段階での事業計画は既存企業の事業計画に近づき、定量的な計画を立てて実行していくことが必要になります。定性的なビジネスモデルの部分は事業の種類や業態によって大きく異なりますが、最終的に企業に求められる売上げや利益といった数字は業種によらないので、スタートアップの事業計画も実行フェーズに近づくほど大企業の事業計画に近づいていくと言っていいでしょう。

ビジネスプランに盛り込むべき内容は事業内容によっても異なりますが、表 6.1 のような内容が一般的でしょう。上述したように、スタートアップの初期段階では広義のビジネスモデルを中心とする定性的な内容がメインになりますが、スタートアップでもスケールするビジネスが見えてくる段階になると、事業の実行計画に基づく定量的な内容の比重が増します。

図 6.7 はシリコンバレーの有名なベンチャーキャピタルである Sequoia Capital が WEB サイト[4)] に掲げているビジネスプランの書き方です。初期の

表6.1　ビジネスプランのキー・ポイント

（広義の）ビジネス・モデル	ビジネスの実行計画
ビジョン、ミッション	創業者と経営陣
解決すべき課題	組織と体制
解決策と顧客への価値	開発計画
顧客分析	協業企業
市場規模、成長性	資金調達
市場動向とタイミング	資本政策
競合状況	収支計画
独自性、参入障壁	公的規制
販売チャネル	知的財産
収益モデル	現状と今後の計画

> **Company purpose** Start here: define your company in a single declarative sentence. This is harder than it looks. It's easy to get caught up listing features instead of communicating your mission.
> **Problem** Describe the pain of your customer. How is this addressed today and what are the shortcomings to current solutions.
> **Solution** Explain your eureka moment. Why is your value prop unique and compelling? Why will it endure? And where does it go from here?
> **Why now?** The best companies almost always have a clear why now? Nature hates a vacuum - so why hasn't your solution been built before now?
> **Market potential** Identify your customer and your market. Some of the best companies invent their own markets.
> **Competition / alternatives** Who are your direct and indirect competitors. Show that you have a plan to win.
> **Business model** How do you intend to thrive?
> **Team** Tell the story of your founders and key team members.
> **Financials** If you have any, please include.
> **Vision** If all goes well, what will you have built in five years?

図 6.7　Writing a Business Plan（Sequoia Capital）

スタートアップのビジネスプランについてのものなので、表 6.1 で示したキーポイントの左側部分（広義のビジネスモデル）とほぼ同じですが、投資家に対する売り込みなので、Team（創業者や経営陣）や Financials（収支計画や財務計画）が加わっています。ビジネスプランの書き方に唯一の正解があるわけではありませんが、一つの指標にはなるかと思います。

6-4　プレゼンテーションとピッチ

　ビジネスモデルやビジネスプランは様々な要素で構成されるビジネスの仕組みや構造の全体像を把握し、自分自身の考えを整理するのに有用ですが、どんなに素晴らしいアイデアやプランであっても他人に伝えることができなければ、それは存在しないのと同じことです。従って、ビジネスモデルやビジネスプランを他人に伝える能力は、アントレプレナーシップの重要な要素の一つです。伝える相手は潜在顧客であったり、協業パートナ

---

4)　出典：https://www.sequoiacap.com/article/writing-a-business-plan/（2019/2/26 アクセス）

ーであったり、販売チャネルであったり、メディアやプレスであったり、雇い入れようと考えている人であったり様々ですが、スタートアップの場合に一番重要な相手は投資家です。第3章でも述べたように、スタートアップは急速に大きくなる事業を目指すのでお金がかかり、普通は他人から出資を受けることになるからです。

　ビジネスモデルやビジネスプランを他人に伝える伝統的な方法は書類を読んでもらうことです。今でも各種の公的資金の申請にはビジネスプランを書類として提出することを求められることが多いですし、出資を受ける際にも最終的には書類の形でビジネスプランを提出する必要があるでしょう。しかし、多くの場合、書類に至る前に、まずプレゼンテーションによってビジネスを伝える段階があります。特に投資家は、数多く（年間に数百から数千）のスタートアップの中からごく少数（年間に数件）に出資するので、投資候補を効率的に絞り込む必要があります。従って、通常投資家に対しては、まず短い時間でのプレゼンテーションで事業の概要やエッセンスを伝え、興味を持ってもらえたら次のミーティングに進み、何回かのミーティングを重ねるうちにビジネスの詳細を伝えていくというステップを踏みます。投資家に対する最初のプレゼンテーションにどれくらいの時間をもらえるかは一概には言えませんが、あらかじめミーティングの予約をとって時間を確保してもらったのであれば、15分程度の時間を想定したプレゼンテーションを準備しておくのが一般的かもしれません。しかし、臨機応変に短くも長くもできるようにしておく必要があるでしょう。

　スタートアップに興味のある方であれば、ピッチという言葉を聞いたことがあるかもしれません。ピッチ（pitch）はビジネスを紹介する短いプレゼンテーションの総称です。エレベーター・ピッチという言葉も聞いたことがあるかもしれませんが、これはエレベーターにたまたま乗り合わせた普段は会えないようなVIPや投資家に対してのピッチ、つまりエレベーターに一緒に居る程度の極めて短い時間内に、しかもスライドなどの道具を使わずに言葉だけで行なうピッチという意味です。

　最近は、たくさんのスタートアップとたくさんの聴衆を一堂に集めて、一度にたくさんのスタートアップのピッチを聞ける場が数多く設けられています。コンテスト形式で行なわれるものも多くあります。この場合には

ピッチに与えられる時間は3分や5分のことが多く、スライドを使える場合も多いかもしれません。

　15分のプレゼンテーションにしろ、15秒のエレベーター・ピッチにしろ、ゴールは相手に自分のやろうとしている事業に対する興味を持ってもらうことです。今までにない新しいビジネスを提案しようとすれば、聞き手はたくさんの疑問を持つはずですし、短い時間ですべてを理解してもらうことは難しいのが普通です。プレゼンテーションやピッチのゴールは相手に、もっと話を聞きたいと思わせることだと言ってもいいかもしれません。

　プレゼンテーションやピッチに何を含めるべきかは、伝える相手や与えられた時間にもよるので一概には言えませんが、基本的には本章でここまで述べてきた広義のビジネスモデルやビジネスプランのエッセンスを含める必要があるでしょう。特に、顧客が誰で、顧客のどんな課題を解決しようとしていて、何が強み（競争優位性）なのか、といったあたりは、どんなに短いピッチであっても外せない要素でしょう。一般には競争優位性を短い時間で相手に納得させることは簡単ではありませんが、特許になった技術があるとか、特定の業界や技術分野で実績を上げてきた人物が創業メンバーになっているとか、他の人達にはできないが自分達だからできるとアピールできる点があれば、ピッチに是非含めるべきでしょう。相手が投資家で十分な時間があれば、定量的な数字（売上げや利益）の話も含めるべきですが、新しい事業の特に初期段階であれば、数字は所詮仮説に立脚した数字なので、定性的な広義のビジネスモデルの話を中心にすべきでしょう。

　プレゼンテーションやピッチは相手に興味を持ってもらうのがゴールですから、相手の知らないこと、気付いていないこと、自分しか知らない内容を含めることができると効果的です。それは聞き手の知らない技術かもしれませんし、聞き手が気付いていなかった顧客の課題かもしれません。また、Sequoia Capital（図6.7）の言う"Why Now?"ですが、なぜ今までできなかったことが今ならできるのか？　という点を言うことができると、効果的なプレゼンテーションやピッチになります。多くの新規ビジネスのアイデアは、アイデアとして全く新規であることは稀です。ほとん

どのアイデアは誰かが考えたことがあるものです。しかし、1年前や3年前には、同じアイデアでビジネスをしようとしても、何らかの理由で実現できなかったのです。その理由は、アイデアを実現するための技術が未成熟であったためかもしれませんし、規制があったからかもしれません。社会インフラが整っていなかったからかもしれませんし、単にCPUの処理能力がまだ足りなかったからかもしれません。それが今ならできるという理由を説明できると聞き手の興味を引き付けることができます。

　話している事業アイデアが単なる頭の中のアイデアの段階なのか、既に何らかの進捗があるのかは、聞き手にとっては大きな関心事です。既に顧客が居ればもちろんアピールすべきですし、顧客に提供するまでには至っていないプロトタイプであっても動くモノ（製品でもサービスでも）があれば見せるべきです。動くモノがない場合はモックアップでも構いません。見せられるモノがあると聞き手の注意を引き付けることができます。頭の中のアイデアでしかない場合は見せられるものはないですが、潜在的に顧客となる人達にインタビューをして、顧客の課題として設定している仮説が、単に自分達の頭の中だけの仮説ではないことを説明するだけでも聞き手の注意を引き付ける効果はあると思います。

　短い時間のプレゼンテーションでは、スライドの作り方や身振り手振りの使い方などのプレゼンテーション技法もプレゼンテーションの良し悪しに影響を与えます。ビジネスの中身とは関係のないピッチのテクニックでビジネスの評価が左右されるのは納得がいかないかもしれませんが、「話のうまさ」も経営者の能力の一つです。経営者が顧客に対して自社のビジネスの魅力を伝えられなければ、どんなに素晴らしい製品やサービスであっても誰も買ってくれませんし、この人の下でなら働いてもいいと思わせるような人物でなければいい人材を雇うことはできません。投資家はそういった要素も含めてプレゼンテーションやピッチを聞いています。

　本書でプレゼンテーション技法の説明はしませんが、最近は色々なプレゼンテーションのスライドが公開されていますし、ピッチの動画もネット上で見ることができますので、うまいと思うプレゼンテーションや自分に合うピッチを見つけて自分流にアレンジしていくことができると思います。

　重要なプレゼンテーションに際しては相手のことをよく調べて、十分な

練習を積み重ねることが大事です。相手が投資家か顧客かメディアかでは話す内容も違いますし、相手が真剣に投資を受けたいと思っている投資家であれば、どんな会社に投資をしているかを事前に把握して、どんな点に興味を示すのか、どんなことを突っ込んでくるのか、などを想定して準備すべきです。

第6章のまとめ

・お金の稼ぎ方（収益モデル、狭義のビジネスモデル）は色々ある。

・事業の仕組みや構造（広義のビジネスモデル）は様々な要素が絡み合って複雑だが、書類やスライドに書き出すことで自分自身の考えを整理できる。

・リーン・キャンバスやビジネスモデル・キャンバスは「仮説→実験→検証」のプロセスを回す際に便利なツールである。

・ビジネスプラン（事業計画）は、事業の仕組みを定性的に表したビジネスモデルの内容に加えて、より具体的で定量的な計画を盛り込んだものである。

・どんなに素晴らしいアイデアやプランでも、他人に伝えられなければ存在しないのと同じこと。コミュニケーション能力はアントレプレナーシップの重要な要素である。

第7章

株式会社の本質を理解しよう

　第3章から第6章までの各章ではスタートアップとして新しい事業を始める過程で知っておくべき様々な事柄を説明してきました。本章以降の後半はガラリと内容が変わり、実際に会社を設立して資金を調達して経営していくために必要な基礎知識を説明していきます。

　会社を作ること自体は難しいことではありません。会社設立の実務や資金調達の細かな仕組みは、実際に起業することになったときに勉強すればいいことですし、わからなければ専門家や信頼できる起業家の先輩に聞くのが確実でしょう。しかし、スタートアップを目指す会社の構成や資金調達の仕組みには特徴があり、一旦作ってしまうと後から修正することが難しい枠組みもあります。会社は簡単に作れてしまうだけに、スタートアップの特性を十分に理解しないままに作った会社の様々な仕組みや構成が、会社が大きくなったときに思わぬ足かせになることもあります。スモールビジネスとしてやっていくのであれば問題はなくても、スタートアップとして成長していくには適さない枠組みもあります。本章ではまず株式会社の仕組みについて説明します。

7-1　なぜ事業をするには会社がある方がいいのか

　ビジネスは、顧客に製品やサービスを提供して対価を得る活動ですが、本書の最初でも述べたようにビジネスを行なう主体が会社である必要はありません。駅前の個人商店は会社でない場合が多いことでしょうし（会社の場合もあるかもしれませんが……）、ちょっと腕の立つ学生がスマホ・アプリを作ってお金を稼ぐのであれば、会社を作る必要はないかもしれません。

では、なぜビジネスをするのに会社があった方がいいのでしょうか？会社を作る理由としてよくあるのは、「自分は会社を作りたいわけではないのだが、会社がないと君の作ったものを買うことができないとお客さんに言われたから」というものです。私達のところに起業相談に訪れる学生によくあるパターンです。このような理由での起業は、スタートアップの起業というよりもスモールビジネスの起業であることの方が多いですが、製品やサービスを売ろうとしたときにお客さんに「個人から製品を買うことはできない」「個人には代金を支払えない」と言われて会社を作るケースはよくあります。特に顧客が上場大企業の場合には、会社のルールで個人とは取引ができないこともよくあります。

○○個人商店が△△株式会社になっても、代表取締役○○が一人ですべてを切り盛りしている会社であれば、実態は個人商店とほとんど変わらないので、「個人と取引はできないが、会社ならいい」という区別は実はあまり本質的な意味はないのですが、会社になると個人より信用力が上がるのです。昔は会社を設立するために資本金が1,000万円必要だった時代もあるので、支払い能力という観点から「個人より会社の方が信用力がある」という考え方にも多少の根拠がありましたが、今は数十万円の手数料さえ払えれば誰でも簡単に会社を作ることができるので、「個人より会社の方が信用力がある」と考える合理的な根拠はほとんどありません。ビジネスをする上で、特にスモールビジネスを始める場合に会社があった方がいい一番大きな理由は、「会社だから取引をする相手として個人よりも安心ですよ」という顧客や世間一般のイメージでしかないと言ってもいいでしょう。これは顧客に対してだけではありません。人を雇用する場合も、個人商店よりも会社の方が人を集めやすいでしょう。

事業を行なう際に会社があった方がいいもう一つの大きな理由は、会社があれば事業に関係する様々な事柄を個人のプライベートな事柄から切り離して分別管理できることです。例えばお金です。個人事業だと、いくら家計簿と事業の帳簿とを分けても事業に関係するお金の出入りと家計のお金の出入りをなかなか明確に分けることができませんが、会社を作ってお財布を明確に分ければ事業に関係するお金の出入りだけを分離して管理することができます。特にお金を借りる場合、事業に関するお金の流れが明

確になっていることは大事です。お金を貸す側から見れば、事業に関係するお金を正確に把握できなければ貸していいかどうかの判断はできませんし、貸した後の事業の状況も把握できません。また、お金を借りるのではなく、出資を受けようとすると会社が必要です。第8章で詳しく説明しますが、出資してもらうということは会社の株式を売ることですから、そもそも会社がなければ出資をしてもらうことができません。

　会社を作ることによって事業とプライベートを分けることができるのはお金の面だけではありません。事業を行なうに際して結ばなければならない様々な契約も、会社を作ることによって個人から切り離すことができます。一人で切り盛りしている事業であっても、バイトを雇ったり、原材料を購入したり、仕事の一部を外部の第三者に業務委託したり、様々な形の契約[1]が必要になります。個人事業であれば、事業に関する契約もプライベートな契約も契約者は同じ個人なので区別できませんが、会社化すればビジネスに関係する契約とプライベートな契約とを明確に区別することができます。

　ここで「会社化」という言葉を使いましたが、「法人化」という言葉を使った方が正確です。「法人」は文字通り法律上のヒト、つまりヒトではないのに法律上はヒト（自然人）と同様の権利や義務を認められた組織体のことです。法人は、ヒトではないけれどヒトのように財産を持ったり、契約を結んだり、人を雇ったり、モノを売買したりすることができる存在（法律上のヒト）です。事業を営むに際して法人を作って、個人とは別のヒト（法人）に事業に関係する資産を持たせたり契約を結ばせれば、事業に関する事柄とプライベートな事柄を分けることができます。

　法人という堅苦しい言葉が出てきたので、ここでまた少し言葉の整理をしておきたいと思います。まず「企業」という言葉です。「企業」と「会社」は本来は違うものですが、実際にはあまり明確な区別をせずに使われることが多いと思います。業（事業）を企てる（くわだてる）という文字の通り、事業（ビジネス）を行なう主体は皆、企業です。企業は様々な形

---

[1] 契約は、ハンコをつく契約書があるような契約ばかりではありません。口頭であっても、双方が合理的に合意した約束であれば、それは契約です。

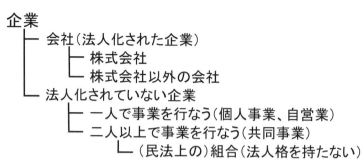

図 7.1　事業を営むために取り得る様々な企業形態

態をとることができますが、法人化されている企業が会社です。後ほど触れるように、会社には株式会社以外の形態の会社も存在しますが、ここでは会社と言ったら株式会社のことを指していると考えて下さい。一方、法人化されていない企業も多数存在します。一人で事業を行なっていれば個人事業ですし、複数の人で事業を行なえば共同事業です。共同事業を営むときには（法人格を持たない）事業体として組合[2]を作ることもあります。

　話が少し脱線してしまいましたが、「ビジネスをするのに、なぜ会社があった方がいいのか？」という本節の主題に話を戻しましょう。前述したように、個人事業を会社にした方がいい理由は、顧客や世間から見たときに会社の方が信用できる（ように見える）という点と、事業に関係するお金や契約をプライベートなお金や契約から切り離すことができるという点です[3]（図 7.2）。

　しかし、この会社化のメリットは個人が一人でスモールビジネスを営む場合の話です。スケールする事業を目指すスタートアップが会社という形態をとるのは、もう少し別の理由があります。

---

[2]　同じ「組合」という名前が付いていても、労働組合、共済組合、生活共同組合（生協）、農業共同組合（農協）などは、別途法律で法人格を持つことが定められています。

[3]　その他にも、会社にすると赤字を繰り越すことができたり、一般的には税金面で得だったり、といった実務的なメリットも色々とありますが、本質的なポイントではないので、ここでは省略しています。

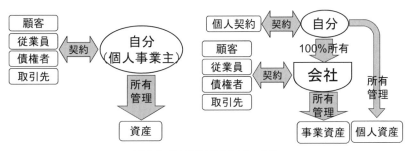

図 7.2 個人事業と法人化された企業

7-2 なぜスタートアップは株式会社なのか

　前節では事業を営むオーナーが一人の個人の場合のお話をしましたが、複数のオーナーが共同して事業を営むと事情は大きく変わります。一人で事業を行なっていれば、事業が会社化されていても事業のオーナー（所有者）は自分だけなので事業に関する様々な事柄はすべて自分一人で決められます。しかし、複数のオーナー（所有者）が共同して事業を行なうと、途端に事態は複雑になります。

　例えば事業を行なうために持つ資産を考えてみましょう。具体的には事業用の資金や物品などです。オーナー（共同事業主）が複数居ると事業に関係する資産は事業主の共有財産なので、お金を使うにも物品を売り買いするにもオーナー全員が合意する必要があります。また、何らかの理由で共同事業から抜けたいというオーナーが出た場合や共同事業主が死亡した場合には、共有資産からそのメンバーの共有分だけを分けて返還しなければなりません。お金ならまだ分けやすいですが、資産が物品だけであったら分割はできないかもしれません。共同事業が面倒なのは資産の所有や管理だけではありません。事業を行なうために外部の第三者と何らかの契約を結ぶ際にも共同事業ではオーナー全員の合意が必要で、共同事業主の誰かが反対すれば契約はできません。このように複数の人が共同で事業を行なうと、資産の所有・管理が複雑になり、また外部との契約が複雑・不安

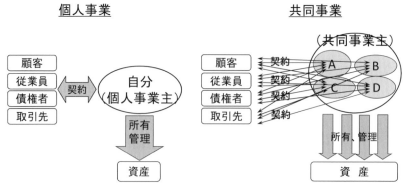

図 7.3　個人事業と共同事業

定になります（図 7.3）。

　株式会社の本質は、共同事業におけるこの複雑さ・不安定性を解消できる点にあります。株式会社では、事業を営む組織体（会社）の所有権を株式という形で細かく分割して多数の人が所有できるようにします。法人化しないで共同事業を行なう場合に「共同事業主」と呼ばれていた事業のオーナーは、株式会社では「株主」という名のオーナーになります。

　株主は事業のオーナーですが、共同事業主のように事業資産を共有したり第三者と契約を結ぶことはありません。事業資産を保有するのも契約を結ぶのもヒトのように振舞う法人（会社）です。共同事業の意思決定にはオーナー全員の合意が必要であったのに対して、株式会社では法人というヒトが意思決定をすれば済みます。

　株主が事業オーナーとして持つのは株式会社の所有権（株式）です。所有権を持つということは、所有物（すなわち会社）の最終的な支配権を持ち、所有物（会社）が生み出す利益を所有者として受け取る権利を持つことを意味します。株主は、事業活動そのものは法人（会社）に委ねる代わりに、会社の生み出す利益の分配を受ける権利と、会社の重要な方針に関して意見を言う権利を持つことになります。

　会社の重要な方針に関して複数のオーナーの間で意見が食い違う場合には、最終的には所有権の割合に応じた多数決によってオーナーの意見が決まります。共同事業主も株主も事業のオーナーであることには変わりはないのですが、共同事業での意思決定にはオーナー全員の合意が必要であっ

たのが、株式会社ではオーナーの多数決で意思決定できます。

また、株式会社ではオーナーが事業から離脱する際も事業資産を分割して分配する必要はなく、離脱するオーナーが他者に株式を譲渡するだけで済みます。つまり事業の所有権を流動化することができます。

このように株式会社は、法人としてヒトであると同時に、株主に分割保有されるモノであるという二階建て構造[4]を持つことにより、共同事業の問題点であった複雑さや不安定性を解消することができる仕組みなのです。

この株式会社の本質的なメリットは、

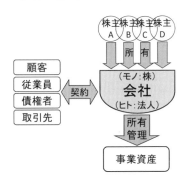

図7.4 株式会社の二階建て構造

オーナーの数が多いほど効果を発揮しますし、第三者と結ぶ契約が多く、保有する資産が多いほど重要性を増します。つまり、株式会社の仕組みは、たくさんの株主が居て、たくさんの資産を保有し、たくさんの契約を結ぶからこそ意味がある仕組みだと言えます。

逆に言うと、オーナーが一人だけの個人事業や二、三人の共同事業で、外部との契約も少なく保有資産も小さければ、つまりスモールビジネスであれば、そもそも多数のオーナーが居ないので会社化しても上記したような株式会社の本質的なメリットを生かせません。個人事業であれば外部との契約も会社の意思決定も一人で行なうので全員一致と多数決とで差はありませんし、気心の知れた二、三人であってもさほどの違いはないからです。多数のオーナーが居ないスモールビジネスを会社にするメリットは、前節で述べた顧客や世間から見た会社の信用（があるように見える点）と、事業に関係するお金や契約を個人と法人とに切り分けることができる点です。

一方、スタートアップは大きな事業を行なうことを目指すので、必然的にたくさんの顧客や事業パートナーとたくさんの契約を結び、たくさんの

---

4) 本節の内容は下記で展開されている議論に基づいています。出典：『会社はこれからどうなるのか』（岩井克人著、平凡社、2003年）

資産を持ち、たくさんの人に株を売ってたくさんの資金提供を受けることを前提とした事業体である必要があります。これは正に今まで述べてきた株式会社の特徴です。スタートアップが株式会社であるのは、多数のオーナーに所有される事業体の複雑さや不安定性を解消できるという株式会社のメリットを最大限に享受することができるからです。

7-3 株式会社の特徴と基本的な構成

　本章ではここまで、スモールビジネスでもスタートアップでも事業を行なう際には、世間一般でのイメージや個人資産との切り分けを考慮すると事業を法人化した方がよく、特にスタートアップを始めるのであれば、ゆくゆく大きな事業になることを前提に株式会社という形態をとるのが最も合理的だというお話をしてきました。本節では株式会社の特徴と基本的な仕組みを説明していきます。

株式会社の特徴

　株式会社は、事業を営む組織体の所有権を株式として細かく分割して多数の人が所有できるようにしたものです。会社はオーナーである株主の所有物ですから、会社を最終的にコントロールする権限は株主にあり、会社が生み出す利益は最終的には所有者である株主のものです。株主は、事業から利益が出たときには保有株式数に応じた利益配分（配当）を受けます[5]。このときの利益の配分比率は持株比率に比例し、議決権の比率とも一致するのが原則（株主平等の原則）です。つまり、各株式の権利は同じであることが原則です。

　事業がうまくいかなかった場合、株主は出資額以上の責任を負う必要が

---

[5] ただし、スタートアップ企業では通常、利益はさらなる成長に向けて投資され株主への配当に回ることはありません。スタートアップに出資する投資家が期待する金銭的なリターンは配当ではなく株式の売却益です。

ありません。つまり、会社が支払えないような借金を抱えて破綻しても、株主は出資したお金を失うだけで、オーナーとして会社の借金（債務）を肩代わりする必要はありません。これは株主の「有限責任」と呼ばれる株式会社の特徴で、同じオーナーでも個人事業主や共同事業主であれば、事業によって生じた債務はオーナーとして返済する責任がある（無限責任）のとは大きく違います。

株式会社では、出資者（株主）が自身の出資持分（株式）を容易に他者に譲渡することができます。出資持分の譲渡性は、出資者に対して出資金の回収手段を提供します。つまり出資者は株式を売却することによって出資した資金を回収することができますし、売却時の株価が購入時よりも高ければ出資者は売却益を得ることができます。スタートアップへの出資者は上場や買収によって他者に株式を高く売却することを期待してスタートアップに投資しますが、これは株式会社の特徴である出資者の流動性が前提になっています。株式会社が出資持分の譲渡性という特徴を持つが故に、会社は株式を切り売りすることで資金調達ができるのです。

また、出資持分の譲渡性が高いが故に、オーナーが離脱したり死亡しても株式が別のオーナーに譲渡されるだけで済み、会社の永続性を担保することもできます。共同事業のオーナーが離脱したり死亡した場合には、そのオーナーの持分に相当する会社の資産（土地や建物）を分割して譲渡することが難しいために事業の永続性が不安定になる可能性がありますが、株式会社であれば株式を譲渡するだけで済むという点は前述した通りです。

株式会社では、会社を最終的にコントロールする権限は株主にあるものの、株主は取締役に経営権を委ねて、所有（出資者）と経営（業務執行者）が分離されるのも大きな特徴ですが、この点に関しては以下で少し詳しく説明します。

株主と経営者

前節で説明したように、株式会社は株主に分割保有されるモノであると同時に、法律上のヒトとして財産を持ったり、契約を結んだり、人を雇ったり、モノを売買できます。しかし、法人はヒトのように振舞うものの、生身の人間ではないので、実際に契約書にハンコをついたり、お金を支払

ったり、誰かと交渉することはできません。会社がヒト（法人）として活動するためには、会社を代表して現実にハンコを押したり、お金を払ったり、交渉をする生身の人間、すなわち経営者が必要です。それが、取締役や代表取締役と呼ばれる人達です。株主は事業のオーナーですが、多数の株主が日々の会社経営に携わるのは不可能なので、会社の業務執行は経営者に委ねるのが株式会社の基本的な構成です。

取締役や代表取締役は会社という法人に成り代わって行動する人であり、株主であるとは限りません。ここが法人化されていない企業（すなわち個人事業や共同事業）と株式会社とが大きく異なる点です。個人事業や共同事業として営まれるスモールビジネスのオーナーは契約書にハンコもつき、モノも買います。つまり、法人化されていない企業では通常個人事業主や共同事業主は事業のオーナーであると同時に事業の経営者です。しかし、株式会社では事業のオーナー（株主）と経営者は原則的には別の存在です。これは、株式会社における所有と経営の分離と呼ばれる仕組みです。

「でも、ちょっと待てよ。できたばかりの会社では、株主である創業者が同時に経営者ではないか？　オーナーが日々の会社経営に携わるのは無理だと言うけど、できたばかりの会社ではオーナーが会社の業務執行をすべて行なっているではないか？」という質問が出そうです。その通りです。正にこのあたりがスタートアップの特徴なのですが、それは次節で詳しく説明しますので、少し一般論に付き合って下さい。

株主総会

株主は株式会社の所有者ですから会社を最終的にコントロールする権限を持っています。株主がコントロール権を行使する場が株主総会です。しかし、大きな会社では株主総会の権限は会社の合併や分割といった会社の基本的な事項に関しての意思決定に限られ、業務の執行行為をすることはできません。その代わり株主総会は、基本事項以外の会社の業務執行を委ねる取締役等の役員を選任します。小さな会社[6]の場合には株主総会がもっと幅広い権限を持ちますが、通常は日常の会社経営や業務執行は取締役に委ねられます。

株主総会での議決は多数決です。会社は、第9章で述べるように議決

権に差を付けた株式を発行することもできますが、通常は1株につき1個の議決権が与えられ、どの株主が持つ株も1株の権利は同じであることが原則です。

取締役と取締役会

取締役は、株主総会の権限である会社の合併や分割といった基本的事項以外の会社の経営に関する意思決定を行なって業務の執行を行なう人で、株主によって株主総会で選任されます。

大きな会社では取締役全員で構成される「取締役会」と呼ばれる会議体が設置されることが多いですが、設立されたばかりのスタートアップでは取締役会は置かない場合が多いと思います。取締役会を設置する場合には取締役は最低3人居る必要がありますが、取締役会を設置しない場合には取締役は1人だけでも構いません。

取締役会が設置された会社では、取締役の中から代表取締役を選任します。代表取締役は、会社というヒト（法人）に成り代わって対外的に会社を代表する生身の人間です。取締役会の指揮・監督の下で会社の業務を執行し、ハンコを押したり、お金を払ったり、交渉をします。代表取締役は社長やCEO（Chief Executive Officer）という肩書きを持つことが多いですが、これらの呼称は会社内の職位であり法的に定められたものではありません。大きな会社では複数の代表取締役が居ることも珍しくありませんが、スタートアップでも共同創業者が二人とも代表取締役になっているケースはよくあります。取締役会を設置しない会社は必ずしも代表取締役を置く必要はありません。実際には取締役会を設置しない会社でも対外的に会社の代表者を明確にするために代表取締役を置くケースが多いようですが、代表取締役を置かない場合には全取締役が会社を代表することができるので、法的には代表取締役を置かずに取締役が居るだけの会社でも問題はありません。

図7.5に示すように、株式会社の仕組みでは、代表取締役は取締役会

---

6) 正確に言うと、株主総会の権限は後で説明する「取締役会」が設置されているかどうかで異なります。

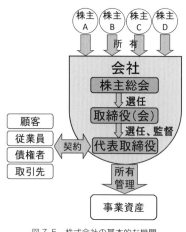

図7.5 株式会社の基本的な機関

によって選任される取締役会の下部機関であり、取締役会は株主総会によって選任された取締役によって構成される株主総会の下部機関です。伝統的な日本の大会社では、取締役は部長の一段上のポストであり、社長（代表取締役）は出世の階段の最終ポストであることが多かったので、いまだにその伝統を引きずって本来の株主／取締役／代表取締役の階層構造になっていない会社も多いと言われていますが、株式会社の本来の姿は、代表取締役よりも取締役会の方が強い権限を持ち、株主総会は取締役会よりも強い権限を持つものです。

株式会社の機関設計

　上述したように、株式会社には株主総会を設置して取締役を置くことは必須ですが、取締役会は置いても置かなくてもいいですし、代表取締役が居ても居なくても構いません。実は株式会社はもっと様々な構成をとることができます。株主総会、取締役、取締役会、監査役など株式会社に設置できる人や会議体のことを法律的には株式会社の「機関」と呼び、会社にどのような機関を置くかを決めることを機関設計と呼びます。株式会社が置くことのできる機関には、この他に、監査役会、会計監査人、会計参与、監査等委員会、指名委員会などがあり、様々な機関設計をすることが可能です。どのような組み合わせをとることができるかは法律で決まっている場合もありますが、複雑な機関設計は主に上場大企業を対象にしたものなので本書では取り上げません。

　本書で対象とする設立間もない会社では、株主総会と取締役の設置は必須であり、取締役会や代表取締役の設置は任意ということを覚えておけば、とりあえずは十分でしょう。機関設計は会社の規模に応じて変更することが可能なので、最初はシンプルな機関設計とし、会社の成長に応じて変更

していくことが多いようです。創業者だけの出資で設立したばかりの会社であれば、最低限の機関（株主総会と取締役）だけでスタートするのでも構わないでしょう。このとき、創業者は取締役に就任するのが一般的ですが、取締役とは言っても大会社のように経営の監視だけをするわけではなく、会社の業務執行も行なうのが普通で、この時点では所有と経営は分離していないことが多いでしょう。

　しかし、スタートアップとして投資家からの出資を受けて、将来の株式上場を見据えて大きな会社になることを目指すのであれば取締役会設置会社に移行することが多いと思います。そのタイミングに決まりがあるわけではありませんが、ベンチャーキャピタル等からのまとまった投資を受ける時点のことが多いようです。取締役会の設置には取締役が3人以上居ることが必要なので、一番大きな額を出資した投資家が取締役の一人に就任するのはよくあるパターンです。取締役は業務執行を監視するのが役目ですので、投資家が取締役に就任すると業務執行を行なう創業取締役を監視する立場になります。複数の出資者が取締役になる場合もありますが、取締役会の意思決定は最終的には取締役による多数決なので、投資家出身の取締役の数と創業者や会社の業務執行に携わる取締役の数とのバランスはよく考える必要があります。また、取締役会設置会社になると監査役（もしくは会計参与）の設置が必要になります。ベンチャーキャピタルからの出資を受けた場合には、出資者が監査役に就くことも多いようです。

7-4　スタートアップにおけるオーナーシップ

　7-2節では、スケールする事業、すなわち大きな事業を目指すスタートアップは、たくさんの顧客や事業パートナーとたくさんの契約を結び、たくさんの資産を持ち、たくさんの人に株を売ってたくさんの資金提供を受けることを前提とした株式会社の形態をとるというお話をしました。

　しかし、スタートアップは最初からたくさんの株主が居るわけではありません。最初はスモールビジネスや個人事業と同じように、個人や数人の

創業者がオーナーとなってスタートするのが普通です。しかしスタートアップは大きな事業という目標を達成することができたあかつきには大企業として多くの株主に所有される存在になります。つまり、最初は創業者だけに所有されていた会社が、最終的には不特定多数のオーナーに所有される存在になることがスタートアップの本質なのです。

個人事業を株式会社にした場合

ここで個人事業を会社化した場合のことを改めて考えてみたいと思います。図 7.5 で株式会社の基本的な機関を説明しましたが、株主が自分一人の場合には株式会社の構造は図 7.6 のようになるのが普通です。個人事業を会社化して自分が 100% の株式を持っていれば、株主総会と言っても株主は自分しか居ないので自分の意思が株主総会の意思そのものになります。株主総会は会社の業務を行なう取締役を選任しますが、個人事業を会社化したのであれば、業務執行は自分で行なうことを前提としているでしょうから、株主総会（つまり自分）が選ぶ取締役は自分になります。

このような会社では 3 人の取締役を置いて取締役会を設置する必要もないでしょうから、取締役つまり自分が会社を代表する唯一の人間になります。

何のことはない。機関だの機関設計だの小難しいことを色々と言いましたが、「自分の会社」であれば、つまり個人事業を何らかの理由で（例えば、お客さんが「会社でないと取引できない」と言うので）会社化したものの、自分が 100% オーナーの会社なら会社の所有権も経営権も自分のものです。株式会社は所有と経営が分離しているのが特徴だと先程説明しましたが、オーナー会社であれば所有と経営は全く分離などしていません。

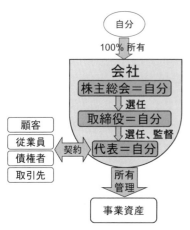

図 7.6 「自分の会社」の場合

上場大企業の場合

次に、スタートアップが最終的に目指している上場大企業の構造を考えてみましょう。実際の上場企業の機関構成は本書で今まで述べてきたものよりもずっと複雑ですが、その本質は図7.5から変わりません。上場大企業になると、オーナーは一般大衆を含めた不特定多数の株主です。無数のオーナーが所有するという意味で上場企業は公共性を持ったパブリックな存在です。株主は取締役の選任権・解任権を持つことによって取締役を監督し、対外的に会社を代表する代表取締役は取締役会の指揮・監督の下で会社の業務を執行します。取締役の何人かは業務の執行に携わる人が兼務している場合もありますが、上場会社の取締役は業務を執行することが取締役としての本務ではなく、業務を執行する代表取締役を指揮・監督するのが本来の役目です。前述したように旧来の日本企業では、取締役や代表取締役が従業員の出世の階段になっている場合があり、必ずしもここで説明している階層構造になっていない場合もありますが、上場大企業における株式会社の構造の本質は、不特定多数の株主による所有と、取締役会の指揮・監督下での代表取締役による業務執行にあり、所有と執行が分離していることが株式会社の特徴であることは本章で何度か述べてきた通りです。

スタートアップにおける株主と経営者

スタートアップは、上述したような「会社化された個人事業」からスタートして、最終的には「上場大企業」になることを目指します。

第1章で、なぜアントレプレナーシップが大事かというお話をしました。本当に自分の人生を賭けてやりたいことを見つけたときに、起業という選択肢を誰もが持っておく必要があるからでした。第3章では、スモールビジネス（もしくは会社を興さずに個人事業）で自分のやりたいことができれば、必ずしもスタートアップという形で起業する必要はないが、世の中に大きなインパクトを与えるような「やりたいこと」をやろうとすると、スモールビジネスや個人事業では実現できないことが多く、ほとんどの場合、スタートアップという形で投資家からの出資を受けて多くの人を巻き込まないと大きな事業にはならないというお話をしました。

スタートアップもスモールビジネスと同じように、設立したときには事業のオーナーは創業者一人かもしれませんし、二、三人の共同創業者かもしれませんが、投資家から出資を受けるに従ってオーナーが増えていき、最終的には上場企業として不特定多数のオーナーに所有される存在になります[7]。従って、スタートアップは最初から無数のオーナーに所有されるようになることを想定して作っておく必要があるのです。

つまり、スタートアップという形で自分のやりたいことをやろうとすると、始めたときには事業のオーナーシップ（所有権）は自分が持っていたとしても、最終的には事業の所有権は手放すことを覚悟しなければならないのです。起業家にとっては、これは実に不合理なシステムです。今まで世の中になかった新しいものを生み出すのは起業家です。お金を出す投資家ではありません。ましてや株式市場で株を売り買いする人達であるはずがありません。自分のやりたいことをやるために始めたはずのスタートアップなのに、やりたいことが実現したときには、その事業はオーナーシップという面では自分のものではなくなる運命にあるのです。

なぜ、こんな不合理なシステムに乗ってまで、皆スタートアップをやるのでしょうか？　それは、自分のやりたいことができるということと、会社のオーナーシップを手放すことは、必ずしも矛盾するものではないからです。会社のオーナーシップが創業者からだんだんと出資者に移っていったとしても、製品やサービスの開発やマーケティング、すなわち会社の業務執行は少なくともある程度の段階までは創業者が担わないとうまくいきません[8]。多くの成功したスタートアップでは、上場会社になり創業者の持株比率が10%以下になっても創業者が代表取締役として経営を担い続けます。オーナーシップという面から見ればもはや自分の所有物とは言えなくなった会社の経営を創業者が続けるのは、創業者が自分のやりたいことができるからであり、また他の株主が創業者のやりたいことに賛同して支持しているからに他なりません。起業家の始めた会社が上場企業として

---

[7]　このあたりの仕組みは第8章で詳しく解説します。

[8]　創業者が技術者で必ずしも会社経営自体に興味がないような場合には、早い段階で経営の専門家を経営者として迎え入れる場合もありますが……

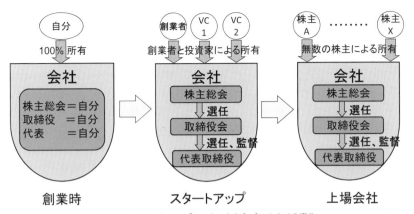

図 7.7 スタートアップのスタートからゴールまでの変化

　不特定多数の株主に所有されるということは、自分の「やりたいこと」がパブリックな存在として社会に認められたということを意味します。そう考えれば、自分のやりたいことを実現することが目的である起業家にとっては、オーナーシップの％はさほど重要ではないはずです。むしろ、自分の作り上げた事業がパブリックな社会的存在になったことを誇りに思うはずです。

　しかし、すべてのスタートアップがそのような理想的な展開をたどるとは限りません。オーナーシップを失えば、会社の方針として創業者のやりたいことはできなくなるかもしれません。実際、投資家に自分のやりたいことを否定されて投資家と対立する起業家が少なくないのも現実です。その意味で、自分のやりたいことを貫くために会社のオーナーシップの維持にこだわるのも、一つの考え方です。特にスタートアップの存在そのものが一般的になる以前の日本の起業家は、オーナーシップを失わないことに強いこだわりを見せるのが一般的だったと言っても過言ではないでしょう。そのような先輩起業家は、本書で述べていることとは全く異なるアドバイスをするかもしれません。

　自分の始めた事業が自分のものでなくなるのが嫌であれば、投資家からの出資を受け入れないという選択肢もあります。そうやって大きな事業を作ることができないわけではありませんし、実際にそういう成功事例もあります。しかし、投資家からの出資を受けて事業の成長を加速した方が成

功確率が高くなることは、ここまで本書の中でも繰り返してきた通りですし、特に初期に大きな開発資金が必要になる技術系のスタートアップの場合には投資家からの出資を受ける以外に選択肢がない場合が多いことも今まで何度か述べてきました。また、新規事業の立ち上げや成長のスピードがどんどん速くなり、特に海外では新規事業は投資家の出資を前提に急成長を目指すスタートアップの手法が一般的になる中で、投資家からの出資は受け入れずに、あくまでも自分のコントロール下でグローバルにスケールする事業を目指すことは客観的に見て容易ではないと思います。

　本書が前提としているのは外部からの出資を受けることを想定したスタートアップですが、自身のオーナーシップを優先させるのか、オーナーシップを犠牲にしてでも外部資金を導入して成功確率を上げるかは、起業家の考え方次第であり、どちらかが正しくどちらかが間違っているという種類の話ではありません[9]。しかし、どちらの道を選ぶにしても、それぞれの違いや得失はよく理解しておく必要があります。自身のオーナーシップにこだわる起業家にとっても、スタートアップの仕組みを理解することは重要だと私達は考えています。

7-5　株式会社以外の企業形態

　ここまで会社と言った場合、それは株式会社のことを指す前提で話を進めてきましたが、株式会社以外の形態の会社も存在します。日本でスタートアップの事業形態としてときたま用いられるのは合同会社です[10]。合同会社は欧米で Limited Liability Company (LLC) と呼ばれる会社形態をモデルとして作られていることから日本版 LLC と呼ばれることもあり

---

[9] 自分のオーナーシップを犠牲にしてでも成功すれば、創業者は何億円、何十億円という単位の大きな金銭的なリターンを得ることができるので、次に起業するときには投資家からの出資に頼ることなく、つまりオーナーシップを犠牲にすることなく、自己資金だけでスタートアップを起業することができます。

ます。

　合同会社の特徴は、株式会社だと株主平等の原則に基づいて出資額に応じて自動的に決まってしまう出資者への利益配分の比率や議決権の配分比率を、出資比率から切り離して自由に決定できる[11]ことにあります。このような仕組みは、事業の成否や事業の価値が資金以外のリソースに大きく依存するような事業に好都合です。例えば、資金はないがコンテンツを作る高い専門能力を持ったクリエーターと、コンテンツを作る能力はないがお金は持っている人が共同事業を行なう場合です。このような場合に通常の株式会社を設立すると、利益配分や会社の支配権（議決権）は出資比率で決まってしまうので、事業から生じた利益はクリエーターではなく資金を提供した人に配分されてしまいますし、事業の最終的な決定権はクリエーターではなく資金提供者が持つことになります。これでは、事業が成功したときの報酬配分が実態とはかけ離れたものになりますし、クリエーターが思い描く事業内容にならないかもしれません。しかし、合同会社であれば、利益配分の比率は自由に設定できるので、成功した際の利益をクリエーターに厚く配分することが可能になりますし、事業の意思決定もクリエーターの意向を大きく反映することができます。このような背景から、合同会社の仕組みは、コンテンツ産業、専門人材同士による共同事業、企業間のジョイント・ベンチャー、企業と研究機関の連携プロジェクトなどに活用されることがあります。合同会社という制度そのものが日本では歴史が浅く、株式会社に比べると一般的な認知度は低いですが、最近は増加しているようです。

　スタートアップの視点から見ると、合同会社は株式を発行しないので株式売却による資金調達ができませんが、株式会社に比べて設立が容易であり、また合同会社から株式会社への移行が容易であることから、立ち上げ時に合同会社からスタートして資金調達を受ける段階で株式会社に移行す

---

10) この他に合名会社、合資会社という種類の会社もあります。また、有限会社という名称を見かけることがあるかもしれません。有限会社は2006年に会社法が改正される以前にあった会社の形態で、今は法律的には株式会社になっていますが、名称だけ昔のまま残っている場合があるようです。

11) このような自由度を「内部自治」と呼びます。

るパターンはスタートアップにとってもあり得る選択肢です。

　LLC（合同会社）と似た名前の企業形態にLLP（Limited Liability Partnership）があります。LLPは日本語では有限責任事業組合と呼ばれる組織体ですが、利益配分の比率や議決権の配分比率を出資比率から切り離して自由に決定できるという点では合同会社（LLC）と同じ特徴を持っています。LLPは組合組織なので株式会社への移行ができず、投資家からの出資を募って大きな会社になることを目指すスタートアップにはそのままでは使えない仕組みですが、課税のされ方等の点でLLCにはないメリットもあるので、スタートアップではない起業を考える際には選択肢となる場合もあるかもしれません。

第7章のまとめ

・会社がなくても事業はできるが、会社があると、顧客や世間から信用できるように見え、事業活動と個人の活動とを切り分けることができる。

・スタートアップを始めるのであれば、ゆくゆく大きな事業になることを前提に株式会社という形態をとるのが最も合理的である。

・株式会社は、事業を営む組織体の所有権を株式という形で細かく分割して多数の人が所有できるようにしたものである。

・株式会社の本質的なメリットは、事業のオーナーが多数居ることによって生じる複雑さや不安定性を解消することができる点にある。

・大きな事業を目指すスタートアップは、多くのオーナーが居て、多くの資産を保有し、多くの契約を結ぶので株式会社の形が最も適している。

・スタートアップは創業者のものとして始まるが、最終的には不特定多数のオーナーに所有されるパブリックな存在になる。

・自分のやりたいことを実現することと、会社のオーナーシップを手放すことは、矛盾するものではない。不特定多数の株主に所有されるということは、自分の「やりたいこと」がパブリックな存在として社会に認められたことを意味するからである。

・起業家が、自身のオーナーシップを優先させるのか、オーナーシップを犠牲にしてでも外部資金を導入するかは、起業家の考え方次第である。

第8章

事業に必要なお金をどうやって集めるか

　事業をするにはお金が必要です。スモールビジネスを始めるのにもお金はかかりますが、スタートアップを起業するには特にお金がかかります。それは、スタートアップが大きな事業を目指すからです。大きな事業になりそうなビジネスであれば必ず競争相手が居て、競争に勝つためには独自の技術を開発したり、競争相手よりも早く急成長する必要があり、いずれにしても資金が必要になるという話を第3章でしました。自己資金だけで必要な資金をまかなえればそれに越したことはありませんが、何億円もの自己資金を最初から持っている人はほとんど居ないので第三者から資金の提供を受けることになります。失敗する可能性も高く、戻ってこないかもしれないお金を出してもらうわけですから、成功したときには大きな金銭的リターンを返すことができるような形、すなわち出資（株式投資）という形で資金を提供してもらうことが一般的です。本章ではベンチャーキャピタルと呼ばれる投資家から出資を受ける場合を中心として、会社の資金調達に関して説明します。

8-1　資金調達

　事業を行なうにはお金がかかります。起業家は、事業を通して売上げ収入が得られるようになるまでの間、少なくとも自分が生活していくだけの資金が必要です。しかし、通常は自分一人で事業を行なっていくことは難しいので、誰かに手伝ってもらう必要があります。最初から社員として人を雇用するのは敷居が高いですが、バイトにしろ学生インターンにしろ人を雇おうと思えば人件費がかかります。技術系のスタートアップであれば、最初は製品やサービスの開発に大きなお金がかかるのが普通です。ソフトウエアであれば、開発費と言ってもほとんどは人件費かもしれませんが、

ハードウエアを作るビジネスであれば試作品を作るための設備を揃えるにも部品を購入するにもお金が必要です。製品やサービスを売るためのコストも無視できません。最近は事業を行なうためのコストが昔に比べれば下がったとはいうものの[1]、それでもやはりお金はかかります。

ビジネスは顧客に製品やサービスを提供して、その対価として収入を得る活動ですから、事業がうまく立ち上がれば事業に必要なお金は売上げでまかなうことになります。売上げの収入の中から必要なお金を支出し、それでも残ったお金が事業の利益になります。

しかし、通常ビジネスを行なう場合には、収入が立つ前に出費が先行します。製品を作るためにはまず原材料や部品を買う必要があり、それを製品に組み立てて売るまでには一定の時間がかかるので、支出が先に出ていって収入は後から入ってくることになります。事業が立ち上がり、順調に収入が入るようになった後でもこのような資金のギャップが生じますが、事業を立ち上げる際にはそれ以外に初期投資が必要になります。スモールビジネスとしてラーメン屋さんを始めるにしても店舗を借りなければなりませんし調理器具や食器を買い揃えなくてはなりませんが、今までにない新しいビジネスを始めようとするスタートアップの場合にはスモールビジネス以上に初期資金が必要になります。ラーメン屋さんであれば開店すれば初日から売上げが上がりますが、スタートアップでは起業してから暫くの間は製品やサービスの開発を行なうだけで売上げのない状態が続くからです。その期間は何か月かもしれませんし何年かもしれません。

売上げ収入以外の形で会社が第三者からお金の提供を受けることを一般に資金調達と呼びます。売上げがあり利益もある大きな会社であっても資金調達をしますが、大企業の場合には新たな工場を建てたり企業買収を行なうための特別な出費のための資金を調達する場合が多い[2]のに対して、

---

1) 昔なら何百万円のサーバーが必要だったサービスが今なら従量課金のクラウド・サービスで提供できますし、昔であれば工場や製造設備を持つ必要のあった製造業も3Dプリンターや製造委託サービスを利用することができます。昔は新聞やTVに広告を打つ必要があったかもしれませんが、今ならソシアル・メディアでのマーケティングで済むかもしれません。流通も決済も今はAmazonがやってくれます。

スタートアップでは収入がないので人件費も含めて日々の出費のための資金も調達する必要があります。

スタートアップにおける資金調達の方法は大きく分けると2通りあります。お金を借りる（融資を受ける）か株を売る（出資を受ける）かです。これらに関しては次節で詳しく説明します。

自己資金のみによるスタートアップ

第三者から資金の提供を受けずに、自己資金のみで起業することを英語ではブートストラップ（bootstrap）と呼ぶことがあります。また、外部資金を入れずに売上げだけで成長していくことをオーガニック・グロース（organic growth）という言い方をします。いずれも他からの力に頼らずに自力で動き始めて成長していくという意味合いの言葉です。スタートアップはお金がかかるので出資による資金調達を受ける必要があると言ってきましたが、もし他人からの出資を受けずに自己資金だけでスケールするビジネスを構築できれば理想的ですし、それが不可能なわけではありません。資金調達をせずに十分なスピードで成長できるのであれば、それに越したことはありません。出資を受けるということは会社の所有権を渡すことを意味するので、会社の所有権を他人に渡さないで済む方が起業家には好都合だからです。

しかし残念ながら、資金調達を受けずに自己資金だけでスタートアップを十分なスピードで立ち上げることは簡単ではないのが現実です。仮に立ち上げ時に自己資金や受託開発の収入などで支出をまかなって資金調達なしに事業を bootstrap で立ち上げることができたとしても、そこからさらに大きく成長してスケールしていくための資金は organic growth だけでは十分でないのが普通です。起業家にとっては、出資など受けないのが理想ですが、理想通りにはいかないのが現実です。

---

2) 事業が安定的に売上げを上げて一定の利益を出し続ける定常状態になっても、支出が収入よりも先行することには変わりはないので、お金の出入りの時間差を埋めるための資金（このような資金を「運転資金」と言います）を資金調達することは、大きな会社であっても小さな会社であってもあります。

その他の資金調達とクラウドファンディング

　スタートアップでの主な資金調達の方法である融資と出資に関して説明する前に、それ以外の方法で資金を得る選択肢についても少し触れておきたいと思います。

　技術系のスタートアップの場合には公的機関が公募する補助金や助成金は一つの資金源に成り得ます。一部の補助金では事業が成功した場合に利益の一部を国庫に還元するように求めるものもありますが、公的機関の助成金や補助金は基本的には返す必要のない資金なので、出資や融資を受けるにはまだ時期尚早な段階での開発資金として有用な場合があります。文部科学省系のJST（科学技術振興機構）や経済産業省系のNEDO（新エネルギー・産業技術開発機構）やIPA（情報処理推進機構）などではスタートアップ支援にも力を入れていますので、大学での研究開発成果の事業化を目指す研究開発型スタートアップの場合には検討してみる価値はあると思います。ただ、公的機関の資金は税金を原資としているため、資金の使途が細かく規定されていたり書類の作成に多大な労力を要したりすることがあり、必ずしも使いやすい資金とは言い難い場合もあります。助成金としては、公的機関の他に民間の財団が提供するものもあります。大学などの研究機関への助成がメインですが最近はスタートアップを対象としたものも増えているので一考の価値はあるでしょう。また、最近はスタートアップ向けの各種コンテストが数多く開催されています。コンテストの賞金は本格的にスタートアップを立ち上げるには小さすぎる金額であることが多いですが、学生がWEB系のサービスを立ち上げるには十分な額の資金を得られる場合もありますし、そういったコンテストには投資家が参加していることも多く、コンテストへの出場や入賞がきっかけとなって資金調達に繋がるケースもあるので、無視できない資金調達手段と言えます。

　2000年代後半からアメリカを中心にクラウドファンディング（crowd funding）と呼ばれる資金調達方法が盛んになっています。クラウドファンディングは、不特定多数の人から通常ネット経由で資金を調達する仕組みです。元々は音楽や映画などのアーティストへの活動支援のプラットフォームとして発達したものですが、最近はスタートアップの資金調達にも活用され、数億円規模の資金を集めるケースもあります。アメリカでは

Kickstarter、Indiegogo 等が有名ですが、日本にもいくつかのクラウドファンディング・プラットフォームがあります。これらのクラウドファンディング・プラットフォーム上では、資金を集めたい人や会社が、自分達がどのようなプロジェクトを行なっていて、どの程度の資金を、いつまでに集めたいかを公表します。プロジェクトの内容を見て資金を提供したいと思った人はネット経由でクラウドファンディングのプラットフォームにお金を振り込みますが、目標期日までに目標金額が集まらなければ、プロジェクトは不成立となり振り込まれた資金は返金されます。目標金額を越える資金が集まればプロジェクトは成立となり、集まった資金が提案者の個人や会社に提供されます。

　クラウドファンディングは、資金提供者に与えられる見返りの有無や内容によっていくつかの類型に分けられます。一つの類型は寄附型と呼ばれるものです。これは文字通り資金提供者には何の見返りもなく（何らかの感謝の返礼がある場合もありますが……）、資金提供者が純粋にプロジェクトを応援するものです。もう一つの類型は購入型と呼ばれるものです。これはプロジェクトで開発する計画の製品やサービスを前払いで購入する形式のものです。資金調達をするプロジェクトの側から見ると、一定数の前払い（つまり購入予約）があった場合のみ開発・製造を行ない、前払いが一定数に達しなかった場合には開発自体を行なわないで済むので、売れないモノを作ってしまうリスクがないという意味でスタートアップと相性のいい仕組みです。しかしながら、購入型のクラウドファンディングは製品やサービスが完成する前に事前販売していることになる点には注意が必要です。計画通りに開発が進まなかった場合には、前払いで販売したはずの製品を提供できない事態に陥る可能性もあります。そのときになって返金しようとしても、集めた資金は既に開発資金として使ってしまって返せないかもしれません。購入型クラウドファンディングは、クラウドファンディングという言葉を使ってはいますがその本質は予約販売であり、寄附型と購入型では性格が大きく異なることには注意が必要です[3]。

　寄附型と購入型以外のクラウドファンディングの形態としては融資型や出資型もあります。これらの形態は法律的な規制が厳しく、また国毎に法律や規則が異なり数も多くないのでここでは詳しく説明しませんが、今後

の規制緩和や法律改正によりスタートアップの資金調達手段として発達する可能性もあるかもしれません。

さらに最近では、仮想通貨を用いた資金調達が巷の話題になることが増えてきました。ICO (Initial Coin Offering) という言葉を聞いたことがある人も居るかもしれません。仮想通貨そのものは世の中を大きく変える可能性を秘めていますが、仮想通貨を用いた資金調達は法的な位置付けも明確とは言えません[4]。将来、イノベーティブな資金調達方法として整備される可能性もあるかもしれませんが、少なくとも現時点（2019年）で本書を読んで起業の基礎知識を勉強しようとしている初学者にとっては本書の範囲を越えたトピックだと思います。

8-2　出資と融資

前節ではクラウドファンディングなどの新しい資金調達方法にも少し触れましたが、資金調達方法の2本柱は、お金を借りる（融資を受ける）か株を売る（出資を受ける）かです。資金調達のことを英語では、funding、finance、financing などと言いますが、融資は debt finance（デット・ファイナンス）、出資は equity finance（エクイティー・ファイナンス）です。本節では資金調達の2本柱である融資と出資について少し詳しく説明します。

融資と出資の最大の違いは、資金が失われるリスクを誰が負うのかという点です。融資ではそのリスクを負うのは資金の受け手ですが、出資では出し手です。融資はお金を借りることですから、借りたお金は返さなければなりません。一方、出資は会社の株式の購入代金としてお金を受け取る

---

[3]　売上げ収入以外の形で会社が資金の提供を受けることを資金調達と定義するのであれば、購入型クラウドファンディングは厳密に言えば資金調達ではなく、売上げ収入に分類されるべきでしょう。

[4]　法律で全面禁止されている国もあります。

表8.1 出資と融資の違い

出資を受ける（Equity Finance）	融資を受ける（Debt Finance）
株（会社の所有権の一部）を売る	お金を借りる
会社の支配権を持たれる	会社の支配権とは無関係（少なくとも、理屈の上では……）
出資金は返さなくていい（少なくとも、理屈の上では……）	借りた金は返さないといけない
出資金は返したくても返せない	借りた金は返せばいい
資金の出し手がリスクを負う	資金の受け手がリスクを負う

わけですから、出資してもらったお金を返す必要は（少なくとも理屈の上では）ありません。

　融資と出資のもう一つの大きな違いは、会社のコントロール権に関するものです。出資は会社のオーナーシップ（所有権）を細分化した株式を売る対価として資金提供を受ける行為ですから、お金を返さなくていい代わりに会社の所有権やコントロール権を出資者に渡すことになります。一方、融資はお金を借りるだけですから、借りたお金を返しさえすれば（少なくとも理屈の上では）会社の支配権やオーナーシップとは無関係です。

　出資によって得た資金を返す必要がないのは会社にとって一見好都合に聞こえますが、裏を返すと返したくても返せないお金である点には注意が必要です。出資は株式の売買行為です。一度売ったものは、気が変わったからと言っても返してもらうことはできないのは株でも同じです。もしどうしても取り戻したかったら改めて買い戻す必要がありますが、相手が売りたくなければ買い戻せませんし、仮に相手が株を手放すことに同意しても売ったときよりも高い値段でないと買い戻せないかもしれません。

　出資による資金調達は会社のオーナーシップを切り売りする行為です。調達したお金を返さなくてもいい点は魅力的ですが、一旦、会社のオーナーとなった出資者は自発的にオーナーであることをやめるまで（つまり自発的に株を売るまで）オーナーであり続けます。会社や経営者はオーナーをやめさせる（つまり株を売らせる）ことはできないという点はよく理解

しておくべきです。

次に資金の出し手の立場から、融資と出資の違いを考えてみます。

資金を出す側のロジック

融資によって資金を提供する場合、資金の出し手の収益源は貸したお金から生じる利子収入です。このとき、貸したお金は当然戻ってくることを前提としています。現実には一定の確率で貸したお金が返ってこない事態も生じるので、利率はそのリスクも考慮して決められていますが、基本的には貸したお金は返ってくることを前提にしないと融資は成り立ちません。また、貸した相手の会社がどんなに大成功しても、貸し手に入る利子収入が増えるわけではないので、お金の貸し手にとっては会社がどれだけ大きくなるかよりも、貸したお金を確実に返せるかどうかが一番の関心事になります。貸し手は必然的に融資先に安定性や確実性を求めることになるので、融資はローリスク・ローリターンの資金提供になります。融資は銀行の典型的なビジネスモデルです。

一方、出資の場合の資金の出し手の収益源は、株式を買ったときの値段よりも高い値段で売って得る売却益（capital gain）です[5]。出資は融資と違って、会社が成功すればするほど株価が高くなり大きな売却益を得ることができます。投資家は大成功する会社に出資することができれば出資額の何十倍、何百倍もの利益を得ることができるので、出資者にとっては資金を提供する会社がどれだけ大きく成功しそうかが一番の関心事になります。しかし、大成功する会社はごく一部ですし、どの会社が大成功するかはわからないので、スタートアップへの投資を専門とする投資家は成功しそうな会社をある程度の数だけ選んで投資をし[6]、そのうちのどれかが大成功することを期待します。もちろん出資するときには、成功しそうな会社にしか投資しないのですが、成功するだろうと思って出資しても実際に

---

5) 一般の株式投資では配当金も出資者にとっての重要な収益源ですが、通常、スタートアップ企業が配当金を出すことはないので、スタートアップに出資する投資家にとっての収益源とはなりません。

6) ベンチャーキャピタル等の投資家は、自分達の投資先全体をまとめて portfolio（ポートフォリオ）と呼ぶことがあります。

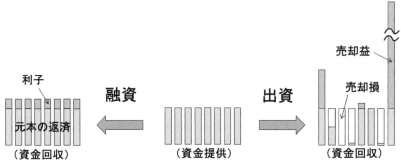
図8.1　資金を出す側のロジック

成功するのはその一部でしかありません。結果的には潰れてしまう会社も出ます。投資した会社が潰れないに越したことはありませんが、潰れる会社があったとしても、その損失を他の投資先の成功で補うことができれば良しとするのがスタートアップへの投資を専門とする投資家のロジックです。このような投資スタイルは、後ほど 8-4 節で説明するベンチャーキャピタルのビジネスモデルであり、高い成長性を求めるハイリスク・ハイリターンの資金提供になります。

　ここで注意しておく必要があるのは、出資者は最終的には第三者に株を売る必要があるという点です。融資の場合、貸し手は資金を融資先から回収しますが、出資の場合、出資者は買った株を別の第三者に売るので、資金を提供した相手と資金を回収する相手は異なります。8-5 節で詳しく説明しますが、出資者が第三者に株を売ることを EXIT（エグジット）と言います。一般に EXIT には 2 種類あります。一つは会社の株式が株式市場に公開される場合です。この場合、出資者が株式を売却する相手は株式市場で株を買う人すべてです。もう一つの EXIT は、投資先のスタートアップが他企業（一般には上場大企業）に買収される場合です。この場合、出資者が持株を売却する相手は投資先スタートアップを買収した企業になります。

　なお、融資と出資とでは事業を清算する際にも差が生じます。事業活動を中止して会社を清算することになった場合、会社に残っている資産は、まず融資した人（債権者）に優先的に分配され、債権者[7]への分配が済ん

だ後にまだ残った資産があれば出資した人（出資者）に分配されます。通常スタートアップ企業が清算されるのは事業がうまくいかない場合なので大きな資産が残ることは少ないですが、会社清算時の資産分配の優先度という意味でも、出資はハイリスク、融資はローリスクと言えます。

出資を受けるべきか、融資を受けるべきか

　資金調達方法の2本柱は融資と出資ですが、ではどちらを選択すべきなのでしょうか？　スタートアップの場合には融資を受けられるケースは少なく、あまり選択の余地はないのが現実ですが、まずは少し一般論を解説したいと思います。

　出資は会社のオーナーシップを渡すことを意味し、しかも出資者は今後もずっと会社のオーナーとして居続けることになりますが、融資は借りたお金を（利子を付けて）返しさえすれば会社のオーナーシップを渡す必要はありません。従って、借りたお金を確実に返せるのであれば融資を受ける方がいいと言えます。もちろん、借りたお金を返せるかどうかを確実に予想することなどできませんが、不測の事態でも起こらない限り返すことができると客観的に思えるような状態であれば、会社のオーナーシップを渡さなくて済む融資は合理的な選択になります。しかし、返せないリスクがある程度高ければ、返す必要のない出資を受けるべきです。その代償として会社のオーナーシップを渡すことは止むを得ません。

　例えば、自社の技術で十分に対応できるソフトウエア開発を大企業から受注して6か月後に納入するというケースを考えてみましょう。6か月分の開発費用さえあれば開発は確実にできるという自信があれば、おそらく出資よりも融資によって資金を調達すべきでしょう。顧客が既に居て売上げが立つ時期もはっきりしていますから、開発が終了して納入すれば開発費として借りたお金は確実に返すことができます。もちろん、6か月の間に受注元の大企業が倒産するとか、開発が予定通りに完成せず納品ができなくなるリスクはありますが、顧客が誰でどんな製品を作ったら売れ

---

7)　債権には、融資だけではなく未払いの給与や未払いの税金なども含まれ、債権者の中でも分配の優先順位があります。

るかわからないスタートアップの新規事業に比べれば、はるかにリスクは低いと言っていいでしょう。

　しかし、同じ6か月後に完成予定のソフトウエア開発であっても、誰もやったことのない新しいWEBサービスを開発するのであったら、おそらく融資ではなく出資を受けるべきでしょう。そのWEBサービスに全く顧客が付かないかもしれませんし、6か月のうちに競合が出てきて先を越されてしまうかもしれません。融資を受けたとしても、とても確実に返せるお金だとは言えません。返せないリスクが高い資金であれば融資ではなく出資という形で受ける方が安全です。

　上記の例からもわかるように、借りたお金を確実に返せるのであれば融資を受ける方がいいし、返せないリスクが高ければ返す必要のない出資を受けるのが現実的です。提供してもらったお金が失われる（つまり事業が失敗する）リスクが低ければ、そのリスクは経営者が負い、リスクが無視できない程度に高ければ、そのリスクは資金の提供者（すなわち出資者）が負うのが原則と言ってもいいでしょう。

　この原則に照らして考えると、スタートアップは出資を受けざるを得ないという本書の最初からの議論も納得して頂けるものと思います。スタートアップは今まで世の中になかった事業を新しく創り出すものなので、構想した製品やサービスが本当にビジネスになるかどうか、最初はわかりません。スタートアップの初期は、誰が顧客でどんな製品やサービスを作ったら売れるかを模索する時期です。この時期に資金を調達しなければならないとしたら「確実に返せる」と言えるはずがありません。従って、スタートアップの少なくともある程度の段階までは、資金調達は出資を中心に考えざるを得ません。

　スタートアップが基本的に融資を受けるべきでないのは、お金を返せない場合のリスクを経営者個人が負わされるからです。前述したように、融資は貸したお金は返してもらうのが前提ですから、貸し手としては確実に返してもらえるようにしておく必要があります。その仕組みの一つが個人保証です。つまり、会社が借金を返せなかった場合には経営者個人が借金を肩代わりすることを個人として約束しないと会社にお金を貸してくれないのです。しかし、この個人保証が付いた瞬間に第7章の冒頭で述べた

「会社を作るメリット」が失われてしまいます。個人事業を会社化するメリットは個人の資産と会社の資産を分離することができるからでした。しかし、個人保証の付いた融資を受けた途端にこの分離は失われてしまいます。会社が借金を残して潰れてしまったら、経営者個人がその借金を個人の資産から返さなければなりません。個人資産をすべて拠出しても返せなければ「自己破産」するしかありません。

　日本では、会社経営者は個人で金銭的なリスクを負うのが当然とする考え方が伝統的にあります。それは、ベンチャーキャピタルのように出資者側が金銭的リスクを負う形でのスタートアップ起業が日本で一般的になったのが、この10～20年ほどのことだからです。それ以前の時代の起業家は、投資家が金銭的リスクを負う資金調達が実質的には存在しなかったので、金銭的リスクは起業家個人が負うしかなく、会社がうまくいかなかった場合には個人で莫大な借金のリスクを負うことが当然視されていたのだと思います。その時代の常識に従えば、起業家が個人での破産リスクを取るのは当然で、そのリスクを取らない起業家は「成功する自信がないのか？」「覚悟はないのか？」「本気で事業をする気があるのか？」と見えてしまうのだと思います。その時代に起業された先輩方のご苦労は大変なものだったと思いますし、その中で成功された起業家の方には素直に敬意を表したいと思います。しかし、その時代の常識をそのまま現代に持ち込んだのでは、現代のリスクの高いスタートアップを起業することはできません。起業家には、事業に対する強い自信や事業にコミットする覚悟が求められるのは言うまでもありませんが、それは個人では到底返済できない借金のリスクを背負うこととは別次元の話のはずです。

　スタートアップでは、資金が失われるリスクは資金の出し手が負うべきものです。資金の受け手ではありません。もし、スタートアップの失敗の金銭的リスクを個人が背負わなければならないのであれば、シリコンバレーでも起業する人はほとんど居ないかもしれません。スタートアップが失敗して起業家が負うペナルティーは職を失うことで十分なのです。前述したように、日本では起業家が個人では返済できない額の金銭的リスクを負うことが当然視されることがありますが、私達のアドバイスは「スタートアップの起業を目指すのなら借金はすべきではない」というものです。個

人の破産リスクと引き換えに起業すべきではありません。

　この点に関しては出資を受ける際にも注意が必要です。出資による資金調達では資金が失われるリスクを負うのは資金の出し手たる出資者だと説明しました。しかし、日本では一昔前まではこのリスクまでを資金の受け手に負わせる出資者も少なからず居ました。最近は少なくなったようですが、出資であるにもかかわらず融資のような個人保証を求めたり、創業者のコントロールが利かないような事態に際しても創業者個人に株式の買い取りを求める出資者が日本では珍しくなかった時代がありましたので、出資を受ける際には投資契約の内容を専門家に確認してもらうことが大事です。

　ただし、出資での資金調達において金銭的リスクを負うのが出資者だからと言って、起業家が出資者から提供された資金が失われることに対して無神経であっていいわけではありません。起業家は、貴重な資金を提供してくれた出資者に報いること、つまり事業を成功させることで出資者の持っている株の価値を高めることに全力を挙げて努力するのは当然です。

　「借金してはいけない」と度々言ってきましたが、すべての借金がいけないわけではありません。スタートアップであってもフェーズによっては融資の利用が適当な場合もあることは付記しておきたいと思います。後でも少し触れますが、公的融資のように個人保証を求められない融資であれ

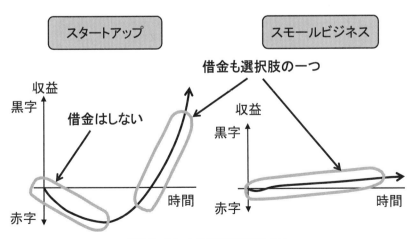

図 8.2　スタートアップでは借金はしない

ば話が違います。また、スタートアップであっても、単純に資金の出入りの時間差を埋める運転資金を借りることは悪くはないでしょう。特に、スタートアップとは言っても一定の売上げが上がり、外部資金に頼らなくてもある程度の資金繰りができるようなフェーズになれば、資金調達手段として融資も検討対象になります（図8.2）。要は、確実に返せるのであればリスクは資金の受け手が負う融資、返せない可能性が一定程度大きければリスクは資金の出し手が負う出資、という原則に従うということかと思います。

8-3　スタートアップへの資金の出し手

融資にしろ出資にしろ実際にお金を出してくれるのは、どのような人達でしょうか？　スタートアップは成功すれば大きなビジネスになりますが、失敗するリスクも大きいので、誰でもが資金を出してくれるわけではありません。

融資の担い手

特にローリスク・ローリターンを特徴とする融資はリスクの大きいスタートアップとは相性が悪く、一般論としては親戚や友人以外からスタートアップが融資を受けることは稀であると言っても過言ではないでしょう。

融資の最大の担い手は銀行ですが、通常、銀行は最低3年の社歴がないと融資してくれませんので、創業間もないスタートアップは基本的には融資の対象にはなりません[8]。また、銀行融資には前述したように個人保証を求められるのが一般的です。しかし、スタートアップはうまくいくか

---

[8]　2019年の時点では社歴の制限は緩くなっており、設立間もないスタートアップでも銀行からの融資を受けられるケースが増えています。しかし、この状況は特殊な金融環境に起因する現象である可能性もあり、スタートアップを取り巻く環境変化として一般化できるかどうかは今後の推移を見る必要があると思います。

どうかわからないリスクの高い事業に挑戦する会社です。創業者自身は絶対の自信を持って始めた事業であっても、確率的には失敗することの方が多いのが厳然たる事実です。従って、事業が失敗したら会社の借金を創業者個人が背負うことを前提とした融資はスタートアップは基本的には受けるべきではないことは前述した通りです。

スタートアップが親戚や友人以外からの融資を考えるのであれば、日本政策金融公庫などの公的機関の融資が一つの選択肢になります。スタートアップ向けの公的融資では無担保、無保証で融資を受けられる制度もあり、個人が借金のリスクを背負わない融資であれば検討の価値があるでしょう。

出資の担い手：創業者、親戚、友人

次に、出資による資金の出し手を見ていきたいと思います。前章でも述べたように、会社はスモールビジネスであってもスタートアップであっても設立時は創業者の自己資金で設立されることが多いので、最初の出資者は（複数の創業者が居る場合も含めて）創業者自身であることがほとんどでしょう。

通常その後の出資者はスタートアップへの投資に専門特化した投資家が中心になりますが、創業初期のスタートアップへの出資者は創業者の親戚や友人[9]であることがよくあります。両親からの出資が最初の資金であったスタートアップは多いですし、一番信頼のおける資金提供者かもしれません。自己資金では足りない初期資金を提供してくれる親戚や友人はとても有難い存在ですが、スタートアップへの出資の際には慎重に考えるべきポイントでもあります。融資であればいずれは返済する前提なので問題ないでしょうし、出資であっても外部の第三者に会社のコントロール権を渡すつもりのないスモールビジネスであれば親戚や友人が株主になることに大きな問題はないかもしれませんが、スタートアップはゆくゆくは外部の出資者を入れて最終的には上場企業（すなわち不特定多数の一般大衆が会社のオーナーになること）を目指すものだからです。第7章で述べたよう

---

9) 英語では、Friends & Family という言い方をします。また 3F という言い方もします。3番目の F は Fool の F ですが……

にスタートアップは創業者の所有物としてスタートしますが、最終的にはパブリックな存在になっていきます。創業者がその変化を理解していたとしても親戚や友人がわかっているとは限りません。少数株主と言えども株主は会社のオーナーですから経営の仕方や資金調達の方針について理解し納得してもらう必要がありますが、スタートアップに馴染みのない株主が居るとその人達にスタートアップ特有の仕組みや手法をいちいち説明して納得してもらわなければなりません。また、多数のオーナーが居て「船頭多くして船、山に登る」の状態になると、迅速な意思決定ができず、スピードを求められるスタートアップにとっては大きな足かせになります。オーナー間の意見の相違は最終的には多数決で決めることはできますが、多数決のプロセスを経ること自体に時間も手間もかかります。会社の大きな方針に関しては、会社のオーナーは全員のベクトルが一致していることが望ましいのです。そのような意味で、友人10人から20万円ずつ出資してもらう……というような資金調達はスタートアップでは避けるべきです（繰り返しになりますが、それが一般的にダメだというわけではなく、スモールビジネスの創業であれば問題ない場合も多いと思います）。

出資の担い手──ベンチャーキャピタル

　スタートアップへの出資者の中心を担うのはベンチャーキャピタル（Venture Capital、略してVCと称されることが多い）と呼ばれる投資家です。Venture Capitalの文字通りの意味は、スタートアップ企業に供給されるCapitalすなわち投資資金そのものを指しますが、転じてスタートアップへの投資を行なう投資会社や投資事業組合をVenture Capital（VC）と呼び、それらの組織で実際に投資業務に携わる人達のことをVenture Capitalistと言います。ベンチャーキャピタルの仕組みやその投資の特徴は次節で詳しく説明しますが、通常ベンチャーキャピタルはスタートアップへの投資に特化したハイリスク・ハイリターンの投資を行なうので、投資対象とするのは高い成長が期待できる、つまり買った値段よりも高い値段で株を売ることが期待できるスタートアップです。ベンチャーキャピタルにも様々なタイプがありますが、単に資金を提供するだけでなく投資先の経営に積極的に関与して投資先の企業価値の向上に努めるのが本来のベンチ

ャーキャピタルの姿です。

　アメリカの主要なベンチャーキャピタルの多くが特定の親会社を持たない独立系のVCであるのに対して、日本のベンチャーキャピタルは伝統的に銀行や証券会社の子会社が多かったですが、日本でも最近は成功した起業家が自己資金を元手にしてVCを始める場合や、既存のVCで実績を積んだ個人が独立してVCを始める場合など、独立系VCが増えています。

出資の担い手──エンジェル投資家

　創業者の設立出資とベンチャーキャピタルからの出資の間にエンジェル投資家と呼ばれる人達が出資者になるケースがよくあります。エンジェル投資家は、通常、何らかの形で何十億円というような単位の大きな個人資産を持つ資産家です。成功した起業家が自身の起業を通して築いた資産を次の世代の起業家に対して資金提供することが多いですが、スモールビジネスを長い時間かけて大きな会社に成長させたオーナー経営者であったり、投資銀行や外資系企業で多額の報酬を得て若くして大きな資産を築いた個人である場合もあります。多くのエンジェル投資家は、次の世代のスタートアップを応援したり特定の技術領域や事業領域を盛り上げたいという気持ちで出資しますが、だからと言って投資益を期待していないというわけではありません。リスクが高く失敗する可能性も高いかもしれませんが、出資をする以上は成功した場合には大きな投資益が得られることを期待していることは8-2節の「資金を出す側のロジック」で述べた通りです。

　良いエンジェル投資家から出資を受けると、自身の経験に基づく経営アドバイスを受けたり、業界人脈を通して事業パートナーや投資家を紹介してもらえるなど、単なる資金以上の支援を受けることができます。ただし、前述した親戚や友人からの出資に対する注意事項はエンジェル投資家にも当てはまります。ビジネス経験のある人であってもスタートアップの仕組みやスピード感に慣れていない人が会社のオーナーに入ると意思決定に時間がかかるようになりますし、自身の経験に基づいて悪意なくスタートアップには適さないアドバイスをする場合もあります。エンジェル投資家からの出資を受けるのであれば、投資家としての評判や自社の経営方針やカルチャーとの相性や資金面以外で期待できる支援内容などをよく考えた上

で出資を受け入れるべきでしょう。その際には、創業者や現経営陣との相性だけでなく後々出資を受けるであろうベンチャーキャピタル等の投資家との相性も考慮しておく必要があります。一旦会社のオーナーになった株主に出ていってもらうことはできません。後から入ってくる投資家が、既存のエンジェル投資家を仲間だとは思えない場合には、エンジェル投資家の存在のためにベンチャーキャピタルからの投資が受けられないという事態もあり得ます。

出資の担い手――事業会社

最近は事業会社[10]もスタートアップに積極的に投資するようになってきました。その背景には、自前主義に依存するだけではイノベーションを起こせなくなった大企業が、スタートアップとの協業を積極的に行なおうとする流れがあります。その際、スタートアップのオーナーシップを持つことでより強い関係を築こうとする場合には事業提携だけでなく出資をすることもあります。また、スタートアップ企業へのアクセスを強化するために事業会社がCVC（Corporate Venture Capital）と呼ばれるスタートアップ投資の専門部隊を持つ事例も増えてきています。

事業会社からの出資は単なる資金提供に留まらず、何らかの形で事業の進展に寄与することが多く、また有名企業から出資を受けること自体が会社の信用度や知名度の向上にも繋がるので、スタートアップにとっては歓迎すべきことです。しかしながら、事業会社からの出資を受けることは、出資社の「色が付く」ことを意味することも認識しておく必要があります。あまりに早い時期に事業会社からの出資を受けると、それ以外の会社（特に出資社のライバル会社）とはビジネスがしにくくなる危険性が生じますし、ベンチャーキャピタルが出資しにくくなる場合もあります。出資を受けた時期がスタートアップとして事業を模索している時期である場合には、事業シナジーがあると思って出資を受けたものの、その後スタートアップ

---

10) 金融業、コンサルティング、プロフェッショナルサービスなど、他の企業をサポートすることを本業とする業態の会社と対比して、実際に製品やサービスを提供する事業を本業とする会社を一般に「事業会社」という言い方で呼びます。

の事業仮説が大きく変わってピボットし、出資した事業会社との関係性は全くなくなってしまう場合もあります。また、スタートアップの仕組みをよく知らない事業会社が株主としてオーナーになると、スタートアップのスピードとは相いれない大会社と同じような報告や手続きを求められることもあるので注意が必要です。

8-4　ベンチャーキャピタルの基本的な仕組み

前節で述べたように、スタートアップへの出資者の中心を担うのはベンチャーキャピタルです。本節ではベンチャーキャピタル（以下では基本的にVCと略します）について解説します。

VCはスタートアップへの投資に特化した投資家ですが、VCがスタートアップに投資する資金はVCに投資する投資家から集めた資金です。つまりVCは投資する立場に立つと同時に投資を受ける立場にも立っています。多くのVCの行動はVCが投資を受ける立場にあることに起因するので、スタートアップがVCからの出資を受ける際にはこの構造を理解しておく必要があります。

一口にVCといっても様々な形態のものがあり、また国によっても違いがありますが、図8.3は最も典型的なVCの構造を模式的に示す図です。

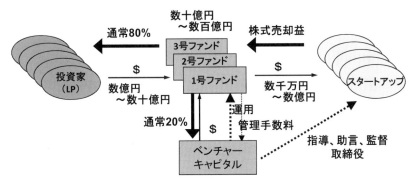

図 8.3　ベンチャーキャピタルの基本的な仕組み

ベンチャーキャピタル・ファンド

スタートアップへの投資資金は通常ファンド（fund）から出資されます。投資資金として集められた資金のことを広く一般に「ファンド」と呼びますが、通常、それぞれのファンドの投資対象は決まっており、スタートアップへの投資を行なうファンドをベンチャーキャピタル・ファンドとかベンチャー・ファンドと呼びます。一般にベンチャーキャピタル（VC）と呼ばれるのはファンドを運用する組織[11]です。ファンド自体は単なるお金の集まりなので、実際にファンド資金を集めたり投資したりする人が必要で、その人達で構成される組織がベンチャーキャピタル（VC）です。

ファンドにはVCやVCを構成するメンバーも自己資金を提供しますが、通常それはファンドのごく一部（1%程度）で、ファンドの大部分の資金はLP[12]と呼ばれる出資者から集めます。LPはアメリカの場合には年金基金、生命保険、大学の基金（endowment）などの機関投資家と呼ばれる投資家が中心ですが、日本の場合には銀行、保険会社、事業会社などが中心になることが多いようです。VCファンドの大きさは数十億円から数百億円のものが一般的ですが、アメリカの有力VCでは数千億円のファンドもありますし日本では10億円程度のファンドもあり千差万別です。複数のLPから数億円〜数十億円ずつの資金を受けてファンドを組成するのが一般的ですが、単一のLPからの資金のみで成り立つファンドも存在します。

一つのファンドから何社のスタートアップに投資するかはファンドの大きさにも依存しますが、数百億円規模のファンドであれば数億円ずつを数

---

11) ベンチャーキャピタルが株式会社であることは（特に日本では）多いですが、ベンチャーキャピタルが株式会社である必要はなく、組合の形態をとったり株式会社以外の会社の形態をとることもあります。

12) LPはLimited Partnerの頭文字で日本語では有限責任組合員と訳されます。通常、ファンドは組合（Partnership）として構成され、資金を出すだけでファンドの運営に携わらない出資者をLimited Partnerと呼び、ファンドを運営する組合員（VC）をGeneral Partner（GP）と呼ぶのですが、詳細は本書の域を越えるので、ここではVCファンドへの出資者をLPと呼ぶことだけ知っておいて頂ければ十分です。

十社に投資するのが典型的なパターンでしょう。ただ、アメリカの大型ファンドであれば1社に100億円単位の出資を行なう場合もありますし、ファンドサイズが小さければ1社当たりの投資額も投資件数も少なくなります。しかし、スタートアップへの投資はどれが成功するかわからないので、ある程度の数のスタートアップに分散して投資する必要があります。十分な数の会社に投資することができない小さなファンドはVCファンドとして十分な機能を持てない場合も多いと考えられます。

　投資資金の回収は、購入した株式の売却を通して行なわれます。買ったときよりも高い値段で株を売れれば売却益が得られますし、買ったときよりも低い値段でしか売れなければ売却損が発生します。もちろん、投資先が倒産する等で株式の価値がなくなれば、投資資金は全額損になります。個々のスタートアップへの投資では売却損が生じるかもしれませんが、ファンドとしては個々の投資からの回収額を合算した総額がLPから集めた資金額を上回ればファンドとして利益を出したことになります。ファンドとして出た利益は80％をLPに分配し20％を成功報酬としてVCに分配するのが一般的です。VCはファンドの1％程度の額しか出資していないのに利益の20％の配分を受けることになるので、投資益が大きければ大きいほど大きな成功報酬を得ることになります。

　ここまではファンドが一つとして話を進めてきましたが、実際にはVCは図8.3で1号ファンド、2号ファンド……と記したように、いくつものファンドを組成します。

　ファンドには存続期間というものが設定されています。ファンドへの出資者であるLPはファンドに資金を預けて運用していることになるので、一定期間の間に資金を増やして返してもらう必要があるからです。VCファンドの存続期間（ファンド・ライフとも言います）は通常10年です。LPが合意すれば1～2年の延長が認められる場合もありますが、いずれにしろVCは10～12年程度の期間中に投資を行なうだけでなく投資回収を完了させてファンドを清算しなくてはなりません。投資をしてから投資を回収するまで、すなわち株を買ってから売るまでには数年かかりますので、VCはファンドの存続期間の最後の方には投資はしないのが普通です。10年の存続期間のファンドであれば、新規投資は最初の3～4年で打ち止め

にし、次の3〜4年の間は既に投資したスタートアップへの追加投資のみ行ない、ファンド・ライフの後半は投資回収に努めるのが一般的です。

このような一般的なファンド・ライフをたどると、ファンドから新規のスタートアップに投資できるのは最初の3〜4年間だけになります。従って通常VCは、1号ファンドの設立から3〜4年後に2号ファンドを立ち上げて新規の会社にも投資をし続けられるようにします。2号ファンドの新規投資期間が終了する頃には3号ファンド……といったようにVCは3〜4年毎に新しいファンドを作っていくのが一般的です。歴史の長い老舗VCであれば10号以上のファンドを持つことになりますし、逆に2号ファンドや3号ファンドの資金を集めることができずに1号ファンドや2号ファンドで終わってしまうVCも数多くあります。

ベンチャーキャピタルがスタートアップに提供する価値

VCは単にファンド資金の運用を行なうだけではなく、投資先のスタートアップの経営に深く関与して起業家と一緒になってスタートアップの成長・成功に向けて努力します。能動的に投資先の価値向上に努める点で、投資先の企業価値の向上を受動的に待つ投資信託などのファンドマネージャーとは異なります。VCは株主として経営陣への助言・監督を行なうだけでなくスタートアップ経営の専門家として取締役に就任して会社の経営陣の一員になることも珍しくありません。このように資金面の支援だけでなく事業や経営に深く関与してスタートアップを支援することを「ハンズオン（hands-on）支援」と呼ぶこともあり、その支援内容は、経営陣の採用、事業戦略の策定、次の資金調達の援助、顧客の紹介、人脈の構築など多岐にわたります。

出資を受ける側から見ると、VCからの出資は資金だけでなくVCの助言や様々な経験や人脈を得ることを意味するので、出資者を選ぶ際には自社にどのような価値を提供してくれる投資家かをよく吟味する必要があります。お金は誰からもらったお金であっても価値は同じですが、お金に伴って投資家から得ることのできるお金以外の価値は投資家毎に異なるからです。

しかし、見方を変えるとVCは「金も口も出す」投資家であるとも言え

ます。お金は欲しいが口は出して欲しくないと強く思う場合にはVCからの出資は適当ではないかもしれません。その代わり、スモールビジネスとしてやっていかなければならないかもしれませんが……

　VCは本来ハンズオン支援を通してお金以外の価値を提供しますが、VCと称する投資家であっても資金以外にはあまり価値を提供しない投資家も居ます。日本の一昔前のVCでは、数千万円程度の比較的少額の出資を非常に数多くの会社に行なうタイプのVCが多い時期がありましたし、最近は、早い段階のスタートアップに少額投資を多数行なうタイプのVCが海外も含めて出てきています。広く浅く投資するこのようなタイプのVCは、積極的なハンズオン支援は行なわないことが多いのが一般的なので、お金は欲しいが口は出して欲しくない場合には好都合な投資家である場合もあるかもしれません。

ベンチャーキャピタリスト

　ベンチャーキャピタル投資の成否は、投資案件の発掘・選別及び投資先の育成を行なうベンチャーキャピタリスト個人の資質に大きく依存します。アメリカのベンチャーキャピタリストは投資先となる業界での事業経験を持つ人が多く、成功した起業家からの転身組も数多く居ます。シリコンバレーVCでは特に技術的なバックグラウンドを持つ人が多く、ハイテク企業である程度の成功を収めた人が同じ業界の次世代の起業家を育成する側に回るパターンが多く見られます。VCが単なる資金以上の価値を提供するためには、ベンチャーキャピタリストは豊富な事業経験や業界知識を持ち、業界人脈を活用したハンズオン支援ができる人物である必要があります。

　これに対して日本のベンチャーキャピタリストは一般に金融系のバックグラウンドを持った人が多く、特に金融機関系VCでは親元金融機関からの出向者がほとんどの場合もあります。大手ベンチャーキャピタルの場合には新卒社員をベンチャーキャピタリストとして育成することも一般的で、これは事業経験や起業経験を持った人材がベンチャーキャピタリストになるのが一般的であるシリコンバレーのVCとは大きく異なります。日本でも最近の独立系VCでは特定の事業領域で専門性を持った人も増えていま

すが、シリコンバレー VC のように投資先業界での事業経験をベースにして、その事業分野で大きな影響力を発揮できるベンチャーキャピタリストはまだ数少ないようです。

8-5　EXIT（エグジット）

今までにも何度か出てきましたが、出資者が第三者に株を売ることを EXIT（エグジット）と言います。投資家が株を購入するのが「入口」で売却するのが「出口」という意味であり、EXIT には 2 種類あるという話も既にしました。EXIT の一つは株式が公開されて出資者が株式市場で不特定多数の人に株を売却できるようになる場合で、もう一つの EXIT はスタートアップが他企業（一般には上場大企業）に買収されて出資者が株をスタートアップを買収した企業に売却する場合でした。

株式上場

株式を上場するというのは、今まで特定の投資家だけが保有していた株式を不特定多数の投資家が参加する株式市場で誰もが売買できるように株式を公開することです。特に新興企業が初めて株式を上場することを IPO（Initial Public Offering）と言います。日本語に訳すと新規株式公開ですが、IPO という言葉は日本語としてもよく使われる言葉なので本書でも IPO という言葉を使います。IPO 時には株式会社は新たな株式を追加発行して株式市場で売り出すと同時に、既存株主は自分の持株を株式市場で売却することが可能になります[13]。会社にとっては IPO も株式発行による資金調達（増資）の一つです。ただ、本章で今まで述べてきた上場

---

[13] ただし、上場した途端に既存の株主が一斉に株式を売却すると株価が急激に下落してしまうので、通常は会社と既存株主との間で上場後の一定期間（6 か月程度）は株の売却を制限するような契約が課せられています。このような売却制限を lockup（ロックアップ）と呼びます。

前の資金調達とは異なり、株を発行する相手がベンチャーキャピタルやエンジェル投資家などの特定の第三者ではなく、一般大衆を含めて不特定多数の第三者になります。つまり、上場前は誰が株主になるかは会社が選別することができましたが、上場すると誰が株主になるか会社は基本的にコントロールできなくなります。また、株式を売る価格も上場前は出資者と会社とが直接交渉して決めます[14]が、上場株式は証券取引所を通して市場価格で売買されるので、会社が株価をコントロールすることはできなくなります。

　株式市場は証券取引所が運営しています。日本では東京証券取引所（東証）の他に名古屋、福岡、札幌の証券取引所があり、各証券取引所はいくつかの株式市場を運営しています。東証の場合には東証Ⅰ部、東証Ⅱ部、東証マザーズ、JASDAQ（スタンダード、グロース）の各株式市場があります。このうち東証マザーズ、JASDAQ（スタンダード、グロース）は一般に新興市場と呼ばれる株式市場です。新興市場は新興企業のための株式市場で、大企業が上場する東証Ⅰ部、東証Ⅱ部市場に比べて事業規模や社歴などの上場基準が緩く設定されています。過去の事業実績が十分でない設立間もない会社でも将来性がある新興企業であれば株式市場で資金調達ができるように設けられた市場で、東証以外の証券取引所では、名古屋証券取引所の「セントレックス」、福岡証券取引所の「Q-BOARD」、札幌証券取引所の「アンビシャス」があります。

　アメリカではニューヨーク証券取引所（New York Stock Exchange, NYSE）とナスダック証券取引所（NASDAQ）の二つが主な証券取引所です。NYSEは世界最大の株式市場でありNASDAQは世界最大の新興市場ですが、NASDAQは新興市場とは言っても新興企業が成長して大きな会社になった後も上場し続けているところは日本の新興市場とは少し様子が違います。日本ではマザーズやJASDAQにIPOした会社も成長すると上場する市場を東証Ⅰ部に変えることが多いですが、アメリカの場合はNASDAQに上場した会社は大企業になった後もそのままNASDAQに上

---

[14] 証券取引所などの市場を通さずに、売り手と買い手が直接値段や数量を交渉して取引することを相対（あいたい）取引と言います。

場し続けるのが普通です。

買収（M&A）

　他企業による買収はスタートアップにとってのIPO以外のもう一つのEXIT方法です。企業買収は一般にM&A（Merger and Acquisition）と呼ばれ、大企業同士でも様々な形態で盛んに行なわれていますが、スタートアップのM&Aでは基本的に他の会社（通常は大企業）がスタートアップの全株式を買い取ります[15]。株を現金で買う場合もありますし、親会社の株との株式交換という形をとる場合や、現金と株式を組み合わせて買収する場合もあります。株式交換による買収の場合には、スタートアップの既存株主はスタートアップの株式と交換に買収元企業の株式を受け取ることになります。通常、スタートアップを買収するのは上場大企業なので、株式交換によって入手した上場企業の株式を株式市場で売却することで売却益を手にすることができます。

　買収されたスタートアップは、買収後も買収元企業の100%子会社としてそのまま会社として存続する場合もありますし、買収後は会社としては清算されて親会社の一部門となる場合もありますが、いずれにしろ大きな会社の一部になることに変わりありません。

　買収と聞くと日本ではあまりいいイメージを持たれていないかもしれません。ニュースで話題になる企業買収は、大きな会社が小さな会社を飲み込んで乗っ取るような買収や、うまくいかなくなった会社が同業他社に救済されるような買収であることが多いので、会社が買収されるのは負のイメージを持って見られることが多いかもしれません。もちろん、スタートアップの買収でも、資金調達がうまくいかず独立企業としてやっていくことが難しくなって止むを得ず買収される場合もありますし、大企業が競合するスタートアップを潰すことを目的にして買収することもないわけではありませんが、一般的な大企業によるスタートアップの買収は、スタートアップにとってもハッピーエンドのEXITです。

---

15) M&AによるスタートアップのEXITは、buyoutとかtrade saleなどという言い方で表現されることもあります。

大企業がスタートアップを買収する動機は様々ですが、基本的に自前の活動やリソースを補完するためです。補完したいものは要素技術である場合もありますし、人材[16]や特許の場合もあります。研究開発の時間を買う場合もありますし、ある程度スケールするビジネスが見えてきたフェーズのスタートアップであれば事業そのものを買って自社の新規事業の一つとする場合もあるでしょう。いずれも敗者や弱者を飲み込むプロセスではなく、むしろ金の卵を迎え入れるプロセスです。

　では、スタートアップ側にとって大企業に買収される動機は何でしょうか？　前述したように資金が尽きて救済してもらうために止む無く買収される場合もありますし、あと数年頑張れば上場できるかもしれないが、出資を受けているVCファンドの存続期間終了が迫ってきてVCからのプレッシャーでM&AによるEXITを急がざるを得ないといったケースもあります。しかし、そのような後ろ向きの理由ではなく、まだまだ独立した会社としてやっていけるにもかかわらず、スタートアップが大企業に買収されることを積極的に選ぶ場合が数多くあります。多くの場合それは、独立した小さな会社で事業を行なうよりも大きな企業の傘下に入って大企業のリソースを活用した方が、スタートアップの事業をより大きく成長させることができると判断した場合です。

　大きな会社であっても小さなスタートアップであっても、ビジネスをしようとすると、開発、製造、マーケティング、販売、人事、経理、法務、品質管理、広報等々、様々な機能が会社には必要です。しかし、人事、経理、製造、販売、購買、情報システムなどの機能は基本的に大企業が得意な分野です。規模が大きい方が得だという規模の経済性（Economies of scale）が効くものであったり、経験や過去の蓄積がモノを言う機能だからです。スタートアップは新しいビジネスを始めようとする組織ですから本来の強みは技術開発と広義のマーケティングにありますが、会社である以上、特に得意ではない人事の機能も品質管理の機能も持たざるを得ない

16）　最近のスタートアップ買収では優秀な人材やチームの獲得を目的とするものも増えており、このような買収はacqhire（acquireとhireを繋げた造語）と呼ばれます。

図8.4 ハイテク・スタートアップの買収

ので仕方なく持っています。このようなスタートアップが大企業に買収されると、会社をやっていく上で止む無く持っている様々なややこしい機能は、それを得意とする大企業に提供してもらい、自分たちは本来の強みである技術開発やマーケティングだけに注力することができます。つまりスタートアップは大企業に買収されることによって、既存企業の様々なインフラを活用し、しかも大企業のブランドや信用力や資金を活用しながら、自分たちの強みである技術開発とマーケティングに注力して事業を伸ばしていくことができます。大企業によるスタートアップ買収がうまくいくのは、このように大企業とスタートアップがそれぞれの得意分野を生かすような統合を行なうからです（図8.4）。

第2章で述べたようにアメリカではEXITの9割近くはM&AによるEXITですが（図2.7を参照）、日本では、最近増えてきたとは言うもののスタートアップの買収によるEXITはまだまだ少ないのが現実です。日本の伝統的な大企業ではオープン・イノベーションの重要性が盛んに言われているものの、新規事業獲得や人材確保の手段としてスタートアップの買収を事業戦略の中核と位置付ける企業はほとんどありません。第2章で述べたように雇用流動性の低さなど日本固有の問題もありますが、スタートアップのM&AによるEXITの活性化は、今後日本でスタートアップによるイノベーションが盛んになるために必要な条件の一つです。

独立した会社としてやっていける状態のスタートアップに対して買収の提案があったときに、その買収提案を受け入れるかどうかは常に難しい判断です。経営者としては、事業を行なっていく上で大企業の傘下に入ることが今後の事業の発展にプラスかどうかを判断しなければなりませんが、会社を売る、すなわち株を売ることになるので、純粋に事業性だけで買収を受け入れるかどうかの判断をすることはできません。投資家にとっては十分な売却益の出る価格での買収提案でなければ受け入れられないですし、創業者や経営者にとっても買収価格は自身の金銭的なリターンに直結する話なので他人事ではありません。一般的に買収される場合の株価は上場する場合の株価よりも安い価格なので、経営者も投資家も悩みます。買収提案を断って上場を目指した方が金銭的には大きなリターンを得られる可能性が高いですが、買収提案を断ってもその後思うように事業が進捗するとは限りません。結局うまくいかずに最初の買収提案よりもずっと悪い条件で救済的な買収に応じざるを得ない結果になるかもしれません。買収の提案を受け入れるかどうかは、今後事業を進めていくために必要になる資金需要や資金調達の可能性、上場できた場合の株価、買収された場合の買収後の位置付け、買収企業との事業シナジーや相性などの様々な要素を総合的に判断することになります。

起業家にとってのEXIT

　VC等の投資家は最終的に株式を売却する必要があるのでEXITを目指しますが、起業家にとってはEXITが最終的な目標ではありません。VCはEXITによって文字通り会社から出ていきますが、創業者や経営者は会社がEXITしたからといって会社から出ていくわけではありません。自分のやりたいことを実現するために起業した創業者にとっては、株主が入れ替わったからといってやりたいことが終わったわけではありません。

　しかし、創業者の得る金銭的なリターンという意味ではEXITは創業者にとっても大きな意味を持ちます。第3章で皆さんがスタートアップという選択肢を知っておくべき理由として、ビジネスが成功したときの金銭的な報酬が大きいからだというお話をしました。スタートアップがIPOによるEXITを経て上場企業になった場合、その会社の価値は数十億円か

ら数百億円になることが一般的なので[17]、創業者が上場時に会社の株式の1割を持っていれば、数億円から数十億円の資産を持つことになります。M&AによるEXITでの会社価値は千差万別ですが、投資家に売却益をもたらすような買収であれば、創業者も数千万円から数億円の売却益を得られる場合も多いと思います。

　冒頭でも述べたように、本書は金持ちになることが目的で起業する人を対象に書かれたものではありません。自分のやりたいことをビジネスを通して実現しようとする人や、世の中に大きなインパクトを与えるビジネスをしようとする人を対象にしています。しかしスタートアップの起業家は、世の中に大きなインパクトを与えるビジネスを真っ当なやり方で成功させれば、そのインパクトに値する大きな金銭的な報いを得られるような仕組みになっています。その仕組みを知らなかったがために、本来得られるはずであった報酬を投資家に取られてしまうことのないようにしておく必要があります。

　前述したように、金銭的な意味ではEXITは起業家にとっても大きな意味を持ちますが、事業を営むという観点からはEXIT（特にIPO）はあくまで一つの通過点でしかありません。株式が公開されると不特定多数の株主が会社のオーナーになりますが、顧客の求める製品やサービスを提供して収入を得るというビジネスの基本的な活動に変化はないからです。

　スタートアップが上場企業になった場合、創業者のとる道はいくつかあります。一つは、上場企業の経営者としてさらに事業の発展を目指す道です。人生を賭けてやりたいと思う事業をやっている場合には、上場によって得た資金や信用力を使ってさらに大きな事業を作ることを目指すのは自然です。上場した会社は株式市場からの資金調達が可能になり、財務体質を強化することができますし、また上場企業として信用力も知名度も向上するので、優秀な人材を確保でき事業をさらに大きく成長させることができます。

---

[17] 日本の新興市場への上場では数億円の場合もありますし、アメリカのユニコーンと呼ばれるようなスタートアップが上場する場合には数兆円になることもあります。

一方で、上場したら上場企業の経営は他の人に任せて自分は別のことに注力するという起業家も多く居ます。日本でもアメリカでも、一生かかっても使い切れないほどの資産を基にして次の起業に向かったり[18]、エンジェル投資家になったり、慈善活動に励むケースが多いことは皆さんもご存じのことと思います。

　M&AによるEXITの場合には、スタートアップでの事業を買収後も継続する場合もありますし、スタートアップで開発した技術を別の事業に展開する場合など様々なケースがありますが、事業や技術の核となる創業者や技術者は数年間買収元企業から離れてはいけないという条件が付けられているのが一般的です。制限が解かれた後もそのまま買収された会社に残って経営幹部として活躍する場合もありますし、上場の場合と同様に次の起業に挑戦する場合もあります。IPOにしろM&Aにしろ成功裏にEXITを迎えることのできた起業家は、より自分のしたいことやリスクの大きなことに挑戦できるだけの金銭的な自由度を得ることができます。

8-6　ベンチャーキャピタル投資の特徴

　VCのスタートアップへの投資にはいくつかの一般的な特徴があります。本節ではその主なものを述べます。

ベンチャーキャピタルが投資対象とする会社

　VCはリスクの高いスタートアップに投資します。投資するときには成功するであろうと相当の自信を持って投資するのですが、現実にはうまくいかない投資先も出てきます。VCがファンド全体として投資益を出すためには、失敗して資金が回収できなくなる投資先が出ることも見込むと、うまくいった投資先からは相当大きな売却益を期待する必要があります。

---

[18]　何度もスタートアップを起業する起業家のことをSerial Entrepreneur（シリアル・アントレプレナー）と呼びます。

仮に1億円ずつ10社に投資して9社が倒産したとしても最後の1社の株価が20倍になれば19億円の売却益が出るので全体では10億円の利益を生むことができます[19]。投資額の何十倍もの売却益を得られる投資先はそんなに多くはありません[20]が、VCは少なくとも投資時には相当に高く株が売れると期待できるような会社にしか投資できません。投資した会社の株が将来高くなるのは、その会社の事業が大きく成長して大きな利益を生み出したときや、その期待が持てるときであり、VCの投資対象は必然的に大きな市場を目指してスケールするビジネスの構築を目指す会社になります。つまり、VCの投資対象はスタートアップでありスモールビジネスではありません。VCは、どんなに起業家の持つ技術に個人的に惚れ込んだとしても、どんなに創業者が解決しようとする社会課題に個人的に共感できても、投資して入手した会社の株式が将来高く売れる見込みがなければ投資はできないことは第5章で述べた通りです。

投資家にとっては投資先の会社がIPOして株式市場で株を売却できるようになることが最も望ましい結果です。従って、VCは投資する会社の売上げが上場企業としてやっていける程度の規模になるかどうかをまず考えます。スタートアップは今までになかったような新しいビジネスを立ち上げるので、将来的な市場規模や事業規模を予測するのは簡単ではありませんが、第5章で述べたように長期にわたって上場会社として持続していくためには数百億円のオーダーの年商が必要なので、VCは将来的に数百億円の売上げを上げる会社に成長する可能性があるかどうかを見ます。また、それほどの大きな売上げが継続的に見込めない場合でもM&AによるEXITが想定できる場合には投資対象になります。大企業が新規事業として買収する程度の事業規模が期待できればVCの投資検討の対象になります。

VCの投資対象はスケールするビジネスを目指す会社ですが、スケールするスピードも重要な要素です。それはファンドに存続期間があるからで

---

[19] 売却益=売却額-投資額=(20億円×1+0円×9)-1億円×10=10億円。

[20] ちなみにGoogleやFacebookのような大成功したスタートアップに初期に投資した投資家は何千倍もの売却益を上げたと言われています。

す。前述したようにファンド・ライフは通常 10 年（延長があったとしても 12 年程度）です。ファンドが設立された直後に投資を受けたとしても、VC は 10 年以内に買った株を売却しなければなりません。つまり 10 年以内に EXIT（株式上場をするか、大企業に買収されるか）できる見込みの会社でないと投資できません。ファンド設立から 3 年目であれば、残りの時間は 7 年しかありません。つまり、スケールするビジネスを目指す会社のうち 7〜12 年で EXIT が見込める会社にしか VC は投資できないことになります。どんなに大きな事業になりそうであってもそれが 20 年後という計画であれば VC は投資できません。

　VC の視点からは将来大きな会社になることが必要であり、投資する時点で黒字を出している必要はありません。この点は黒字か赤字かを重視する銀行融資とは異なります。黒字であっても成長性が限られ、大きな会社になるストーリーのない会社には VC は投資しません。受託開発で黒字を出している会社であれば、VC の視点からは受託開発をストップして大きな赤字を出してでも本来の製品やサービスの開発に集中することを求められるでしょう。

　何度かお話ししているように VC は最終的に株式を第三者に売却する必要があります。VC にとっての理想的な売却形態は投資先が上場して株式市場で株を売却することです。従って、経営者や創業者に株式公開の意思があるかどうかは VC が投資する際のキーポイントになります。創業者の所有物としてスタートした会社であっても徐々に外部の出資者を入れていき、最終的には不特定多数の一般大衆が会社のオーナーになることを創業者や経営者が想定していないと VC は投資ができません。また、経営者や創業者の M&A に対する考え方も VC にとっては大きな要素になります。前節で述べたように日本ではまだ買収による EXIT が少ないですが、第 2 章で述べたようにシリコンバレーでは買収による EXIT が EXIT の 9 割を占めており、日本でも M&A の EXIT は今後増えていくことでしょう。経営者や創業者が自分のオーナーシップにこだわり、買収を拒絶する場合には VC は投資をしづらくなります。第 7 章で述べたようにスタートアップは創業者の所有物としてスタートしますが、IPO にしろ M&A にしろ最終的にはパブリックな存在になっていきます。自分の作った会社が自

分の手を離れてパブリックな存在になっていくことを容認する経営者や創業者であることがVCにとっては必要になります。

また、前述したようにVCは単に資金を提供するだけではなく、投資先の経営に深く関与し、取締役に就任して会社の経営陣の一員になることも珍しくありません。起業家と一緒になってスタートアップの成長・発展に向けて努力しますが、見方を変えれば金だけでなく口も出す投資家であるとも言えるというお話もしました。VCにとっては、このようなハンズオン支援を受け入れる経営者や創業者、つまり他人のアドバイスに耳を傾ける経営者でないと投資ができません。お金は欲しいが口は出して欲しくないという経営者ではVCは影響力を行使できないので投資しないのが基本です。

会社の発展段階（ステージ）に応じた段階的投資

出資は通常複数回に分けて行なわれるのも、VC投資の特徴の一つです。スタートアップは事業に必要な資金を売上げでまかなえるようになるまでの資金を調達する必要がありますが、VCはその資金を一度に提供するのではなく、会社の発展段階（ステージ）に応じて小出しに投資していくのが一般的です。資金を提供する際には、その資金で達成すべき目標（マイルストーン）を定め、その目標を達成したら次のステップに進む資金を渡します。スタートアップの事業や開発は計画通りにいかないことの方が多いので、一定のマイルストーンを設定してその都度、事業の方向性を見直した上で次の資金を提供するというプロセスを踏みます。起業家にとっては常に資金がなくなるリスクを背負って会社を運営していかなければならず大変ですが、投資家側から見ると一度に大きな資金を渡すと無駄遣いをしてしまいがちであるという計算があることも否定できません。

会社の発展段階はステージという言葉で表されることが多く、アーリー・ステージ、ミドル・ステージ、レート・ステージといった言い方をします。アーリー・ステージの前の段階をシード・ステージと呼んだり、ミドル・ステージやレート・ステージの前後の段階をエクスパンション・ステージと読んだりグロース・ステージといった言い方をすることもありますが、会社がどんな段階だとアーリー・ステージで、どうなるとレート・

ステージなのかという明確な定義があるわけではなく、それぞれの投資家がそれぞれの定義で使っています。またステージの概念には日米でかなり大きな差があるので、アーリーやレートという言葉は創業間もないかEXITに近いかといった相対的な意味を表す程度の言葉だと考えた方がいいでしょう。

　各回の資金調達はラウンドやシリーズという言葉で呼ばれることがあります。アメリカのVC投資では、後述するように複数のVCが一つのラウンドにおいて一つの契約書に基づいて同時に投資し、そのときに発行される株式が回を重ねる毎にシリーズA、シリーズB、シリーズC……という名前の付いた優先株（詳細は第9章で説明します）であることからシリーズと呼ばれるのですが、日本のベンチャー投資では長年各投資家がバラバラに投資契約を結ぶことが一般的だったためラウンドという概念が希薄で、また優先株を使った資金調達も最近まであまり一般的でなかったにもかかわらず、ラウンドやシリーズといった言葉が広く使われています。もちろん日本でもアメリカのVCと同じ形態の資金調達も最近は増えていますし、今後言葉の整理も進むかもしれませんが、言葉だけが輸入されて元々の語源からは乖離した言葉の使われ方がされていることも多いので、ラウンドやシリーズという言葉も資金調達の回数といった程度の意味に捉えておけばいいのではないかと思います。

複数のVCによる協調投資（シンジケート）

　前項で述べた段階的投資がVCにとっての時間的なリスク分散であったのに対して、複数のVCがシンジケートを組んで行なう協調投資は空間的なリスク分散であると言えます。アメリカの一般的なVC投資では、複数のVCが一つの契約書を締結して一斉に資金を払い込む形で共同投資を行ないます。通常、このうちの一つのVCが投資家を代表して投資先の精査[21]を行ない会社と投資条件の交渉を行なった上で投資契約書を準備します。このような代表投資家をリード・インベスターと呼び、リード・イ

---

21) 投資家が投資先企業の事業、財務、法務、人事などについて詳しく調べることをdue diligence（デュー・デリジェンス）と言います。

ンベスター以外のVCは基本的にリード・インベスターに投資先の精査や投資条件の交渉を任せます。投資実行後もリード・インベスターが取締役になりシンジケートを代表して投資先の支援および監督に当たります。このような共同投資はVC間でのリスク分散の役割を果たします。また、複数のVCからの出資を一斉に行なうことで、次のマイルストーンを達成するまでの事業計画とそのために投入できる資金額が明確になります。

　最近は日本でもこのようなスタイルのVC投資も一般的になってきましたが、前述したように日本の旧来のベンチャー投資では各投資家がバラバラに投資契約を結ぶことが一般的であったため、リード・インベスターという言葉も必ずしもアメリカと同じ意味で使われていない場合もあるようです。

ベンチャーキャピタルの投資判断基準
　ベンチャーキャピタルからの出資を得ようとするスタートアップにとっては、ベンチャーキャピタルが何を見て投資するのかを知っておくことは大事です。VCにはそれぞれの考え方があり、10人のベンチャーキャピタリストに聞けば10通りの答えが返ってくると思いますが、おそらく投資判断の重要な要素として共通項があります。それはマーケットの大きさと経営者の資質です。

　スタートアップの使命は新しいビジネスを創造して世の中に新しい価値を生み出すことです。その成功の尺度すなわち世の中にどれだけの新しい価値を生み出したかは、どれだけ多くの人達がお金を払ってその会社の製品やサービスを購入してくれたかで量られます。つまり、マーケットの大きさは、そのベンチャー企業の存在価値の尺度であり、投資判断の重要項目です。またVCが投資を回収するためには、投資先が売上げを大きく伸ばし上場もしくは買収の対象となるほどに会社価値が高くなってくれないと困ります。従って、どんなに素晴らしい技術を持ち世界中で100％のシェアを獲得できたとしても、全体の市場規模が小さければVCの投資対象にはなりません。マーケットに関しては、その大きさだけでなくタイミングも重要です。大きなマーケットが見込めるビジネスであっても、市場に参入するのが早すぎてもうまくいきません。顧客が満足するレベルにま

で技術が成熟していなかったり、周辺の環境がまだ整備されておらず製品の能力を十分に発揮できなかったり、時代を先取りしすぎていて顧客が付いて来られなかったりといった様々な理由で、潜在的には大きなビジネスになる分野であるにもかかわらずビジネスとしては立ち上がらない場合があります。かといって市場に参入するのが遅すぎれば、競合が先んじて大きくなってしまうかもしれませんし、大企業が資本力にモノを言わせて一気に市場を奪ってしまうかもしれません。

　しかし、大きなマーケットがあってもその市場を実際にビジネスに結び付けることは簡単ではありません。市場の要求に見合った製品やサービスをタイミングよく開発して売らなければビジネスにはなりません。実際にビジネスを実行するのは経営者であり、会社がうまくいくかどうかは結局のところ人です。特にスタートアップでは会社の成否はCEOに大きく依存します。しかし会社は一人では動きませんので、投資家はCEOだけでなく経営陣をチームとして見ます。最初から完璧なチームが揃っていることは少ないかもしれませんが、経営や技術のキーとなる人材がスケールするビジネスを生み出す能力や経験やポテンシャルを持っているかどうかは、VCの投資判断に際して大きなポイントです。

　VCの投資判断のポイントとして経営者とマーケットが2大要素であることはどのVCに聞いてもおそらく共通だと思いますが、二つの要素のうちのどちらがより重要かという点に関してはVC毎に意見が分かれます。

　人物の方が重要だとする派の主張は以下のようなものです。「マーケットは当然重要だが、スタートアップは数年先のマーケットを狙うので誰も正確に予測などできない。創業当初に目指していたマーケットとは全く異なる市場で大成功するスタートアップもよくある。スタートアップはそのような様々なマーケットの変化状況をいち早く察知して、開発技術の適用先を当初目指したマーケットから別のマーケットにすばやく方向転換する必要がある。このような臨機応変の軌道修正ができるのは優れた経営者だけだ。経営者さえしっかりしていれば、マーケットは経営者が作り出してくれる。だからマーケットよりも人物の方が大事だ」。

　一方、マーケットが一番重要だとする派は以下のように主張します。「経営者は当然大事だが、どんなに有能な経営者が素晴らしい技術で素晴

らしい製品を作っても誰もお金を出して買ってくれなければ、つまりマーケットがなければビジネスにはならない。逆にマーケットさえ大きければ、ベストの経営者でなく並の経営者でも成功するチャンスが高くなるし、そもそも経営者はダメなら代えればいい。つまり人物は株主がコントロール可能である。しかしマーケットはダメだからといって代えるわけにはいかない。顧客が製品やサービスを買ってくれるかどうかは株主にはコントロールはできないのだから人物よりもマーケットの方が重要だ」。

人物派とマーケット派はVCの中でも常に見解が分かれるところで正解はないと思いますが、VCの思考を理解する上で興味深い議論だと思います。

VCの投資判断要素として、人物とマーケットの次に来るのはおそらく差別化要因でしょう。大きなマーケットがあれば必ず競合が居ます。今は居なくても必ず大企業が参入してくるので、スケールするビジネスを成功させるためには第5章で述べたように何らかの差別化要因、それも一過性のものではなく持続可能な差別化要因（Sustainable Competitive Advantage）が必要です。技術系のスタートアップであれば特許で守れるような技術があれば強いですが、特許だけで優位性を守れるビジネスはそれほど多くはなく、ノウハウ、ビジネスモデル、業界人脈など様々な要素が差別化要因に成り得ることは第5章で述べた通りです。

ベンチャーキャピタルを選ぶ基準

本章の最後に、起業家側の視点から何を見て投資家（特にVC）を選ぶべきかについて簡単に触れたいと思います。

スタートアップと投資家（特にVC）との関係は結婚に例えられることがよくあります。出資を一旦受けると基本的に離れることができずに運命を共にすることになる点や、価値観が共有できて相性が合う相手でないとうまくいかない点などを結婚との共通点と見る例えですが、やりたいことを実現するために起業した起業家にとっては、自分のやりたいことに共感してもらい、自分が実現を目指す世界観を共有できるかどうかは、投資家を選ぶ際に最も基本的な観点であるべきです。

しかし、単に相性やノリで投資家を選ぶべきでもありません。VCは

「お金を売る」商売です。VCは自分達のカネが如何に付加価値が高いか、自分達から出資を受ければ何が得かを売り込むビジネスです。お金自体はcommodityであり1億円は誰からもらっても1億円ですが、1億円を誰からもらうかによってお金以外に出資者から提供してもらえる付加価値は大きく異なります。つまり、誰から投資を受けるかによってお金の価値が違います。投資家に期待する付加価値は様々ですが、スタートアップの事業領域における業界専門知識や顧客となる事業会社との人的ネットワークなどを提供してくれる投資家であるかどうかは、投資家を選ぶ際に重要な視点です。大きな付加価値を提供してくれる投資家であれば、多少高い株価での出資でも（すなわち、多少オーナーシップをたくさん渡してでも）受け入れる価値がある場合もあります。むろん、投資家の付加価値とオーナーシップの割合（＝株価）はトレードオフの関係ですが。

本章の第4節で述べたようにVCにはファンド・ライフやファンド・サイズがあります。自社の事業フェーズとファンド・ライフとの間の整合性がとれるかどうかや、今後の資金需要に対応できるファンド・サイズを持っているかどうかという視点も投資家を選ぶ際には必要になります。また、スタートアップの資金調達はEXITまでに複数回行なうことを想定するので、次回の資金調達に際して他の投資家（VCや事業会社）を引き入れる力のあるVCかという点や、次号ファンドを立ち上げる能力のあるVCであるかも考慮する必要があります。

相性や価値観は直接話をしないとわからない部分も多いですが、投資家を選ぶ際には先方の評判を聞いて回ることは大事でしょう。信頼できる起業家仲間の意見が聞けることが一番ですが、相手VCの投資先の起業家や過去に投資を受けていた起業家、業界関係者など色々なチャネルを使って評判や評価を聞くことは大事です。また、起業家と投資家との関係では投資家の方が圧倒的に多くの情報量を持っていることが一般的なので、一つのVCとだけ話していると先方の言うことを信じるしかないという状況に陥りがちです。交渉事ですのでバランスはありますが、可能な限り複数の投資家から話を聞いて比較検討するべきでしょう。

会社組織のVCでは、配置替えや転勤で担当者が代わることがあります。結婚したはずの相手が交代することは本来あり得ない話ですが、日本の特

に親会社を持つようなVCではキャピタリストと称するサラリーマンが投資家として振舞う場合が多いので、その実態はよく認識しておく必要があります。

　起業家にとっては投資家とのミーティングに時間をとられて、製品やサービスの開発や顧客の開拓に時間を使えないのは苦痛かもしれませんが、資金調達はスタートアップのCEOにとって最も大きな仕事の一つです。スタートアップが今までに誰もやっていなかった新しいビジネスを興そうとする場合、投資家になかなか理解してもらえないことが多いものです。成功したスタートアップであっても出資してくれるVCにたどり着くまでに何十というVCに出資を断られたという話はよく聞きます。断られたとしても投資家とのやり取りから得られるものもあるはずなので、諦めずに数多くの投資家と会うことは必要でしょう。世界を変えるようなアイデアを持っていれば、そのビジョンを共有できる投資家は必ずどこかに居るはずです。

第 8 章のまとめ

・事業に必要な資金は売上げで稼ぐのがビジネスの基本だが、ほとんどのスタートアップは売上げ以外で資金を調達する必要がある。

・資金調達の主な手段は、資金の受け手がリスクを負う融資と、資金の出し手がリスクを負う出資である。

・借りたお金を確実に返せれば融資も選択肢になるが、返せない可能性が一定程度大きいスタートアップでは出資による資金調達がメインになる。

・出資による資金調達は返さなくてもいいお金だが、返したくても返せないお金でもある。

・ベンチャーキャピタル（VC）はスタートアップへの投資に特化した投資家だが、VC は投資する立場に立つと同時に投資を受ける立場にも立っている。多くの VC の行動は VC が投資を受ける立場にあることに起因するので、スタートアップが VC からの出資を受ける際にはこの構造を理解しておく必要がある。

・ベンチャーキャピタル等のスタートアップへの投資家は、最終的に第三者に株式を売却する（EXIT する）必要があり、EXIT には IPO と M＆A がある。

・ベンチャーキャピタルが投資するのは数年でスケールするビジネスを生み出せる可能性を持ったスタートアップである。

・ベンチャーキャピタルは人物とマーケットを見て投資する。

第9章

多様な株式と資本政策

　第7章では株式会社の仕組みを説明しました。第8章では資金調達、特に投資家に株式を売って資金を調達する仕組みを説明しました。本章では株式会社を設立して資金を調達していく際に、どれだけの株式をどんな条件で発行していくべきかの考え方を説明し、合わせてスタートアップに特有な少し特殊な株式や資金調達の仕方についても解説します。

9-1　資本政策

　資本政策とは、誰に、どんな株価で、いつ、どれだけの株式を発行してどれだけの資金を調達するかの方針のことです。スタートアップでの資本政策は、創業者の所有物としてスタートした会社が、最終的に不特定多数のオーナーに所有される上場会社になるまで、誰がどのような比率でオーナーになるかの方針とも言えます。

　資本政策はスタートアップを起業する際によく考える必要のある重要な検討事項です。それは株主構成は後から修正が利かないからです。株主は会社の最終的なコントロール権を持ちますが、第7章でも述べたように株主の意に反して株主をやめてもらうことはできません。一度売った株は気が変わったからと言っても返してもらうことはできません。仮に株主が株を手放すことに同意してくれたとしても、その頃には売ったときよりもずっと高い値段になっていて買い戻せないかもしれないというお話は前章でもしました。

　本章ではスタートアップの資本政策に関して解説しますが、その前にいくつかの言葉の説明をしておきたいと思います。

企業価値（Valuation）

　上場企業では、その会社の株価とその会社が発行している株数を掛け合わせた値を時価総額（Market Capitalization）と呼びます。ニュース等で聞いたことのある言葉かもしれませんが、その会社の株式を現在の株価ですべて買うために必要な金額という意味で、その会社の価値を表す指標として用いられる数値です[1]。

時価総額（Market Capitalization） = 株価（時価） × 発行済株式数

　上場企業の株価は、株式市場で不特定多数の投資家の「売りたい値段」と「買いたい値段」が一致して決まる時価が存在しますが、上場前のスタートアップの場合には株が市場で取引されているわけではないので株価の「時価」が存在せず、従って時価総額を計算することはできません。しかし、新たに株式を発行して資金調達をした時点であれば、投資家と会社が話し合って合意した株価が存在しているので、非上場の会社でも会社の価値（この会社の株式をすべて買うためにはいくら必要か？）を計算することができます。これを資金調達時のバリュエーション（Valuation）と呼ぶことが一般的です[2]。

会社の価値（Valuation） = 資金調達時の株価 × 発行済株式数

　株式を新規発行して資金調達（増資）する場合には、資金調達前と資金調達後で発行済株式数が異なるので、増資の前後で企業価値は調達金額分

---

[1] 2019年の時点で日本国内ではトヨタの時価総額が最も高く二十数兆円、アメリカだとApple、Amazon、Microsoftなどの時価総額が100兆円近くあります。
[2] 企業価値を計算する方法にはDCF（Discount Cash Flow）法（割引キャッシュフロー法）など何種類かあり、上場企業であれば売上や利益などの財務情報からある程度理論的に計算することが可能ですが、売上も利益もまだないスタートアップの場合には一義的に企業価値を算出することは困難です。資金調達時の株価も本来はその時点での企業価値から算出するべきものですが、算出が困難なので現実には会社と投資家とが交渉して合意した数値が企業価値になります。

だけ増えます。増資前後の企業価値を英語ではそれぞれ Pre-money valuation、Post-money Valuation と呼びます。

資金調達前の企業価値（Pre-money Valuation）＝ 株価 × 増資前の株数

資金調達後の企業価値（Post-money Valuation）＝ 株価 × 増資後の株数
　　　　　　　　　　＝資金調達前の企業価値（Pre-money Valuation）＋ 調達金額

調達金額 ＝ 株価 × 増資により新規発行した株数

　資本政策を考える際の基本的な前提は、製品開発や事業展開が順調に進めば会社の価値は上がっていくというものです。企業価値は株価と株数の掛け算ですから、株数が増加するか株価が上がれば会社の価値は向上します。株数の増加は新たに株を発行して（増資して）資金調達を行なうことを意味するのに対し、株価の上昇は事業の進展（や進展に対する期待）を意味します。図9.1はその様子を模式的に示した図ですが、前回の資金調達後から次の資金調達前までの間の企業価値の向上がこの期間の事業進捗に起因する株価の上昇分、資金調達前後での増加が増資による上昇分に

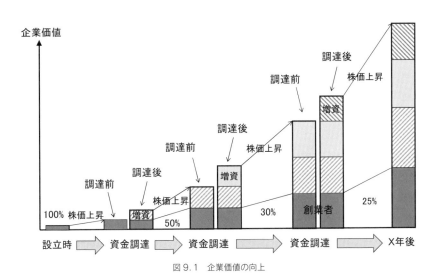

図9.1　企業価値の向上

対応します。

希釈化（Dilution）

　資本政策を考える際には「希釈化（Dilution）」という概念を頭に入れておく必要があります。資金調達を重ねる度に既存株主の持株比率が低下していく（薄まる＝希釈する）現象です。出資による資金調達は新たな株式の発行を伴うので、資金調達をする毎に発行済株数は増加していきます。このとき、既に株を持っている株主の持株比率は、新たに発行される株式を追加購入しない限り、分母が大きくなった分だけ下がります。図9.1にはその様子も示しています。創業者が100%出資して設立した会社であっても、資金調達を重ねる毎に持株比率は50%、30%、25%と下がっていく様子がわかると思います。

　ただし、図9.1で設立時の創業者の持分に対応する棒グラフの高さとX年後の創業者の持分の高さを比べると大きく伸びていることに注目して頂きたいと思います。事業や開発が順調に進展していれば株価が上昇していくので、持株比率のパーセントは低下しても持分の経済的価値は大きく向上します。

　希釈化が生じるのは創業者だけではありません。出資した投資家の持株比率も次回の増資時には低下します。持株比率を維持したければ（もしくは比率を上げたければ）増資時に新規発行される株式を買い足すことができ、実際にアメリカのVCでは希釈化を防ぐように追加投資を行なって持株比率を維持することが一般的に行なわれます。創業者も追加投資によって自身の持分を希釈化しないようにすることが原理的には可能ですが、順調に事業や開発が進展しているスタートアップでは株価が上がり、購入に必要な金額が桁違いに高くなっていくので、持株比率を維持するだけの株を購入することは個人では難しいのが一般的です。

　図9.1は事業や開発が順調に進展した場合ですが、製品開発や事業展開が計画通りに進まず、前回の資金調達時の株価で投資家に株を買ってもらうのはとても無理なほどに会社の状態が悪い場合もあります。最悪の場合には次の資金調達ができずに会社を畳まなければなりませんが、そこまで事態が悪化しなくても、「このままでは投資できないが、開発や事業の

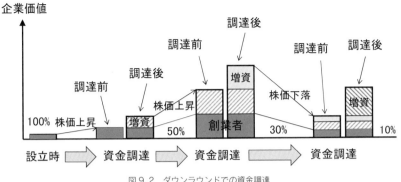

図9.2　ダウンラウンドでの資金調達

目標を見直して再度巻き直しを図るのであれば出資する」と言う投資家が居る場合もあります。ただし、今までの事業はうまくいかなかったので会社の価値は大きく落ちています。このようなケースを模式的に表したのが図9.2です。2回目の資金調達までは図9.1と同じ経緯をたどったものの、その後の事業進捗が思わしくなく、3回目の資金調達時には会社の価値（すなわち株価）が前回の資金調達時よりも大きく下がっています。この状態で図9.1と同じ金額の資金調達をすると、既存株主の持分はより激しく希釈化します。このように、前回の資金調達時よりも低い株価で資金調達をせざるを得ない場合の資金調達ラウンドを down round（ダウンラウンド）と呼びます。ダウンラウンドでは、少しでも株価の下落を小さくしたいと思う既存株主と、なるべく低い株価で投資してなるべく持分を多くしたいと思う新規投資家との間の難しい交渉になるのが一般的ですが、低い株価で投資する投資家しか居なければ、既存株主は自身の持分が大きく希釈化しても、会社が潰れて今までの出資分が全くの紙切れになってしまうよりはまだマシと考えてダウンラウンドによる資金調達が成立します。

資本政策表（Cap Table）

　誰にどんな株価でいつどれだけの株式を発行してどれだけの資金を調達したか（また、これからするか）を一覧表にしたものを Capitalization Table（略して Cap Table）と呼びます。特に決まった書式があるわけではなく、起業家や VC がそれぞれ自分達にわかりやすいように作ればいい

表 9.1 Cap Table（資本政策表）

株主	設立直後		資金調達 （第1回）後		資金調達 （第2回）後		資金調達 （第3回）後	
	持株数	比率	持株数	比率	持株数	比率	持株数	比率
創業者	10,000	100%	10,000	71%	10,000	50%	10,000	40%
エンジェル1			2,000	14%	2,000	10%	2,000	8%
エンジェル2			2,000	14%	2,000	10%	2,000	8%
VC1					4,000	20%	5,000	20%
VC2					2,000	10%	2,500	10%
VC3							3,500	14%
新規発行株数	10,000		4,000		6,000		5,000	
資金調達額	500万円		4,000万円		3億円		5億円	
発行済株数	10,000		14,000		20,000		25,000	
株価	500円		1万円		5万円		10万円	
企業価値	500万円		1億4,000万円		10億円		25億円	

のですが、表9.1に一例を示します。この例では創業者が500万円を出資して設立した会社が2人のエンジェル投資家から4,000万円の出資を受けた後、VC3社から2回の資金調達で合計8億円の出資を受けています。2回目の資金調達で出資したVC1とVC2は3回目の資金調達でも追加出資をして持株比率を維持しています。資金調達の度に株価は上昇しているので会社の価値も順調に向上しています。3回目の資金調達後の企業価値は25億円ですが、このとき創業者は会社の40%を持っているので、創業者にとっては500万円の出資が10億円の価値になっていることを意味しています。資本政策というといかめしく聞こえますが、表9.1のような表はEXCELなどの表計算ソフトで簡単に作ることができて数値をいじることも容易ですので、起業する際には、会社が順調に発展したらいつどれくらいの資金が必要になり、それに伴ってどの程度のオーナーシップを投資家に渡す必要があり、そのためにはどの程度まで会社価値を上げなければならないか……といった資本政策を自分なりにシミュレーションしてみるべきでしょう。

資本金

　資本金という言葉はニュースなどでもよく聞く言葉だと思います。資本

金は株主から集めた資金量を表す目安です。目安という言い方をしたのは、必ずしも「資本金＝資金調達額」ではないからです。株式発行に際して調達した資金を資本金の額とするのが原則ではあるのですが、出資額の半分までの額を資本金に組み入れずに資本準備金とすることもできます。

　　　　株主からの出資額　＝　資本金　＋　資本準備金

　資本金の額は登記簿などに載るので公知の情報になりますが、通常、資本準備金の有無や額は公表されないので、上場前のスタートアップが公表する資本金の額は調達した金額とは必ずしも一致しません。しかし、資本準備金の額が出資額の半分を上回ることはないので、資本金の額から資金調達額の上下限を推定することは可能です。

　　　　株主からの出資額　＝　資本金　×　（1倍〜2倍）

　資本金は会社の規模を表す指標としてよく使われますが、スタートアップでは資本金の額だけを見てもあまり大きな意味はありません。一般に資本金の大きな会社は立派な会社とのイメージがあるかもしれません。たくさんの出資を集めることができた会社は、出資者が投資する価値のある会社だと認めたという意味で立派な会社だと見ることには一定の合理性がありますが、資本金は会社の資産を減少させることなく数字だけを帳簿上で減少させることができます。「減資」と呼ばれる手続きですが、スタートアップの場合には資本金が一定額（5億円）以上になると税金面で大企業として扱われて不利なので減資を行なって資本金の数字を小さくする場合がよくあります。減資があると資本金の額は資金調達額とは全く関係のない数値になり、しかも減少額は会社の財務状態とは無関係に決めることができるので、減資後の資本金の数字には実質的な意味がなくなります。つまり、減資手続きをしたことのない会社であれば資本金は資金調達額をある程度反映しますが、減資手続きが行なわれた会社の資本金には、ほとんど実質的な意味はありません。

　日本では2005年以前は、株式会社の資本金は1,000万円以上なけれ

ばなりませんでしたが、今はそのような制限は撤廃されているので資本金が1円でも株式会社を作ることができます。設立や登記の費用だけで数十万円かかるので資本金1円の会社はあまり現実的ではありませんが、学生の起業などでは数十万円の資本金で会社を設立することはよくあります。

会社設立時の資本政策（例）

いくつか言葉の説明をしましたので、資本政策の単純な例として第三者から資金援助を受けて会社を設立するケースを考えてみたいと思います。学生起業家が面白いWEBサービスを思い付いて起業しようとしているとしましょう。それなりの技術開発をしなくてはいけないので1,000万円程度の資金が要りそうですが、創業者の自己資金はバイトで貯めた200万円しかありません。そこで外資系投資銀行に勤めるゼミの先輩Aさんに相談したところ800万円のエンジェル投資をしてくれるとのこと。しかし、単純に自分の200万円とAさんの800万円とで会社を設立するとAさんの持株比率は80%、自分は20%になります。自分の会社を作ったつもりだったのに、会社は最初から自分のものではなくなってしまいます（図9.3）。一旦資本構成がこのようになってしまうと、これを後から変えるのは容易ではありません。何度かお話ししているように出資金は返すことのできないお金であり、株主に持株の売却を強制する手段はありません。将来、お金ができたときにAさんから株を譲ってもらって会社の所有権を取り戻そうとしても、そのときに会社の価値（株価）が高くなっていれば、買い戻せないかもしれません。

このようなケースで、自分の持株比率を下げないで出資を受ける方法の一つは出資を受けるタイミングを遅らせることです。今の例で言えば、会社は自己資金200万円だけで設立し、会社の価値を上げてからAさんの出資を受ければ、会社がAさんのものになることを避けることができます。

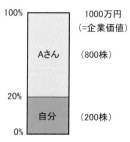

図9.3　単純な資本構成

図9.4はその様子を表す模式図ですが、自

己資金だけで会社を設立して数か月間はその資金で活動し、技術開発や事業の展開に一定の進展があって会社の価値（株価）を8倍に上げた上でAさんの出資を受け入れれば、Aさんの持株比率は33%に抑えて

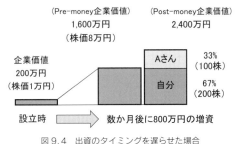

図9.4　出資のタイミングを遅らせた場合

創業者は67%を持つことができます（もちろん、Aさんがそれで納得すれば……ですが）。短期間に株価を何倍かに上げることは上場会社では簡単ではありませんが、スタートアップでは開発に大きな進展があったり知的財産が生まれたなどの合理的な理由があれば可能です。創業者の持株比率を下げないで出資を受ける方法は他にもいくつかあり、それらについては次節で説明します。

9-2　多様な株式と資金調達方法

　ここまで、すべての株は同じ条件で発行され同じ権利を持つ前提で話を進めてきました。株主平等と呼ばれる原則です。どの株主が持つ株も1株の値段は同じで1株の持つ議決権や1株当たりの利益分配も同じです。つまり、

**　　持株比率＝議決権の比率＝利益の分配比率**

です。このような株式は「普通株式」と呼ばれますが、株式会社はこの原則に従わない「種類株式」を発行することができ、条件の異なる様々な株式を発行することで多様な会社形態を構成することができます。

優先株 (Preferred Stock)

　スタートアップの資金調達では優先株と呼ばれる株式を使った資金調達が行なわれることが多くあります。特にアメリカではVCからの資金調達は基本的にすべて優先株の発行により行なわれます。日本では長年VC投資も普通株で行なわれることが一般的でしたが、近年優先株を用いた資金調達が増加しています。優先株とは他の株式に比べて何かしらの優先的地位を持つ株式ですが、スタートアップで用いられる優先株は、投資家にとって有利な下記のような様々な条件を付ける代わりに普通株に比べて高い株価で発行する株式であることが一般的です[3]。

- ・会社を清算する際に残余財産の分配を優先的に受ける権利
- ・ダウンラウンドにおける希釈化を防ぐことができる権利
- ・普通株よりも強い議決権
- ・取締役を選任する権利
- ・重要な経営決定（買収など）に対する拒否権

　優先株に付けられたこれらの諸条件の詳細を説明するのは本書の域を越えますが、基本的には会社があまりうまくいかない場合に投資家が普通株の株主よりも有利になる仕組みが優先株には組み込まれています。優先株は会社がうまくいってIPOした場合には普通株に転換されるので、金銭的なリターンとしては優先株と普通株に差はなくなります。しかし、買収されるEXITや会社があまりうまくいかなかった場合に投資家が普通株より優先的に投資回収できるようになっています。また、重要な経営決定に対する拒否権や強い議決権を持つことにより会社に対して持株比率以上に強い支配権を持ち、高い株価（すなわち低い持株比率）で出資しても一定の権利が確保できるようになっています。

---

[3] 上場大企業でも優先株式を発行することがありますが、大企業の発行する優先株は、普通株よりも優先的に配当を受けることができる代わりに議決権を制限するような種類株であることが多く、スタートアップで用いられる優先株とは優先される権利の内容が大きく異なります。

創業者側にとって優先株で資金調達するメリットは株価を高くすることができる、つまり投資家に発行する株数を少なくして投資家の持株比率を抑えることができる点です。優先株は普通株と条件の異なる株式なので普通株と異なる株価で発行することができます。従って、前出の例のように創業者が200万円の出資をして、エンジェル投資家Aさんが800万円を出資する場合でも、創業者には低い株価の普通株を発行してAさんには高い株価で優先株を発行すればAさんに渡す株数は少なくすることができ、創業者の持株比率の低下を防ぐことができます[4]。

新株予約権付社債（Convertible Note）

　スタートアップは、本格的な資金調達をする前の繋ぎ資金を調達する手段として、新株予約権付社債と呼ばれる方法で資金調達を行なうことがあります。これはアメリカではブリッジローン（Bridge Loan）という俗称で呼ばれる古くからある手法で、Convertible Noteと呼ばれる転換社債の発行によって資金を調達する方法です。Convertible Noteは社債という名前が示す通り形式的には融資ですが、次回に株式発行を伴う資金調達が行なわれた際に、そのときの株価で社債を株式に転換することを約束して資金の提供を受けます。つまり、次回の資金調達時に出資に切り替わることを前提とした融資です。

　Convertible Noteの利点は資金を受け取る時点では株価を決めなくていい点にあります。株式の発行を伴う資金調達では発行する株式が普通株であろうが優先株であろうが株価を決める必要がありますが、初期段階のスタートアップではアイデア以外に何もなく株価の決めようがない場合や投資家と経営者の間の交渉に時間を要して株価がなかなか決められない場合があります。そうこうしているうちに会社の資金が底をつきそうになったときや、一刻も早く開発を加速したいとき、Convertible Noteはとりあえず株価の決定は先送りにして資金を調達する手段として用いられます。Convertible Noteは株価（すなわち企業価値）が定まっていない段階のス

---

[4] ただし、日本では優先株と普通株の間に必ずしもアメリカほどの大きな価格差が付くとは限らないようです。

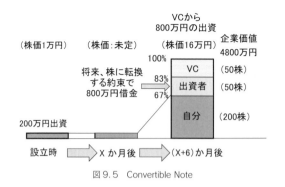

図9.5 Convertible Note

タートアップへの資金提供方法として主にシード期の投資に用いられますが、最近は次項で述べるConvertible Equityを用いることが増えてきたようです。

Convertible Noteによる資金調達では、資金を受けた時点で株価を決める必要がなく、また、その時点での資金は借入金なので会社の価値や株主構成には影響を及ぼしません。次に資金を受け入れるまでには何か月かの時間があるので、その間に開発や事業に進展があれば会社の価値すなわち株価を高くすることができます。高くなった時点での株価を用いて、資金を受けた時点にまでさかのぼって出資者の株数を計算するので、出資者の株数を少なくすることができます。

従って、前出の例のように創業者が200万円の出資をして、エンジェル投資家Aさんが800万円を出資するような例でも、Convertible Noteを使えば800万円に相当する株数を少なくでき、創業者の希釈化を防ぐための優先株とは別の方法を提供することになります。(図9.5)

Convertible Equity

前述したConvertible Noteでは、資金を提供する側(通常はVC)はプロの投資家であり、Convertible Noteが形式的には融資であっても実質的には出資の前払いであることを資金の出し手も受け手も十分に理解しています。従って、仮に期限までに次回の資金調達ができなかったとしても資金提供者が融資だからと言って返済を迫ることは起こらないのですが、Convertible Noteが普及するにつれて、スタートアップの資金調達方法をよく理解していない投資家がConvertible Noteの仕組みを使う場合も想定されます。そうなると、形式的とはいえ融資である点は起業家にとっては好ましくありません。「スタートアップは借金しない」という原則に反するからです。

この問題点を解消するために Convertible Note の代替物として登場したのが Convertible Equity です。Convertible Equity は Convertible Note と同様に本格的な出資を受ける前の繋ぎ資金を得るための手段です。Convertible Note と同じように次回の株式発行を伴う資金調達の際に株式に転換されることを約束した証券で、Convertible Note と同じように株価の決定を次回の資金調達まで先送りでき、なおかつ融資でない点が Convertible Note に比べた利点です。アメリカではシード／アーリー・ステージへの投資を行なう Y Combinator が考案した SAFE（Simple Agreement for Future Equity）と呼ばれる Convertible Equity や 500 Startups が作った KISS（Keep It Simple Security）と呼ばれる Convertible Equity がよく知られており、日本では J-KISS[5] という名称の日本版 Convertible Equity が使われています。

ストックオプション（Stock Option）

ストックオプションは、会社の役員や従業員に対する成功報酬プランとして使われる新株予約権です[6]。新株予約権はあらかじめ決められた価格（権利行使価格）で一定期間内に一定数の株式を購入できる権利です。通常、権利行使価格はストックオプションが発行された時点での株価（もしくは直近の資金調達時の株価）を目安に設定されます。従って、スタートアップの初期段階でストックオプションを付与された取締役や従業員は、会社が成長して株価が上昇した時点で権利を行使して会社の株式を購入してすぐに売却すれば、ストックオプション発行時点に設定された権利行使価額からの株価上昇分のキャピタルゲインを得ることができます。

取締役や従業員にストックオプションを付与することによって、会社は取締役や従業員が会社の業績を向上させて会社の価値を高めるために努力するインセンティブを与えることができます。ストックオプションは報酬

---

[5] J-KISS の契約書雛形は WEB 上で公表されています。https://500startups.jp/j-kiss/（2019/2/26 アクセス）

[6] 役職員への成功報酬以外にも様々な形の新株予約権が存在しますが、ここで取り上げている役職員への成功報酬として発行されるストックオプションのことを、特に ESO（Employee Stock Option）と言うこともあります。

制度ですが、報酬とは言ってもボーナスや給料のように会社からキャッシュが出ていくわけではありません。初期段階のスタートアップには潤沢な資金がないのが普通なので、出費をせずに役職員に報酬を与えることができる点は会社にとって大きな利点であり、高い給与を提供することが困難なスタートアップ企業にとってストックオプション制度は、優秀な人材を獲得するための有力な報酬制度です。また、ストックオプションは、あくまでも株を買うことができる権利であり、株を買う義務ではないので、株価が下がった場合には権利を行使しなければいいだけです。取締役や従業員にとっても、ストックオプションが付与された時点では株を買う資金を持っている必要はないので、何の出費やリスクもなく会社の業績が向上したときにだけ成功報酬を得ることができる便利な仕組みです。

　ストックオプションはアメリカでは大企業の役員に対するインセンティブ・プランとしても用いられますが、スタートアップでは広く従業員への成功報酬制度として使われています。日本でも1997年の商法改正によって解禁され、スタートアップでの成功報酬制度として使われるようになりましたが、まだ広く世間一般に普及しているとは言えないかもしれません。

　ストックオプションは、それが発行された時点では株式は発行されていませんが、いずれは発行が予定されています。このように今現在は存在しないが潜在的に存在している株式を「潜在株式」と呼びます。これに対して普通株や優先株のように実際に発行されている株は「顕在株式」です。会社の発行株数は通常、発行済みの顕在株数（outstanding shares）を指しますが、企業価値を計算する際には、将来発行が想定される潜在株式も含んだ株数（fully diluted shares、日本語では完全希釈化後の株数）を用いて計算する必要がある場合もあります[7]。

---

[7] Cap Table（資本政策表）の例として示した表9.1では、表が複雑になるのを避けるためにストックオプションは省略しましたが、実際に資本政策を考える際にはストックオプションも含めたCap Tableを用い、企業価値もfully diluted sharesで計算する必要があります。

9-3　スタートアップの資本政策

　スタートアップは創業者の所有物としてスタートして最終的には不特定多数のオーナーに所有されることになりますが、その間にどのような経路をたどるかはケースバイケースです。創業者はどの程度のオーナーシップを持つべきか？　複数の創業者が居る場合は？　投資家に会社の何％を持ってもらうのが適当なのか？　従業員への報酬としてどの程度のストックオプションを出すべきか？　従業員以外にストックオプションを出すことが適当か？　事業会社が株主になることのメリットとデメリットは何か？　これらの論点は起業家が常に悩むところです。実際に起業する場合には先輩の起業家やある程度多くの事例を知っている専門家に聞くのがいいのですが、事業を成功させるために必要となる資金量や時間軸は会社の業種や業態によって千差万別であり、聞く人によって正反対のアドバイスをもらう場合もあると思います。また、日本とアメリカとでは「常識」が大きく異なる場合もあります。資本政策は常にケースバイケースであり、普遍的な「正しい資本政策」は存在しないと言ってもいいでしょう。しかし、それではこの本の目的を達することができませんので、あえて一般的な考え方を述べてみたいと思います。

　一般論として言えることの一つは、スタートアップの資本構成は基本的にはシンプルであることが望ましいという点です。「船頭多くして船、山に登る」の状態は、スピードを求められるスタートアップには大きな足かせになるので、株主の数はなるべく少ない方がいいというお話は前章でもしました。株主間に意見の相違があっても最終的に多数決で決めることができるので、持株比率が小さければ少々意見の異なる株主が居ても問題ないように思いがちですが、スタートアップでは多数決で何かを決めなければならない事態になったら、そのこと自体が既に問題だと思うべきです。本当に株主総会や取締役会の多数決で何かを決めるとなったら時間的にも手続き的にも大きなロスですし、納得のいかない決定に従わざるを得ない少数株主との間にはシコリが残ります。スタートアップの大きな方針に関しては株主の意見は全員一致であるべきですし、意見が合うと思う投資家

からしか出資を受けるべきではありません。VCから出資を受けるのは結婚のようなものだ、というのはこのことを指しています[8]。

創業者の持株比率

100%自分の所有物として始まったスタートアップの創業者が、どの程度の持株比率を維持すべきかに関しては、様々な意見があります。

日本では伝統的に、創業者は常に50%以上の株を持って会社の支配権を持つべきであると考える人が数多く居ます。会社の支配権を投資家に握られれば、投資家はいつでも創業者を経営者から引き降ろすことができる。新しい事業を興す会社は創業者の考えの下で経営されるべきであり、投資家に支配権を渡すべきではない。「自分の会社」だからこそ踏ん張りが利くのであって、いつクビにされるかわからないのであれば創業者は頑張る気が起きない。上場した後も創業者が安定株主として大きな持株比率であり続けた方が会社の経営が安定する。といったあたりが、創業者が過半数を持ち続けるべきだと考える伝統的な日本の起業家や投資家のロジックのようです。

一方、アメリカのスタートアップでは、出資を受けた後の創業者の持株比率は日本よりもかなり小さいのが普通です。最初のVC出資の段階で創業者の持株比率が50%を切っていることも少なくありませんし、上場時には創業者の持株比率は10%以下になっていることの方が一般的です。

なぜシリコンバレーの起業家は過半数にこだわることなく、簡単に投資家に支配権を明け渡すのでしょうか？　これには株式市場の特性なども含めて様々な要因がありますが、スタートアップが最終的に不特定多数のオーナーの所有物になることに対する起業家の意識は大きな要素なのではないかと思います。創業者が「自分の会社」にこだわるのであれば上場会社にはなれませんし、他企業に買収されるなど以ての外でしょう。上場や買収が受け入れられないのであればVCからの出資は受けられません。しか

---

[8] 現実には、資金を得るために必ずしもすべての面で意見が一致しない投資家からの出資を受けざるを得ないこともありますし、出資を受けてから意見の相違が明らかになることもあるでしょう。これも結婚と同じかもしれませんが……

し、会社がいつかは不特定多数のオーナーの所有物になるのであれば、その過程で遅かれ早かれ自分のオーナーシップが薄まっていくのは仕方ありません。

　また、シリコンバレーの創業者が日本の伝統的な起業家ほど持株比率にこだわらないのは、経済的なインセンティブの面もあると思います。9-1節で述べたように、持株比率が希釈化しても会社の価値が向上すれば自身の持つ株の価値は高まります。10億円の価値の会社を100%持っていれば資産価値は10億円ですが、1,000億円の会社の10%を持っていれば100億円です。成功した場合の会社価値が日本よりもずっと大きいことが一般的であるシリコンバレーでは「自分の会社」であることに固執して会社の価値向上が限られるよりも、自分の会社ではなくなっても投資家から大きな出資を受け入れて会社の成長を加速し、会社の価値を高めた方がオーナーとしての創業者にとっても経済的に得です。

　創業者の持株比率について様々な考え方があり一般化が難しいのは、創業者が会社のオーナーであると同時に経営者でもあるからです。スタートアップである以上、創業者はいずれオーナーの座から降りることが前提ですが、それは必ずしも経営者の座から降りることを意味するものではありません。会社を設立したときには100%オーナーであると共に経営者でもあった創業者が、オーナーシップが薄まった後も経営者であり続けるかどうかを決めるのは投資家です。ここで投資家と言っているのは上場前であればVCやエンジェルを指し、上場した後は株式市場で株を売り買いする不特定多数の株主を指します。図7.7を思い出して下さい。上場前であれ上場後であれ投資家のオーナーシップの下で創業者が経営者であり続けるとしたら、それは会社の業務執行を株主から任されているからです。同じ経営者の地位にあっても、投資家のオーナーシップの下での経営者は、会社設立時に絶対的な支配権を持つ100%オーナーが同時に経営者でもあったのとは、立場が異なります。

　会社の支配権を投資家に握られて会社から追い出されたら困ると考える起業家は過半数（50%以上）のオーナーシップ維持を重要視します。実際に投資家が過半数を持たない創業者を会社から追い出すことができる以上、そのように考える起業家が間違っているとは言えませんが、このよう

な考え方はそもそもスタートアップの枠組みにそぐわない考え方です。技術やアイデアなどの無形の知的資産が事業の核であるスタートアップでは、オーナーシップの大きさに関わらず技術やアイデアを持つ創業者が経営の中核に居続けることが必要なはずです。上場会社になり創業者の持株比率が数パーセントになっても創業者が代表取締役として経営を担い続けるスタートアップが多いというお話を第7章でしました。オーナーシップという面からはもはや創業者の所有物ではない会社の経営を株主が創業者に託し続けるのは、その会社にとって創業者が経営していることに大きな価値があるからです。それは上場前でも同じことです。スモールビジネスや大企業の既存事業であれば、必要な資金を投入して経営のプロを雇い入れればうまくいくかもしれませんが、無形の知的資産が事業の核であるスタートアップでは、技術やアイデアの源泉である創業者の存在そのものが会社の価値です。創業者が抜けてしまえば投資家は投資した会社の価値を失ってしまうので、投資家は簡単に創業者を会社から追い出すことはできません。従って、創業者がスタートアップの価値そのものであり、投資家がその価値に投資している限り、創業者はオーナーシップに固執する必要はないはずなのです。

　もちろん、現実には理想通りにいかないこともあります。投資家が無形の知的資産を理解できない場合もあるでしょうし、創業者のアイデアや技術を吸い上げた上で創業者を追い出す悪辣な投資家も居るかもしれません。しかし、それはその投資家が悪いのであって、そういう投資家は自然淘汰されてスタートアップの世界には居られなくなるはずです。投資家が無形の知的財産の価値を理解できないことを前提にして創業者が過半数のオーナーシップに固執するのであれば、それは本書が想定しているスタートアップとは性格の異なる会社です（何度も繰り返しますが、すべての起業がスタートアップでなければいけないわけではありません。過半数のオーナーシップを重要視する起業家を一概に否定するものではありません）。

　創業者が過半数（50％以上）のオーナーシップを持つことについて長々と議論してきました。それは日本の伝統的な起業家の間では創業者は過半数を維持すべきだとする考え方が根強いからです。本書では、いずれ不特定多数のオーナーに所有されることになるスタートアップにおいては、創

業者のオーナーシップは上場前の資金調達時から過半数以下に希釈化していくものであるという立場でお話をしてきました。では、どのようなペースで希釈化していくのが適当なのでしょうか？　残念ながらこれもケースバイケースで単純な答えはありません。スタートアップが外部資金に頼らずに売上げで生きていけるようになるまでに必要となる資金量は、業種や業態によって大きく異なります。多額の資金が必要な事業であれば、どうしても創業者の持分の減少は大きくなりますし、予定通りに事業が進捗せずに当初の予定よりも調達資金が多くなれば、それだけ希釈化も大きくなります。売上げだけで食べていけるようになるまでに、どの程度の資金調達をいつ何回行なう予定か、それぞれの資金調達時にはどの程度の企業価値（株価）で増資を行なうか、どの程度の企業価値でEXITできると想定するか、ストックオプションを使って従業員に十分なインセンティブを与えることができるか、などの様々な要素を考慮して資本政策を考える中で、創業者の持株は自ずと決まってくるものですが、一般解はありませんので、初めての起業家は先輩起業家やスタートアップの資本政策に詳しい専門家に相談すべきでしょう。

共同創業者間の持株比率

　ここまで話を単純化するために創業者は一人という前提でお話をしてきましたが、ほとんどのスタートアップはチームで創業されます。何が事業になるかを模索しなければならないスタートアップでは、一般に複数の創業者が居た方がより多くの試行錯誤ができて多様な物の見方ができるので成功確率が高くなります。多くのVCも一人だけの起業家よりもチームでの起業を好みます。

　しかしながら、スタートアップが失敗する原因として創業者間の不和が大きな割合を占めることも厳然たる事実です。持株比率は各創業者が手にするキャピタルゲインに直結するので、不和の原因が何であったとしても、一旦創業者間で揉め事が生じると最終的な不満の矛先が持株比率に向かうことが多くなります。これから事業を立ち上げて苦楽を共にする共同創業者が株の配分をめぐって争っては、会社としてうまくいくはずがありません。資本政策は後戻りができないという話を何度かしてきましたが、創業

者間の持株比率も然りです。創業者間の株の分配も資本政策の重要な課題の一つです。

　では、創業者間の持株比率はどのようにして決めるのがいいのでしょうか？　残念ながら、これもケースバイケースで一般解はありません。それぞれの貢献度合い（金銭、現物、時間、知恵、アイデア、技術等々）や今後の事業に対するコミット度合いなどをよく話し合って皆が納得できるような解を見つけるしかありませんが、貢献度を数値化することは実際には不可能です。技術者と経営者とが共同創業した場合、技術者は自分の技術がなければ製品やサービスは存在しないという意味で自分の貢献度は大きいと思うでしょうが、経営者は自分が居なければ製品やサービスを作る資金も集められないし、顧客を開拓して売上げを上げることもできないという意味で自分の貢献度は大きいと思うでしょう。また、会社を設立した時点でのそれまでの各人の過去の貢献度と、その後の事業展開に対するコミットや貢献度が大きく異なる場合もあるかもしれません。会社の設立時には公平だと皆が納得して分配したものの、その後の各人の貢献度を考慮すると全く不公平な分配になってしまう場合もあるかもしれません。

　創業者間での貢献度合いの数値化が難しい場合、例えば3人の創業者が1/3ずつの株を持つといった形で、創業者間で株式を均等に分配することがあります。お互いの貢献度合いの数値化などできない中で、成功したときには創業者間で成果を均等に分配しようと約束することは一定の合理性があります。しかし、このような形の平等は避けるべきだという意見もあります。スタートアップでは正解のない問題に対して意思決定をしなければならないので、必ず意見が割れるときがありますが、そのときに創業者間の持分が平等だと意見が集約できないという主張です。一理ある意見ですが、均等な分配はダメというのも少し極端な議論のように思います。意見が割れたときに最終的な意思決定権を誰が持つかをはっきりさせておくことはスタートアップの経営には必要ですが、だからと言って最終意思決定者が誰かがオーナーシップの数字に明示的に反映されていなければならないわけではありません。最終意思決定権者が誰かをオーナーシップの面で示すために、シンボリックな意味で例えば持株比率は34：33：33にするといったことは合理的ですが、オーナーシップの配分は、あくまで

もそれぞれの貢献度合いに応じて皆が納得できる配分であることが重要だと思います。

　また、創業者間の株に関する揉め事は、共同創業者が会社から抜けるときによく起こります。創業者間の不和が原因で抜ける場合はもちろんですが、健康上の理由や家族の都合などで止むを得ず抜ける場合でも問題が生じます。最近はそのような事態に備えて会社設立時に創業者間で何らかの契約を結ぶことが一般的になっています。創業者は一定期間会社から離脱しないことや、離脱する場合には一定のルールと条件に従って株を手放すことなどを約束する契約です。これから共同創業者として一緒にやっていこうというときに会社から抜けるときの取り決めをするのは、結婚するときに離婚時の取り決めをするようなものですが、仲の良いときにこそ話しにくいことでも話せる関係を築いておくことは大事です。

従業員の持株比率

　従業員に対して発行するストックオプションの設計も、スタートアップの資本政策の重要な要素です。スタートアップは会社の発展に応じて従業員を増やしていきますが、どの程度の人数の従業員がいつ入社し、それぞれにどの程度のストックオプションを付与するかは、あらかじめ計画しておく必要があります。ストックオプションは潜在株式ですが、会社が成功したときには顕在化して企業価値（＝株価×株数）に直接的に影響するので、投資家にとっても無関心ではいられません。

　会社が発行する予定のストックオプションの合計数のことを「オプション・プール」と呼び、アメリカでは総株数の20％程度を割り当てることが一般的ですが、日本ではオプション・プールが10％以上になることに難色を示す投資家が多く居ます。オプション・プールの大きさは、スタートアップが成功したときの報酬を創業者、投資家、従業員の間でどのように分配するかという思想を反映するものです。投資家にとって自分の取り分が大きい方が好ましいのは当然ですが、日本での一般的なオプション・プールがアメリカでの半分程度でしかないのは、日本の投資家がスタートアップにおける従業員の貢献度合いを低く見ていることに他なりません。むろん、実際に従業員の貢献が低く大きなオーナーシップを配分するに値

しない場合もあるでしょうが、日本でも20％近いオプション・プールを確保するスタートアップもありますので、10％に制限することに特段の合理的理由はないはずです。日本でスタートアップ、特に優秀な技術者の存在が鍵となる研究開発型のスタートアップが盛んになるためには、オーナーシップの面でも従業員の貢献に対して正当な評価をする風土が必要だと考えます。

　オプション・プールとして割り当てられたストックオプションをどのように配分するかも資本政策として考慮すべき重要な点です。オプション・プールが20％で上場までに数十人の従業員を雇う予定であれば、単純な割り算をすれば一人当たりに発行できるストックオプションは1％の数分の一になります。すべての従業員にストックオプションを付与するとは限りませんし、入社時期が早いほど、また役職が上の人ほど、ストックオプションの付与数は大きく設計するのが一般的ですが、具体的な付与数は個々人の能力や貢献度に応じて決めていくことになります。初期の従業員にストックオプションを大きく付与しすぎて、後から入ってくる従業員に配分するストックオプションがなくなってしまう（もしくは初期の従業員と極端に差が付く）と従業員間に不公平感を生むことになりますし、会社が発展すべき時期に優秀な人材を雇用することができなくなるかもしれません。ストックオプションの具体的な配分は将来にわたる採用計画を見据えて考える必要があります。

　ストックオプションは、従業員だけでなく様々な協力者や事業パートナーに発行する場合もあります。アドバイザーや顧問としてスタートアップを手伝ってくれる個人や、弁護士事務所やインキュベーション施設などの組織からのサービス提供の対価としてストックオプションを発行する場合です。ストックオプションを設計する際にはこのような従業員以外への付与分も考慮する必要がありますが、その際には従業員への配分とのバランスを考慮することも忘れてはいけません。

創業者、投資家、従業員の間での持株比率のバランス

　本節では、創業者や従業員の持株比率の考え方について述べてきましたが、資本構成が大きく変わるのは資金調達をしたときです。投資家に対し

て新たに株式を発行すれば投資家の持株比率が増えます。本章の冒頭でも述べたように未上場会社の株価を客観的・理論的に算出することは困難なので、資金調達時の株価は投資家と経営者の交渉によって決まります。通常、調達金額は事業計画に基づいた資金需要から決まるので、株価の交渉は、出資者が何％の株を持つかの交渉を意味します。

出資者の持株比率 ＝（出資額÷株価）/ 増資後の株数

スタートアップの株主構成は、創業者、投資家、従業員の三者の利害をうまくバランスさせるように決まります。言い換えると、会社の価値を高めてくれるプレイヤーに応分の比率を分配するようになっています。図9.6はシリコンバレーのスタートアップの典型的な株主構成の推移を模式化した図です[9]。スタートアップは通常、創業者の自己資金でスタートするので、設立時には「株主＝創業者」のモノですが、資金調達に伴い「株主＝ベンチャーキャピタル」の持株比率が上昇していきます。また従業員を雇うに従って、株式の一定割合をストックオプション枠として確保します。このように、最初は「株主＝創業者」のモノだったスタートアップは、ベンチャーキャピタルの資金が入る時点では「株主＝創業者＋投資

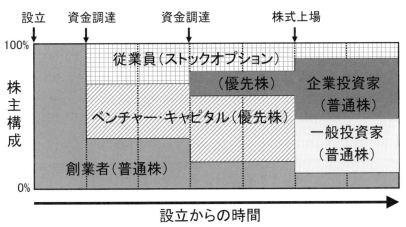

図9.6　スタートアップの株主構成の推移（例）

---
9)　必ずしも日本における典型的な株主構成の推移ではありません。

家＋従業員」のモノになります。さらに会社が発展すると提携先の事業会社などが投資家に加わり、めでたく上場となれば一般投資家も株主に加わり「株主＝不特定多数の一般投資家」のモノになります。

　このような株主構成の推移が何かのルールで決まっているわけではありません。会社の発展段階に応じて、その時々に会社に最も必要な付加価値を提供してくれる人達に応分の会社の所有権を与えていくと、自然にこのような推移になるのです。つまり、会社設立には創業者の新技術なり起業アイデアが最も重要なので会社は創業者のモノですが、それだけで事業を成功させることはできないので、創業者はベンチャーキャピタリストにプロの経営能力と資金の提供を求め、その対価として会社の所有権の一部を与えます。従業員に対するストックオプションも同様の発想です。会社の発展段階に応じて必要な能力を提供してくれる人材にその対価として会社の所有権の一部を与えるのです。

　このようにスタートアップの株主構成の仕組みは、「株主＝創業者」のモノとして始まった会社が、上場企業として「株主＝一般投資家」のモノになるまでの期間、「株主＝創業者＋投資家＋従業員」のモノとして、創業者、投資家、従業員の皆が、それぞれの付加価値に応じて会社の一部を所有し、会社が成功したあかつきには皆が株主として成功報酬に与ることができる仕組みなのです。

　この三者の持株比率の割合は長年の試行錯誤から決まってきた経験則です。例えば、投資家が欲張りすぎて創業者の持分が少なすぎると、創業者と投資家の関係が悪くなり会社はうまくいかなくなる確率が高くなります。逆に創業者が支配権にこだわりすぎると投資家が付かず、資金もプロの経営支援も得られず成功確率は低くなります。一方、オプション枠をケチって従業員に十分なインセンティブを与えなければ、いい人材が集まりません。シリコンバレーでは何千、何万のスタートアップがこのような成功、失敗を繰り返し、最も成功確率が高くなる仕組みが自然と進化してきました。日本でもシリコンバレーでのやり方を導入しながらスタートアップが発展してきていますが、歴史がまだ浅いため十分に知識や経験が集積されていないのが現状だと思います。今後、数多くの事例が蓄積されていく中で、日本におけるスタートアップの標準形が形成されていくことと思いま

す。

資本政策を考える上で留意すべき点

　本節では資本政策を考える際には、創業者、出資者、従業員それぞれの貢献度合いに見合ったインセンティブが得られるようバランスのとれた設計が必要であることを述べてきましたが、その他の留意点をいくつか挙げておきたいと思います。

　資金調達の際には、今現在の資金調達だけでなく将来の資金調達までをも考慮した資本政策が必要です。増資による資金調達では、必ず既存株主（創業者も含む）の持株比率の希釈化が生じます。従って、既存株主や創業者の目先の利益だけを考えれば、資金調達の際の株価は高い方がいいことになります。高い株価で投資してもらった方が新規発行する株数は少なくて済み、創業者や既存株主の希釈化を防ぐことができるからです。しかし、あまりに高い株価で出資を受けると次の資金調達に支障を来たす場合があります。次の資金調達までの間に事業の進展があれば、通常であれば前回の資金調達時よりも高い株価で資金調達をするところですが、前回の資金調達時の株価が既に十分に高いと、さらに高い株価で出資してくれる人は居ないかもしれません。逆に会社の初期段階で安い株価で大量の株を発行してしまうのも、次回の資金調達に制限を加えることになりますし、創業者のインセンティブが極端に少なくなってしまうかもしれません。

　未知のビジネスに挑戦するスタートアップが売上げだけで食べていけるようになるまでにどれだけの資金を必要とするかを正確に見積もることは簡単ではありませんが、業種や業態や開発状況などからある程度の予想をすることは可能です。また、どの程度の企業価値でEXITできるかも、新規上場する同じような業態のスタートアップを参考にするとある程度の予測はできるので、現在の企業価値からEXIT時の企業価値までの道のりを想定できます。むろん、思い通りにいかないことも多いのが現実ですが、それでも計画は必要です。

　何度か述べてきたように、不特定多数の株主が居ることを前提とする上場会社とは異なり、スタートアップでは会社の重要な方針に関しては、全株主の考えが一致しているべきですが、不幸にして多数決での意思決定が

必要な事態に陥った場合のことを考えると、どの株主の組み合わせが50%超を持つかに無関心ではいられません。複数の創業者が居る場合にはその持分を合わせた%がどのような水準になっているか、創業者と思いを同じくする初期の投資家の持分も加算したら何%になるか、上場した後も株を持ち続けるであろう株主の持分を合わせると何%か、また将来の資金調達を考慮したときにそれらの%がどのように推移していくかはシミュレーションをしておく必要があります。また、日本の法律では、一定の重要な決議事項に関しては株主の議決権の過半数だけではなく2/3以上の賛成が必要とされることがあります。つまり1/3の株を持っていると実質的な拒否権を持つことになりますので、50%だけでなく33.3%という数字にも目を配っておく必要があります。

さらに言うと、スタートアップの場合には上場後の株主構成も念頭に置いて資本政策を考える必要があります。特に日本の場合には新興市場（新興企業のための株式市場）で株式を売買する参加者が限られており、また取引量も多くないため、上場した後に長く株を持ち続ける株主が一定の割合居ないと上場後の株主構成が不安定になりがちです。本来の株式市場の原理からするとおかしな話ですが、上場をサポートする証券会社などからは、創業者や事業パートナーなどが安定株主として一定の割合の株式を保有していることを求められることがあるのが実態のようです。

9-4　Googleの実験

資本政策を解説する本章の最後に、スタートアップの基礎知識という本書の目的からは少し背伸びした話題ですが、Google社の資本構成の話をしたいと思います。

Googleは今では年商10兆円を越す超大企業ですが、スタンフォード大学の大学院生2人が1998年に創業し、一流ベンチャーキャピタルの出資を受けて急成長し、2004年にNASDAQに上場した典型的なシリコンバレー・スタートアップです。上場時には創業から5年あまりしか経

っていないにもかかわらず、年商は既に 1,000 億円近くあり 2,000 人近くの従業員を擁する会社になっていました。しかし、Google の上場は単なるシリコンバレーの成功物語以上に深い意味を持っています。それは Google が IPO 申請の中で、様々な面で一般的な上場会社の常識に挑戦しようとしたからです。S-1 と呼ばれる IPO 申請書類[10] は、SEC（U. S. Securities and Exchange Commission、アメリカ証券取引委員会）に提出される百数十ページの無味乾燥な法律文書ですが、Google の S-1 の冒頭には Owner's Manual（取扱説明書）と題して創業者が自らの考えを記した手紙が添えられています。このような手紙自体が異例ですが、そこに記された内容はスタートアップの本質および現代社会における株式会社の仕組みそのものを考える上で深い意味を持っていますので、ここで紹介したいと思います。

デュアル・クラス・ストック（Dual Class Stock）

9-2 節で説明したように株式会社は条件の異なる種類株を発行することができ、上場前のスタートアップにベンチャーキャピタルが投資する際には優先株という仕組みが使われるというお話をしましたが、種類株は上場会社になっても発行することができます。

　Google は上場した後も創業者や経営者が支配権を維持するための仕組みとしてデュアル・クラス・ストックという仕組みを導入しています。デュアル・クラス・ストックは「2 つのクラスの株」との名称が示す通り、クラス A とクラス B の 2 種類の株式を発行する仕組みです。クラス A の株もクラス B の株も金銭的な価値は同一ですが、各株の持つ議決権に差を付けて持株比率の小さい一部の株主が会社の支配権を持つことができます。Google の場合にはクラス A と B とで議決権に 1：10 の差を付けています。つまり NASDAQ で取引され一般株主が入手できるクラス A 株は 1 株で 1 議決権を持ち、創業者や経営陣が持つ非上場のクラス B 株は 1 株で 10 議決権を持つことになります。例えばクラス A が 90 株、クラ

---

10) https://www.sec.gov/Archives/edgar/data/1288776/000119312504073639/ds1.htm （2019/2/26 アクセス）

スBが10株、それぞれ発行されたとすると会社の金銭的な持分という意味ではクラスAの株主が90%を持ちクラスBの株主は10%しか持ちませんが、議決権で見るとクラスBは1株が10ずつの議決権を持つのでクラスB全体では100議決権を持つことになり、クラスA全体の90議決権より多くなります。

　このように持株比率と議決権の比率を分離することで、株式市場からの資金調達という上場会社のメリットと、創業者や経営者のコントロール権維持という非上場のメリットの両方の利点を享受できます。いわば、上場会社と非上場会社の良いとこ取りの制度です。第7章でスタートアップでは事業の所有権はいずれ手放さなければならない、自分のやりたいことをやるために始めたはずのスタートアップでも、やりたいことが実現したときにはオーナーシップの面では自分のものではなくなる運命にある、とお話ししました。Googleはデュアル・クラス・ストックという仕組みを導入して、不特定多数のオーナーが所有する上場会社になった後も、会社のコントロール権は創業者が持ち続けるようにしたのです。

　デュアル・クラス・ストックの仕組みはGoogleが初めて導入したわけではなく、アメリカでは多くの会社が取り入れています。通常は創業者一族が上場会社の支配権を維持する場合などに用いられることが多く、またニューヨーク・タイムズ社やワシントン・ポスト社などの報道機関、エコスターやコムキャストなどのメディア企業でも以前から採用されています。報道機関やメディア企業は公共性が高いので株主の短期的な金銭的利害で会社の経営が左右されるべきではなく、意に沿わない買収にも対抗できることでメディアとしての長期的な価値創造ができるというのが、これらの企業がデュアル・クラス・ストック制度をとる論拠になっていました。シリコンバレーのスタートアップとしてデュアル・クラス・ストックを取り入れたのはGoogleが初めてのケースでしたが、その後、LinkedIn、Groupon、Zynga、Facebookなどが追随したため、ハイテク・スタートアップの上場後の資本構成として一つの形になっています。日本でも、2014年にサイバーダイン社が導入しましたが、一般的になっているとは言えません。

背景にある考え方

　Googleをはじめとするシリコンバレーのスタートアップがデュアル・クラス・ストック制度を導入している背景には、現代の会社の価値を生む源泉はカネではなく、会社の価値の根源は人材や知恵やブランドや情報などカネで買えないものであるという考え方があります。カネがもはや価値の根源ではないのに、カネの供給者（株主）が企業の支配権を持つのはおかしいではないか？　というのがデュアル・クラス・ストックの基本思想です。

　そもそも、なぜ株主が会社の最終的な支配権を持っているのかというと、それは株主がカネの出し手だからです。では、なぜカネの出し手が会社の支配権を持つのかというと、それはカネが利益を生む源泉だからです。19世紀から20世紀前半にかけての産業では工場や設備を持って製品を大量生産することが利益を生む根源でした。しかし、工場や設備も所詮はモノですからお金さえあれば買えます。つまり大量生産の時代はお金が最終的に利益を生み出す源泉でした。それゆえ、カネの供給者すなわち出資者が会社を支配するのが合理的だったのです。

　しかし、20世紀後半になると単に工場や設備を持っているだけでは利益が上がらなくなり、利益を上げるためには他の企業と何らかの差別化が必要になります。第5章で論じたように企業が自身のビジネスを他者から差別化するポイントは様々です。工場の生産性を上げる場合もあるでしょうし、特許に守られた製品を作る場合もあるでしょう。ブランドを築くのも、独自の経営手法や組織文化を形成するのも差別化の一つのやり方です。20世紀後半に起こった大量生産の時代からの産業構造の大きな変化は、「知価社会」「高度情報化社会」「知識社会」「ポスト産業資本主義」「第三の波」など様々な呼び方をされています。大量生産の時代の利益の源泉である工場や設備はカネがあれば買えますが、現代の会社の利益の源泉である人材や知恵やブランドや情報はカネでは買えません。つまり大量生産の時代に比べると、現代の産業ではカネの重要度は相対的に低くなっているのです。

　スタートアップは最初は「株主＝創業者」のモノとしてスタートしたとしても、ベンチャーキャピタルの資金が入る時点では「株主＝創業者＋投

資家＋従業員」のモノになるという話を前節でしました（図9.6）。事業を進める上での主要な資金提供者とは言えない創業者や従業員を会社の所有者として遇する仕組みは、付加価値を生む根源としてカネよりもヒトの重要性が相対的に高いスタートアップの特質を、株式会社の構造に反映した結果だと考えることができます。

また、スタートアップへのカネの出し手であるベンチャーキャピタルも単なるカネの提供者ではありません。ベンチャーキャピタルは「カネを売る商売」だというお話を前章でしました。VCは出資先に対して、経営陣のリクルート、事業戦略の策定、提携先の紹介、資金調達の手助けなど様々な形の付加価値を提供します。スタートアップにとって付加価値を持ったカネであるからこそ価値の創出に貢献できるのです。

現代の会社、特にスタートアップにおいて、価値を生み出しているのはカネではなく、人材や知恵やブランドや情報などカネで買えないものです。にもかかわらず、大量生産時代の時代遅れのロジックでカネの供給者（株主）に企業の支配権を持たせる必要はないというのがGoogleの考え方なのです。

上場会社は誰のものか？

2004年IPO時のGoogleのOwner's Manualには、下記のようなことが書かれています。

- 会社が長期的な成長性や創造性を保つには安定性と独立性が必要であり、一般株主よりも事業や技術を熟知している創業者や経営者が上場後も会社の支配権を維持することが会社にとって最もふさわしい。
- 従って、上場後も普通の上場会社のように一般株主にコントロール権を渡すことはせずにデュアル・クラス・ストック制度を導入する。
- Googleの経営は上場後も長期の創造性、成長性を重視する。
- 日々の株価に一喜一憂して株を売り買いするような株主にコントロールされたくはないし、四半期毎の業績予測の達成を最重要課

題にして証券アナリストのご機嫌を伺うような短期的な経営は行なわない。
- 経営者が支配権を持つことで、経営者は他社からの敵対的買収などを気にすることなく、長期的な価値創造に専念できる。
- 同社は既に利益を上げ資金調達という意味では上場の必要はない。しかし非上場でも一定の規模になると、法律で上場企業並みの情報公開が求められ、非上場のメリットがなくなったので上場するのである。
- 従業員を手厚く遇する。短期的な収益確保のために従業員の福利厚生を削るような会社にはしない。IPOする理由の一つも、ストックオプションを持つ従業員に流動性を提供することにある。

これらの考えや方針に共通するのは、「会社はカネの提供者である株主のモノ」とする考え方、そして、会社を株という金融商品としてしか見ない株式市場への強い疑問です。その原点にあるのは「会社は、新しい価値を社会に生み出すための器」であるという思想です。新しい技術や新しいビジネスで世の中を変えようというビジョンと強い意志を持った人達が金や知恵を持ち寄り、何年かの間、全力疾走するのがスタートアップです。それは必ずしも四半期毎の営業成績に直結するとは限らず、またリスクを伴う長期の投資も必要です。このような会社観に立つと、上場した後にスタートアップが身を置かなければならない株式市場の仕組みには素朴な疑問が湧きます。

- 新しい価値を生み出す活動が、なぜ四半期毎に必ず利益を生まなければいけないのか？
- なぜ、新しい価値を生む根源である知恵を提供する従業員よりも、コモディティーである金しか提供していない株主の方が力が強いのか？
- なぜ上場したら、今まで新しい価値を生むことに成功してきた人達が、短期的な収益に一喜一憂する人達に、会社の支配権を明け渡さなければいけないのか？

- 株価次第で今日は株主になり明日は株主でなくなる人達が、新しい価値の創出に本当に興味があるのか？
- 株式市場という仕組みは会社を株という形の錬金術の道具として使う人達のための仕組みであり、新しい価値を生み出す仕組みとしては必ずしも適していないのではないか？

　Googleの創業者や経営者はこれらの疑問に対する答えとして、金融商品としての株と、会社の支配権としての株という、株式の持つ二つの役割を、デュアル・クラス・ストックという形で分離することにしたのです。このような会社形態をとって、株式の流動性を提供することで株式市場を満足させつつ、新しい価値を社会に生み出す活動は、上場後も今まで通りにスタートアップ流で継続させると宣言したのです。上場会社と非上場会社の良いとこ取りです。

　このような考え方は、いわゆるコーポレート・ガバナンス重視の考え方には真っ向から反する立場であり、投資家には必ずしも評判がよくありません。株主によるコーポレート・ガバナンスがあってこそ、上場会社の健全な経営と成長が可能であるとの考え方とは相いれないからで、上場前から疑問や反発の声も多くありました。

　スタートアップにとっても、株式市場の論理に挑戦することは天にツバすることにもなりかねません。スタートアップへの資本供給の中枢を成すベンチャーキャピタルは、上場や買収という形での投資資金の流動化を前提にしており、株式市場の存在なしでは成り立ちません。創業者の持株だけでなく、シリコンバレーの活力の原動力の一つである従業員へのストックオプションも、株式市場での株売却の道がなければ単なる紙切れになってしまいます。つまり、リスクを冒して金や知恵を持ち寄った人達が、新しい価値の創造に成功した対価として社会から報酬を受け取ることができるのは、株式市場の仕組みのおかげに他なりません。

　Googleが株式上場してから既に10年以上が経ちますが、上場後も順調に業績拡大を続け株価も上昇しています。株式市場は、経営陣に対するコーポレート・ガバナンスの欠如への懸念を持ちつつも、成長し続けて高い株価を維持する限り、デュアル・クラス・ストックの仕組みに大きな批

判を浴びせることはないのかもしれません。しかし、同様の仕組みを導入したFacebookに対しては、株価が下落した際には創業経営者への支配権の集中、すなわちコーポレート・ガバナンスの欠如に原因を求める批判も起こっているようです。

　Googleは上場会社の支配権について新しい考え方を導入する先駆者なのか？　それとも、株式市場という巨大な風車に立ち向かって、鬨の声を上げるドン・キホーテなのか？　Googleの実験の結論はまだ出ていません。

第9章のまとめ

- 誰に、どんな株価で、いつ、どれだけの株式を発行してどれだけの資金を調達するかの方針のことを資本政策と言う。

- 言い換えれば、創業者の所有物としてスタートした会社が、最終的に不特定多数のオーナーに所有される上場会社になるまで、誰がどのような比率でオーナーになるかの方針とも言える。

- 起業の初期から資本政策は大事である。株主構成は後から修正が効かないからである。

- 資金調達をする度に創業者や既存株主の持株比率は希釈化（Dilute）するが、創業者の希釈化を防ぐにはいくつか手法がある。

- スタートアップの資本構成は基本的にはシンプルであることが望ましい。

- 創業者、投資家、従業員の皆が、それぞれの貢献度や付加価値に応じて会社の一部を所有する。

- 資金調達の際には、次回以降の資金調達も考慮して資本政策を考える必要がある。

第10章

会社経営のための基礎知識

　本書の最終章では実際に会社を設立して運営していく上で必要になる様々な事柄について述べます。会社の運営の仕方は業種や業態によって大きく異なりますし、非常に幅広い分野の事柄に対して同時に、しかもそれぞれにかなり細かな内容にまで気を配る必要があるので本書の一章で網羅することは不可能ですが、初めて会社を作ろうとする人が抱く素朴な疑問や、特に大学に所属する研究者や学生が起業する際に直面する一般的な課題を取り上げました。私達が大学で起業支援活動を行なう中で、日頃よく見聞きする課題やよく相談を受ける内容を取り上げたつもりです。

10-1　会社設立の手続き

　株式会社を作ること自体は簡単です。「定款」と呼ばれる会社の組織や運営の基本原則を定めた書類を作って公証役場という場所で定款を認証してもらい、出資金を銀行に振り込んだ上で必要な書類を揃えて法務局に登記申請という手続きをとれば、通常、申請から1週間程度で登記が完了して会社は正式に設立[1]されたことになります。

　定款には、商号（会社の名称）、本店所在地（会社の住所）、事業の目的などを定める必要があり、また、発行可能な株式数、株主総会の手続き、取締役の人数や任期、代表取締役を置くかどうかなどの会社の基本的な機関構成や、設立時の出資金、発起人[2]、各発起人の出資額、発行株数などを定める必要があります。会社を作ろうとしている人であれば当然考えている内容のはずですが、会社の名称や本店の所在地を変えるとその度に登記

---

[1] 登記申請をした日が会社の設立日になります。

をしなおす必要がありますし、第9章で述べたように設立時の株主構成は後から変更しにくい場合が多いので、定款で定める内容は会社設立前に十分に検討しておく必要があります。

　前にも何度か触れたように日本では株式会社の設立に1,000万円の資本金が必要だった時代もありますが、今はそのような制限はないので会社設立に大きなお金が必要なわけではなく、定款の認証や登記の手続きに必要となる20～30万円の費用が会社設立に必要な最低限の金額と言っていいでしょう。定款の作成や登記手続きは初めての人には敷居が高いので、費用を払って弁護士や司法書士に頼む方が安全かもしれませんが、最近は起業相談窓口を設けている自治体などもあり、書籍やネット上の情報など様々な情報源もあるので自分で手続きをする人も少なくないようです。

　会社を設立するときには、登記手続き以外にも税務署や都道府県税事務所への届け出が必要になります。法人設立届出書や消費税関係の届出書を提出するのですが、設立直後の会社が書類を提出すると受けられる様々な優遇措置（つまり書類を出さないと受けられない優遇措置）もあるので、よく調べておく必要があります。また、人を雇うと税務署に源泉所得税関係の届出書（給与支払事務所の開設）を出さなければいけないだけでなく、労働基準監督署や社会保険事務所への届けも必要になります。

　登記事項を変更するとその度に登記が必要になります。資本金や発行株数は登記事項なので、株式を発行して資金調達をする度に登記が必要です。取締役や監査役の変更（新任、辞任、重任）、代表取締役の変更（住所変更も含む）、本店所在地の変更、ストックオプションの発行、事業内容の変更なども登記事項の変更なので、変更の度に数万円の費用がかかります。また、定款の内容を変更するためには株主総会での議決が必要になるので、これも手続きに一定の手間がかかります。スタートアップにとっては費用面のロスよりも手続きにとられる時間的なロスの方が大きい場合が多いの

---

2) 発起人は会社の設立手続きを行なう人ですが、会社設立に際して1株以上の出資をする必要があるので、発起人は会社設立時の最初の株主になります。法律上は「創業者」という概念はないので、通常は発起人のことを創業者と称することが多いですが、何らかの理由で発起人にはならなかった人を創業者と呼ぶことも珍しくありません。

で、法律的に手続きが必要な事項に関しては不要な変更は極力ないようにしておきたいところです。

　会社を設立するとすぐに必要になるのが会社の銀行口座です。数年前までは新規設立の会社が新しい銀行口座を作ることが簡単ではなかったようですが、(2019年時点で) 最近はその制限は緩和されているようです。実態のない会社が特殊詐欺などの犯罪行為の隠れ蓑になることが多いため、銀行が新規設立の会社と取引を始めることに対して慎重になることは現在も変わりませんが、杓子定規な対応は減っているようです。

10-2　事業を営む上で必要な法律的な知識

　前節では会社を設立する際の登記や定款認証などの法律的な手続きの話をしましたが、会社を設立した後も会社を経営していく上では常に法律面で注意を払う必要があります。法律や法律に付随する様々な規制は「知らなかった」では済まないからです。法令に違反する事業を行なってはいけないのは当然ですが、訴訟や紛争になれば事業を停止せざるを得ない場合も多いでしょうし、裁判に多額の弁護士費用を要することになるかもしれません。現実には「誰も法令を守ってない。他社もみんな無視して事業をやっているではないか」という場合もあるかもしれませんが、そのような場合であってもスタートアップが法令に触れるような行為を続けるべきではありません。そのままの状態では上場会社にはなれないでしょうし、上場できない会社であればVCからの資金調達は期待できないからです。パブリックな存在を目指すスタートアップはスモールビジネスよりもずっとクリーンな存在である必要があります。

法務的観点からの注意点

　多種多様なビジネスに関しての法律面での注意事項を本書で網羅することは到底できませんが、学生が簡単に始められるようなオンライン・サービスのビジネスであっても法的規制を受けるものは数多くあります。例え

ば、メルマガやオンラインゲームであっても有料であれば特定商取引法の通信販売にあたりますし、職業紹介や就職斡旋に該当するようなサービスは無料であっても職業安定法の規制を受けます。販売する商品におまけをつけようとすると景品表示法の規制を受けますし、有償でポイントを発行すると資金決済法が適用されます。SNSのメッセージ機能や掲示板を運営すると電気通信事業としての規制を受けます。新しい事業を始める際には常に事業内容がどのような法令で規制を受けるかを確認しておく必要があります。

　やっているビジネス自体が法令や規制に違反していなくても、ユーザーが違法な行為に利用することができてしまうサービスも要注意です。ユーザーの違法行為であっても、サービスの提供者に法的な責任が生じる場合があるからです。特にユーザーがコンテンツを提供するネット・サービスでは、コンテンツの違法なアップロードによって著作権侵害が起こったり、ユーザーが名誉毀損や業務妨害になる書き込みをする危険性があります。盗品や麻薬などの違法な品がサービス上で取引されたり、犯罪行為の共犯者がサービス上で募集されたり、売春行為や詐欺的取引に利用される可能性もあります。自社サービスが違法行為に利用されると損害賠償請求をされるかもしれませんし、最悪の場合にはサービス提供者が共犯として刑事罰を受ける場合もあるかもしれません。法的責任を逃れることができたとしても、サービスに対する信頼性や安全性が失われれば、まっとうなユーザーは離れてしまい、怪しげなユーザーしか残らないサービスになってしまうかもしれません。

　ユーザーの主体的な行動を前提としたユーザー参加型のサービスでは、違法行為を完全に排除することは簡単ではありませんが、予防や防衛の方法はあります。システム的にサービス上で違法行為があった場合に検知できるようにしておくことや、違法行為を検知したら速やかに通告や削除などの処置をとる体制や仕組みを作っておくことは防衛策の一つです。また、ユーザーが想定外の行為をした場合にサービス運営者がそのような行為やユーザーを排除することを利用規約などでユーザーに同意させておくことも一般的な対策です。

　また、事業やサービスの内容が違法ではなくても、紛争が生じやすいか

どうかも注意しておく必要があります。例えば、製品やサービスに優劣を付けるようなビジネスでは、劣っていると評価された側は業務妨害だと言ってくる可能性もありますし、ユーザー同士が現実に出会うようなサービスだと、出会った後に生じるトラブルにサービス提供者が巻き込まれる可能性もあります。また、匿名性の高いサービスは違法行為や名誉毀損行為が生じやすいということも一般論として言えると思います。これらもユーザー参加型のサービスでは避けられないリスクですが、利用契約や利用規約の中で禁止行為を明確に示すことや免責規定を明記した上で、サービス運営者がユーザーの投稿内容を削除したり、ユーザー登録を抹消したりできるようにしておく等の対策が必要になります。

事業を行なう上で交わす様々な契約

事業を行なっていく上では様々な契約を交わす必要があります。第7章でも触れたように契約はハンコをつく契約書締結を伴う契約ばかりではなく、口頭であっても双方が合理的に合意した約束であれば契約です。その意味では、顧客に製品やサービスを提供して対価を得るという事業の基本的な活動は顧客との契約ですので、事業活動は無数の契約で成り立っていると言ってもいいでしょう。

事業の根幹を成す顧客との契約は、モノを売る製造業や小売業であれば比較的簡単な構造ですが、ネット・ビジネスやサービス・ビジネスではその構造が複雑な場合もあります。つまり、誰が契約の当事者で、誰と誰の間でどんな契約が結ばれているかが簡単には特定できない場合があります。特にネット上のサービスでは、自社のサービスが顧客に直接的にサービスを提供しているのか（つまり売買型のサービスなのか）、他者によるサービス提供を仲介するサービスなのか（仲介型のサービスなのか）が必ずしも明確でないサービスも数多く存在します。自社のサービスが売買型か仲介型かによって、適用される法律

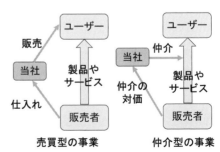

図 10.1　売買型事業と仲介型事業

や必要な許認可は大きく異なることが多いので注意が必要です。一般論としては仲介型の事業の方が売買型の事業に比べて必要な許認可は少ないと言えますが、例えば金銭の貸借の仲介をすれば貸金業法の対象になりますし、就職の仲介をすれば職業安定法の対象になります。

　会社を経営していく上では、顧客への製品やサービスの提供以外でも様々な契約を結ぶ必要があります。ハンコをつく契約書を取り交わす契約としては、設立したばかりの会社でも事業提携先の候補企業との間での秘密保持契約[3]を結ぶことはよくありますし、製品やサービスを開発する過程で業務委託契約を結ぶことも多いと思います。資金調達をすれば投資家との間で投資契約書を締結することになりますし、大学の研究成果を活用するスタートアップであれば特許ライセンス契約や共同研究契約が生じる場合が多いことでしょう。

　またネット・ビジネスでは、利用規約や個人情報の取り扱いに関するプライバシー・ポリシーを整備する必要がありますし、ネット販売や通信販売の事業の場合には特定商取引法に基づいた表示をする必要があります。ネット・ビジネスにおける利用規約は、サービス運営者がユーザーの投稿内容を削除したり、登録を抹消したりできるようにしたり、トラブルになった場合の免責を定めておくなどの検討が必要なことは前述した通りです。

　アメリカのスタートアップであれば契約書と名の付くものは弁護士にチェックしてもらうのが常識ですが、日本では必ずしも弁護士に見てもらうのが当たり前とは言えません。しかし、最近はスタートアップ向けの料金体系でスタートアップの法務支援に力を入れる弁護士事務所も増えてきていますので、本書で対象としているような、外部資金を導入してスケールするビジネスを目指すスタートアップを起業するのであれば、早い時期から法務的な相談ができる弁護士を持っておくべきだと思います。

---

[3] 秘密保持契約は NDA とか CDA と呼ばれることもあります。NDA は Non Disclosure Agreement の略称ですが、ライフサイエンス分野では CDA (Confidential Disclosure Agreement) という言い方が一般的です。

反社会的勢力・反市場勢力の排除

　反社会的勢力というのはいわゆる暴力団です。反社会的勢力は資金源を得るために様々な形で経済活動を行なっていますが、普通の企業を装って活動しているので、注意が必要です。反市場勢力は、株式市場を悪用して様々な形で金儲けをしようとする人達で、経済事件を起こした前歴がある人や会社の場合もありますが、違法行為とならない範囲で活動していて犯罪歴はないものの一般的なビジネスの常識からするとかなりグレーな経済行為を行なっている場合もあり、容易には見破れない場合もありますので注意が必要です。

　そうとは知らずに反市場勢力や反社会的勢力と繋がっている人達から出資を受けたり取引関係を持つと、他社からは反市場勢力や反社会的勢力と繋がりのある会社であると見なされて、事業の大きな妨げになります。仮に事業を継続できたとしても、IPO や M&A 時に審査が通らず EXIT できなくなる可能性が大きくなります。スタートアップは最終的には不特定多数のオーナーに所有されるパブリックな存在を目指す会社なので、反社会的勢力や反市場勢力と関わりを持つことのないように細心の注意を払う必要があります。

10-3　知的財産権

　第5章で事業の差別化要因というお話をしました。スタートアップの事業を他者から差別化するポイントは様々ですが、特許として権利化された技術はわかりやすい差別化要因の一つでした。特許のみで事業を守ることができるビジネス分野は必ずしも多くはありませんが、技術をベースにしたスタートアップでは特許は事業を行なっていく上で大事な要素であり、特に大学での研究成果を利用して新しい事業を興そうとする場合には技術を特許として権利化することが必須の場合もあります。

　特許を含めて知的な創造活動によって生み出されたもので創作した人の財産として保護される権利を知的財産権[4]と言います。知的財産権には、

特許、実用新案、意匠、商標、著作権などがあります。本節では特許を中心に知的財産権の基礎について簡単に解説します。

特許

　特許は特定の技術を一定期間独占して他者に使わせなくすることができる権利です。せっかく新しい技術を研究開発しても、でき上がった技術を誰かが真似して同じモノを作ってしまえば、最初に技術を開発した人は長い時間と費用をかけて研究開発するだけ損になってしまいます。特許制度は、発明者に独占的な権利を与えることで発明者に研究開発を行なうインセンティブを与える制度です。また、何の保護もなければ発明者は自分の発明を他人に盗まれないように技術内容を秘密にしておかなければなりませんが、それでは発明者自身も発明を有効に利用することができないかもしれませんし、他の人達がその発明を改良してさらに技術を発展させることもできません。特許制度は、発明者に権利を与える代わりに発明を広く公開することで技術の進歩を促進して産業を振興させるための制度でもあります[5]。

　特許は技術を一定の期間独占できる権利なので、事業の差別化を図ることのできる武器ですが、技術分野によって特許の位置付けが大きく異なることは第5章で述べた通りです。例えば、創薬のような分野であれば、薬効を持つ化学物質の特許を持っていれば、他の会社はその物質を使うことができないので、独占的にビジネスを行なうことができますが、ITやソフトウエアの分野ではなかなかそうはいきません。例えば、スマホをはじめとする最先端のIT機器やデバイスは何千という数の特許の組み合わせで構成されているのが普通で、薬のように一つの特許で事業を独占することはできません。このような産業分野では、通常は製品に必要な特許を

---

4) 「知的財産」を略して「知財」と呼ぶこともあります。また、「知的財産権」は英語では Intellectual Property Rights なので、知財権のことをIPとかIPRと言うこともあります。

5) 特許と似た制度として「実用新案」という制度もあります。実用新案は保護の対象が「物品の形状、構造又は組合せに係る考案」に限られる点で特許の保護対象より狭くなりますが、その目的とするところは特許と同様です。

一つの会社がすべて持っていることはないので、関連する特許を持つ会社が互いに自社特許を他社に使わせるような契約（クロスライセンスと言います）を結ぶのが一般的です。

　発明が特許として成立するためには新規性、進歩性、産業上の利用可能性という三つの要件を満たす必要があります。新規性とは、発明した技術が従来にない技術であることです。既に存在が知られている技術が特許にならないのは当然です。二つ目の要件である進歩性は、その技術分野の人が容易に考え付かないような技術であることです。当該分野の技術者であれば容易に思い付く技術は従来にない技術であったとしても特許にはなりません。三つ目の要件は産業上の利用可能性です。どんなに素晴らしい新技術であっても純粋に学問的な研究成果であり、産業として実用的な応用が考えられない技術であれば特許にはなりません。

　複数の人が同じ発明をした場合には、先に特許を出願した人に権利が与えられるのが原則です（先願主義）。従って、競争の激しい技術分野では一刻を争って特許の出願をする場合もありますが、十分なデータのないままに特許を出願してしまうと、新規性や進歩性を説明できずに特許として認められないかもしれませんし、権利として得られる技術の範囲が狭くなってしまうこともあります。初めて特許を出願する人は弁理士などの専門家のアドバイスを受けるべきでしょう。

　特許を取るとその技術を独占することができます。しかし、特許を出願するとその技術は特許明細書として公開される[6]ので、技術内容は広く知られることになります。特許になった技術自体は他者が勝手に使うことはできませんが、その技術に付随する様々な技術情報は競争相手にも知られてしまうことになります。例えば、何らかの技術課題を解決する新規技術を特許にした場合、競争相手は特許化された解決策を勝手に使うことはできませんが、特許明細書を読んで特許に抵触しないような別の解決策を思い付くきっかけを与えることになるかもしれません。もしかしたら、競

---

[6] 特許出願書類は出願から1年半後に公開されます。逆に言うと、出願から1年半は公開されないので、スピードの速い技術分野の場合には過去18か月の間にどのような発明が成されたかはわからないことになります。

争相手は何が技術的な課題であるのかがわかっていないかもしれませんし、発明者は当たり前だと思っている技術が競争相手にはなくて困っているのかもしれません。このような場合には、特許明細書が競争相手に技術情報を提供する結果になるかもしれず特許にしない方が得策の場合もあります。例えば製造業では、製品の構造や構成は特許にして、製造方法はノウハウとして秘匿しておくという戦略をとることがあります。製品の構造や構成に特許侵害があるかどうかは他社の製品を分析したりして確認できますが、製品の製造方法は製品を分析しただけではわからず、特許を侵害されても証明することが難しい場合があるからです。

　特許制度は国単位の制度なので、国際的に事業を行なう場合には国毎に特許を取る必要があります。特許は一日でも早く出願することが大事ですが、すべての国に同日にそれぞれの言語で異なる出願書類を提出することは現実的ではありません。そこで、自国で書類を提出すると条約に加盟しているすべての国に同時に出願したことになる PCT 国際出願[7] という制度があります。つまり、日本の特許庁に対して国際出願の手続きをとれば、条約に加盟するすべての国で出願したことになります。ただし PCT 国際出願はあくまで出願の手続きであり、発明がそれぞれの国で特許として認められるかどうかは各国の特許庁での審査を経る必要があります。それぞれの国で特許を取るためには、それぞれの国が認める言語での出願書類をそれぞれの国に提出し、それぞれの国に手数料を支払って審査の手続きをとる必要があります。

　発明は出願しただけでは特許にはなりません。日本の場合、出願から 3 年以内に審査請求という手続きを行なうと特許庁の審査官が特許として成り立つかどうかを審査します。審査で特許にはならないと拒絶された場合でも反論の意見書を出したり出願内容を修正したりすることができ、最終的に特許になると認められれば特許料を納付して特許が成立します。ただし、特許の存続期間は出願日から 20 年間です。それ以降は誰でもその特許技術を使うことができます。

　特許の出願、審査請求、登録、維持にはそれぞれ費用がかかります。そ

---

[7]　PCT は特許協力条約 (Patent Cooperation Treaty) の略称です。

れぞれのステップで1件の特許につき数万円～数十万円の費用がかかりますし、特許の明細書や各種の書類を専門家（弁理士）に作ってもらうと弁理士費用が1件当たり数十万円かかります。従って、特許1件には100万円程度の費用がかかることを覚悟しておく必要があります。しかし、これは日本で特許を取るための費用です。国際出願をして、それぞれの国で特許を取るとなると、それぞれの国毎に手数料や翻訳費用が発生するので、1件の特許当たり1,000万円のオーダーの費用がかかります。技術系スタートアップの場合には、特許費用は事業計画の中で無視できない要素ですし、どの国で特許を取得するかも経営戦略の一環としてよく考えておかなければならない大事な要素です。

ソフトウエアの特許と著作権

　特許制度は元々は機械を中心とした産業を前提にしていたので、コンピューター・プログラムであるソフトウエアは特許制度には馴染まないものでした。しかし、あらゆる産業にIT技術が導入されるようになるに伴って、ソフトウエアの基盤となるアルゴリズムや技術的な新規アイデアが、ソフトウエア特許として認められるようになりました。例えば「特定の入力があったときに特定の演算をして特定の出力をする」というアイデアに十分な新規性と進歩性があれば、特許にすることは可能です。

　しかし、あるアイデアを実現するソフトウエアは何通りもあります。プログラムを作成する人が違えば、異なるコードで同じ機能を実装することは可能なので、個々のコードを特許にすることはできません。コードを知的財産として保護したい場合には著作権によって保護することが可能です。著作権は元々は文学、絵画、音楽、建築物などの作品の権利を保護するためのものですが、ソフトウエアを構成するソースコードは著作物に該当するとされ、従って著作権による保護を受けることができます。ソフトウエアを守るという意味では、コードを見比べれば無断コピーされたかどうかは比較的容易に確認できるので著作権による保護が適していると言えます。ただし、著作権はコードを保護するものであり、その元となる技術的アイデアは保護しないので、技術的に新規なアイデアであれば、特許の取得も検討する必要がある場合もあります。

商標

　事業を行なう際に自社で取り扱う製品やサービスを他社のものと区別するために使用するマークやネーミングのことを商標と呼びます。商標には、文字や図形や記号やこれらを組み合わせたものなど様々なタイプがありますが、会社のマークや製品やサービスのネーミングは会社や製品・サービスの顔として重要な役割を担っており、他社が勝手に使うことができないように知的財産権の一つとして守ることができます。商標を登録するためには、登録を受けようとする商標と、その商標を使用する商品やサービスのカテゴリーを指定して特許庁に出願する必要があります。日本では、同一または類似の商標の出願があった場合、その商標を先に使用していたか否かにかかわらず、先に出願した者に登録を認めるという考え方（先願主義）を採用しています。新しいビジネスを始める場合には、製品やサービスの名称が既に他社が商標権を持っているものでないかどうかを事前に調べておく必要があります[8]。

会社における知的財産権

　発明の権利は本来、発明者に帰属します。つまり、会社の従業員が会社の仕事をしている中で生まれた発明であっても、何の取り決めもしていなければ、その発明は発明者個人のものになります。会社の仕事として行なった発明（職務発明）を会社のものにするためには、従業員の職務発明は会社に譲渡することを社内規定や雇用契約であらかじめ定めておく必要があります[9]。

　スタートアップでも従業員の職務発明を会社に帰属させるためには大企業と同様の規定が必要ですが、スタートアップの場合には、会社を作る前の知的財産を会社に帰属させておくことも大事です。会社を設立する前に個人で開発した技術が特許になる技術であったり、個人やチームでソフト

---

[8] 今のネット時代では、新規事業を始める際に会社名やサービス名をインターネットのドメイン名として取得できるかどうかが重要です。取得可能なドメイン名の中から、会社名やサービス名を決めざるを得ないのが実態かもしれません。

[9] 日本では、従業員の職務発明を会社に帰属させた場合は、会社はその見返りとして発明報奨を従業員に支払う義務があります。

ウエアを開発していた場合、それらの技術がスタートアップの事業にとってなくてはならない技術である場合には、キチンと会社に帰属させておく必要があります。資金調達をする際やEXITの際、投資家は事業の核となる技術が知的財産として会社のモノになっていなければ、その会社に投資することができません。投資家だけでなく事業提携相手にとっても同じでしょう。投資家にしろ事業提携相手にしろ、会社のコア技術が会社のモノであるからこそ、その会社と取引をするのです。会社設立以前の技術やソフトウエアを会社に帰属させることは会社設立時には先送りにしがちですが、創業者の一人が何らかの理由で途中でスタートアップから抜けたりした場合に揉めることがあるので注意が必要です。

大学での研究から生まれた知的財産権

　大学に雇用されている教員や研究者による発明も、会社における発明と同じように職務発明の考え方がとられることが一般的です。つまり、大学の研究者が大学での研究活動の一環として行なった研究の成果として発明が生まれれば、それは職務に関連して生まれた発明と見なされます。大学の研究者の業務範囲は企業の従業員に比べて明確に規定されていないことや幅広いことが多いので、生まれた発明が大学での研究活動の一環としての発明なのか、大学での業務とは無関係に生まれた発明なのかを明確に判定できないこともありますが、仮に週末の勤務時間外に生まれた発明であっても大学の設備や予算を使って行なったものであれば、職務上の発明である可能性が高くなります。

　しかし営利企業と異なり、大学の研究成果を特許という形で権利化すべきかは必ずしも自明ではありません。ビジネスを行なって利益を追求することが大前提の企業と違い、大学はビジネスを営むための組織でも利益追求のための組織でもありません。大学で行なわれる学術研究の成果は、学会発表や論文として公表されることを通して、その分野の技術進歩や発展に寄与します。従って、大学の研究から仮に特許に成り得る技術が生まれたとしても、大学（や大学に所属する研究者）は特定の者に独占的な権利を与える特許を取得するのではなく、学会発表や論文として積極的に公表して誰でもが広く使えるようにすべきだという考え方も成り立ちます。技術

領域によってはそのような考え方に立って技術を公知にした方がいい分野もあるかもしれません。

　では、なぜ大学が積極的に特許を取ろうとするのでしょうか？　それは、学術研究の成果を実際にビジネスとして事業化するまでには膨大な費用と時間を要するからです。技術分野にも依存しますが、一般に学術論文レベルの技術を再現性や信頼性や量産性が求められる製品レベルの技術に仕上げるまでには多くのさらなる研究開発が必要ですし、開発が順調に進んだとしても製品やサービスを売るためにも多くのコストがかかります。大学はビジネスをする組織ではないので、これらの事業化費用は事業を行なう企業が負担することになりますが、もしコア技術となる研究成果が権利化されておらず誰でもが使える状態であれば、他社との差別化ができないので、企業には事業化に向けての投資を行なうインセンティブが働きません。つまり、大学の研究成果を企業に事業化してもらうためにはコアとなる技術は特許として権利化し、事業化に挑戦する企業が独占的に使えるようにしておく必要があるのです。

　大学での研究成果を事業化する担い手が大企業からスタートアップに大きくシフトしているのは第2章で述べた通りです。教員や研究者の発明をベースにしてスタートアップを起業する場合には、通常、様々な学内ルールがあります。以下では主に著者の所属する東京大学のルールを中心に説明しますが、日本の大学であればだいたい似たようなシステムになっているところが多いのではないかと思います。

　大学の研究から得られた特許は、大学が管理・運用を行なって積極的に社会に還元・活用すべきであるというのが大学の特許に対する基本的な考え方です。東京大学の場合には、大学に雇用される教員や研究者が業務（研究）に関係する発明をした場合には大学に発明届を提出して、大学の知的財産部が（株）東京大学TLO[10]の協力を得て職務関連発明であるかどうかを判断します。職務関連発明であると判定された発明は、大学が発

10）　TLO は Technology Licensing Organization（技術移転機関）の略で（株）東京大学 TLO は東京大学の 100% 子会社です。（株）東京大学 TLO は東京大学の持つ特許を企業にライセンスすることを主な業務としています。

明者から承継して権利化するかどうかを判断します[11]。大学が権利化すると判断した発明に関しては大学が特許費用を負担して出願や権利化の手続きを行ないます。特許が成立し、その特許によって大学が収入を得た場合には収入の一定割合が発明者に配分されます。

特許の話からは少し外れますが、教員や研究者がスタートアップを起業する場合には、発明以外にも様々な学内ルールがあります。兼業規定もその一つです。大学の研究成果を事業化するための会社を新しく作る場合、発明者である研究者が会社にも籍を置くことがあります。元々の技術の開発者が事業化に関わった方が事業の成功確率が高くなるからですが、大学の教員や研究者が会社と兼業する場合には教員や研究者としての本務に支障が生じないように兼業規定が設けられています。

教員や研究者の起業に関するルールとしては利益相反マネジメントのルールも重要です。大学の技術を基にしたスタートアップは、大学との間で様々な取引をする場合があります。大学からスタートアップへの特許ライセンス契約や、大学とスタートアップの間での共同研究契約などがよくある取引ですが、このような場合、教員や研究者は大学の一員として就業する立場とスタートアップの一員としての立場の両方の立場に同時に立つことになります。このように一人の人間が異なる立場に同時に立つ状況を利益相反の構造と言います。利益相反の状態になること自体が悪いことではありませんが、一人の人間が一方の組織の立場に立って意思決定したことが、もう一方の組織にとっては不利益を生む可能性があるので、利益相反の構造が生じた場合には適切な利益相反マネジメントが必要になります。大学の教員が自分の研究成果を事業化するスタートアップに関わる場合には、大学の研究室の活動とスタートアップの業務をキチンと切り分けることが基本になり、二つの立場に同時に立つ人物がスタートアップと大学との間の取引の意思決定に関わらないようにすることが大事です。

---

11) 大学が承継しないと判断した発明に関しては、教員や研究者が個人で(もしくは企業と連携して)特許出願することができます。

学生の知的財産権

　学生の知的財産権(特許や著作権)の扱いは教職員とは大きく異なります。教員や研究者は大学と雇用関係にあるのに対して、学生は大学に雇用されているわけではないからです。日本では学生の発明は原則として学生個人のものになります[12]が、学生であっても例えばRA (Research Assistant) などの形で大学との間に雇用関係があると、教職員と同じルールが適用される場合もあります。また、教員と学生とが共同で発明を行なった場合も注意が必要です。教員は大学のルールに従って大学に発明届を提出する必要があり、その中に共同発明者として学生が入ることになるからです。

　学生に限りませんが、大学での研究成果の特許化を考える場合には発明の新規性喪失に注意する必要があります。前述したように発明が特許として認められるためには新規性、すなわち存在が知られていない技術であることが必要です。不特定多数の人の目に触れる形で発表された技術は公知の技術と見なされて新規性がなくなります。公知の技術が特許にならないのは誰でもわかりますが、注意する必要があるのは発明者自身による発表です。発明者が特許を出願する前にその技術内容を公表してしまうと自分の発表によってその技術は公知となり、新規性が失われてしまうのです。従って、特許を取ろうと考えている場合は出願前にその技術内容を発表してしまうことのないようにする必要があります。研究室内の内輪のミーティングで研究発表しても発明の新規性が失われるような「発表」には当たりませんが、学会発表や論文発表などは新規性を失う「発表」になります。学会発表等は大学の研究活動の根幹を成す活動であることから新規性喪失の例外規定があり、発表から一定期間の間に特許出願すれば新規性は失われないという救済規定がありますが、このあたりは国によって制度が異なるので、特許になりそうな技術を学会発表する場合には大学の知的財産部門などに相談する方がいいでしょう。

---

[12] 学生が希望すれば、教職員の発明と同じように大学が承継して大学として特許を出願する場合もあります。

知的財産のライセンス

　他者が権利を持っている知的財産を使うためには、その知的財産の譲渡を受けるか、実施権のライセンス（使用許諾）を受ける必要があります。大学での研究成果の事業化を目指すスタートアップの場合には、大学の持つ特許の譲渡を受けたりライセンスを受ける場合が多いことでしょう。ライセンスには独占ライセンスと非独占ライセンスがあります。技術ベースのスタートアップであれば、事業のコアとなる技術は独占できないと競争相手との差別化ができないので、譲渡を受けるか独占ライセンスを受ける必要があります。

　多くの大学やTLOでは、スタートアップへのライセンスでは独占ライセンスが必要であるとの理解が行きわたっていますが、日本では公的機関が特許を持っている場合、独占ライセンスを認めないことがありますので注意が必要です。大学で行なわれた研究開発の成果であっても研究の資金源が公的機関である場合には、生まれた特許が大学ではなく資金の出し手である公的機関に帰属することがあります。公的機関には、税金を原資とする資金で行なわれた研究開発の成果は誰にでも使えるべきであり、一企業に独占させてはいけないという考えが根強く残っており、このような考えに立って独占ライセンスを認めない場合があります。公的機関としてこれはこれで一つの考え方ですが、同じ機関が同時に盛んにスタートアップを振興・奨励している場合があります。スタートアップを奨励するのであれば独占ライセンスを前提にすべきであり、独占ライセンスを認めないのであればスタートアップを興せなどと言うべきではありません。このような矛盾した施策がいまだに存在しているのを見ると、日本ではスタートアップの本質がまだ十分に理解されていないと言わざるを得ません。

　一般に、他者が権利を持っている特許のライセンス（使用許諾）を受ける際には、対価（ライセンス・フィー）を支払う必要があります。大学の研究者が職務上の発明として特許化した技術をベースにしてスタートアップを興す場合、発明者が創業者の一人として参画するスタートアップであっても、会社は大学に対価を支払って大学から特許ライセンスを受ける必要があります。研究者の中には、自分の発明を自分の会社が使うのに、なぜ対価を支払う必要があるのか？　という疑問を抱く方も居られますが、

自分の発明であっても大学の資金や大学の施設を使って行なった研究である以上、それは職務から生まれた発明であり、特許としての権利は第一義的には大学に帰属します。

ライセンスの対価は、一時金とランニング・ロイヤルティ（running royalty）の組み合わせであることが多いようです。ランニング・ロイヤルティは、ライセンスした技術を利用した製品による売上げが上がった場合に、売上げの何％かをライセンス・フィーとして支払うもので、ライセンスの実施度合いに応じた対価となります。しかし、対価がランニング・ロイヤルティのみだと、製品が売れなかった場合には対価が極端に少なくなってしまうかもしれないので、製品の成否によらず一定額のライセンス・フィーを最初に一時金として支払うこともよく行なわれます。大学発のスタートアップの場合、製品も売上げもなく資金調達もこれからという段階でコア特許のライセンスを受ける場合が多いので、大学に対してストックオプションを発行する場合もあります。ライセンスの対価にストックオプションを用いることで、スタートアップはキャッシュの流出を抑えることができ、スタートアップが大きく成功した場合には技術の源である大学に成功報酬が還元される仕組みです。

10-4　会社の財務と会計

本章では実際に会社を設立して運営していく上で必要になる法律面や知財面の基礎知識を述べてきました。本節では会社経営においてお金を扱う業務について簡単に解説します。

財務、会計、経理

会社でお金を扱う業務というと、財務、会計、経理といった言葉を思い浮かべると思います。学生の皆さんには同じに聞こえるかもしれませんが、「財務（finance）」は、融資や出資の形で外部から資金調達をしたり、調達した資金や稼いだお金をどのように運用するか（何に投資をするか）を

考えて実行する業務のことで、「会計（accounting）」は会社のお金の出入りを記録して社内外の関係者に報告（account）する業務です。「経理」を英訳するとaccountingで会計と同じです。日本語でも「会計」と「経理」が明確に区別されていないことが多いように思いますが、一般的に経理は会計の一部である日々のお金の処理（請求、支払い、帳簿作成、税務申告など）を指すとされているようです。しかし、会社の中では経理課が会計の業務を行なっていることがほとんどでしょう。請求、支払い、帳簿作成、税務申告といった経理処理は、会社が設立されたらすぐに発生する日常業務であり、しかも間違いがあってはいけない内容です。最初は誰も居ないので創業者が手作業で処理するしかないかもしれませんが、スタートアップであっても早期に経理担当者を置くことを考えるべきでしょう。もちろん、スタートアップの初期ではフルタイムの経理専任者を置くほどの業務量はないので、社内の誰かが兼任するか、外注するかになると思いますが、いずれにしろ誰かが一元的に管理すべきです。一方、財務の仕事は、経理や会計と異なり投資家や銀行と交渉したり資金や資産の運用を考える仕事なので、会社の経営全般についてハイレベルで把握していることが必要です。スタートアップでも資金調達を重ねてEXITを検討するような段階になれば財務業務を担当するCFO（Chief Finance Officer）を置きますが、初期段階ではCEOが財務の業務を担当することが一般的です。

2 種類の会計

会計には「管理会計」と「財務会計」の2種類の会計があります。「会計」と「財務」は違うものだと説明したばかりのところに、その二つの言葉を連ねた「財務会計」という言葉が出てきて紛らわしいですが、そういう専門用語が昔から使われているのでガマンして下さい。

管理会計は社内向けの会計、財務会計は社外向けの会計です。管理会計は、経営者が会社の収入・支出の状態や財務状況を把握するための会計です。経営者はそれらの数字を基に経営判断を下し、経営計画を立てます。管理会計は社内向けなので決められたフォーマットや方法があるわけではなく、自社の業務や業態に合わせて経営者にとって必要な情報をわかりやすい形でまとめます。一方、財務会計は自社の経営実績を社外の様々な利

表10.1 2種類の会計

	財務会計(外向け)	管理会計(内向け)
対象者	・株主、銀行、債権者など (企業外部の利害関係者)	・経営者、従業員など (企業内部の利害関係者)
目的	・経営成績や財務状況を理解してもらい、投資や融資の意思決定に役立ててもらう(報告)	・経営成績や財務状況を素早く把握し、資金や資産の配分の経営意思決定に役立たせる(戦略)
形式	・法令により規定 (商法・税法・証券取引法) ・財務諸表など	・会社毎に自由に作成
開示	・上場企業は、四半期毎に公開義務 ・非上場企業は義務なし	・公開義務なし ・会社の事業戦略に直結するので、通常は非公開

害関係者(株主、銀行、債権者、税務署など)に報告することを目的とした会計なので、法令によって規定されたルールに従って様々な書類を作成する必要があります。

財務諸表(Financial Statements)

財務諸表は、会社の業績や財務状態などのお金の流れの情報を、一定の決められたルールの下で体系的にまとめた書類で、決算書、決算報告書、計算書類とも呼ばれます。

ビジネスは顧客に製品やサービスを提供し、その対価として収入を得る活動です。収入から必要なお金を支出し、それでも残ったお金が事業の利益です。誰もやったことのない事業に挑戦するスタートアップでは、すぐに売上げが立たないことが多いので、第三者から出資を受けることが一般的です。財務諸表(決算書)は、これらの活動をまとめて整理したものです。つまり、製品やサービスを作るためにどのような支出をして、その結果どのような売上げを上げてどれだけの利益を生むことができたのか？ 融資や出資によって外部から調達した資金や事業を通して上げた利益が、会社の中でどのような形で使われ、何に投資されているか？

図10.2 会社のお金の流れ

といったことがわかる書類です。

　経理部門と財務部門が両方あるような大きな会社でも、財務諸表は通常経理部門が作成します。つまり、財務諸表は、財務会計のための報告書として、経理部門が作成するのが一般的です。財務、会計、経理といった言葉がわかりにくいのは、業務と部門と書類のそれぞれの名称が必ずしも一致していないからですが、本質的なことではないので、慣れるしかありません。

　財務諸表の形式は法令によって規定されており、また国毎に会計ルールが定められています。その詳細は本書では省略しますが、ここではスタートアップを起業する際に知っておくべき最も基本的な言葉や概念を取り上げて説明します。

　財務諸表は貸借対照表（Balance Sheet, B/S）、損益計算書（Profit and Loss Statement, P/L）、キャッシュ・フロー計算書（Cash Flow Statement, C/F）など複数の計算書類から成り立っていますが、ここでは貸借対照表（B/S）と損益計算書（P/L）のみを取り上げます。

貸借対照表（B/S）

　貸借対照表（Balance Sheet）はある時点（例えば月末や年度末）における会社の資金や財産の状態をまとめた表です。

　図 10.2 に示した会社のお金の流れの中で言うと、図 10.3 に示すようにある時点で会社に入っているお金や会社が生んだ利益や会社が持つ資産を一つの表にまとめたものと言っていいでしょう。

　図 10.4 に貸借対照表（B/S）の基本的構造を示します。B/S は通常、左右に分かれており左側に資産、右側に負債と純資産という大きな項目が配置されています。「資産」の欄には現金や将来現金に換えることができるモノが列挙されます。「負債」の欄には融資をはじめ将来返さなければならないお金の項目が並び、「純資産」の欄には出資金など過去に入ってきたお金のうちで返す必要

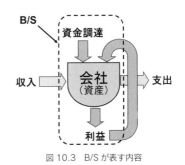

図 10.3　B/S が表す内容

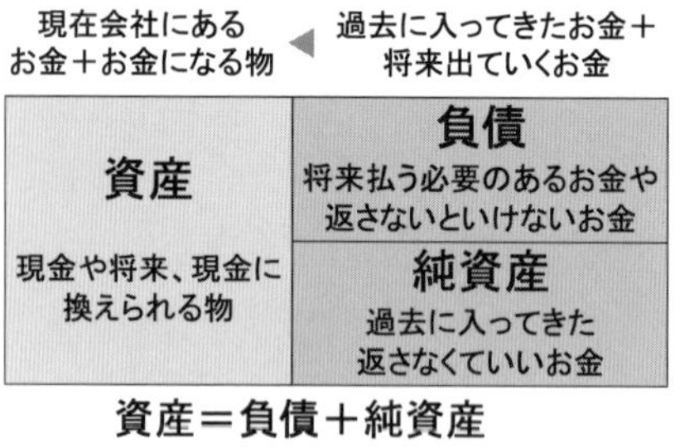

のないお金が並びます。

　右側は過去に入ってきたお金と将来出ていくお金の合計で、左側はそれらのお金が現在どのような状態で会社に存在しているのか（お金のまま置いてあるのか、何かを買ってモノとして会社にあるのか、何かに投資した状態で存在するのか、等々）が入ります[13]。貸借対照表（B/S）は、左側の合計（資産）と右側の合計（負債＋純資産）が常に一致するようになっています[14]。

　資産は流動資産と固定資産に分けられます。流動資産は1年以内に現金化ができる資産で、現金や預貯金の他、売掛金（後ほど説明しますが未回収の売上金のことです）、まだ売れていない製品、完成前の仕掛品、製品になる予定の原材料などが含まれます。固定資産は1年以上継続的に保有する予定の資産で、有形固定資産と無形固定資産があります。有形固定資産は文字通り形のある資産で、土地、建物、機械、設備などです。無形固定資産は形はないけれど経済的価値を持つ資産で、具体的には特許権、商標権、著作権、ソフトウエア、借地権などがあります。固定資産には長期に保有する他社の株式や社債や長期貸付金なども含まれ、このような資産は有形でも無形でもないその他の固定資産という形に分類されます。

　なお、土地以外の有形固定資産（建物、機械、設備など）は時間が経つ

---

13) 「債務超過」という言葉を聞いたことがあるかもしれません。債務超過は、負債＞資産（つまり純資産＜0）になり、資産をすべて売却しても負債を返済できない状態のことを言います。一般企業が債務超過になると銀行は基本的にお金を貸してくれなくなるので破産手続開始の原因となります。しかし、スタートアップの場合は、元々銀行はお金を貸してくれないので、債務超過が必ずしも倒産を意味するとは限りません。もちろん、債務超過になったら財務状態が悪いのは確かですが……。

14) 貸借対照表のことを英語で Balance Sheet と言うのは、左右が常に一致（バランス）しているからです。

図10.4　貸借対照表の基本構造

と（つまり古くなると）経済的価値が減少していくため、減価償却という処理を行なう必要があります。減価償却は、機械や設備を取得するために要した費用を、その資産を利用する期間（耐用年数）にわたって費用配分する手続きです。減価償却を伴う固定資産の価値は一定のルールに従って計算される「減価償却費」の分ずつ毎年減少していき、耐用年数を終えた時点で資産価値がなくなると考えます。高額な設備を購入した場合には、実際にお金が会社から出ていくのは購入時ですが、この費用は購入時に一括計上するのではなく設備を利用する耐用年数の期間にわたって少しずつ費用計上する方が合理的なため、このような減価償却という手続きがとられます。

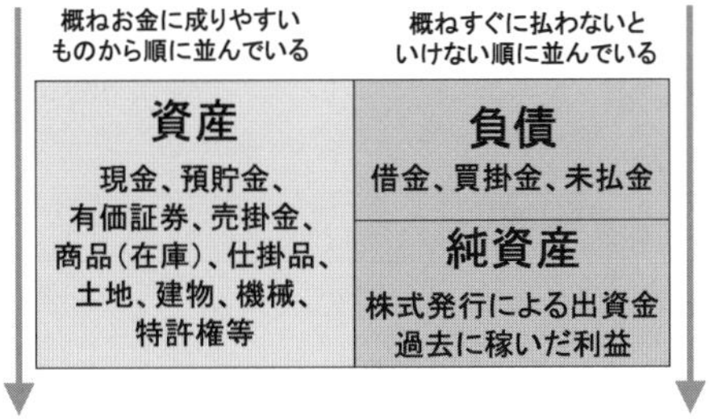

図 10.5　貸借対照表の中身

損益計算書（P/L）

損益計算書（Profit and Loss Statement もしくは Income Statement）は、ある期間（例えば3か月間や1年間）における事業の収入と事業にかかった費用をまとめた表です。図 10.2 に示した会社のお金の流れの中で言うと、図 10.6 に示すように、ある期間の事業収入と事業を行なうための支出を一つの表にまとめたものと言っていいでしょう。

しかし、ある期間の収入と支出を特定することは意外に簡単ではありません。それは、ビジネスの世界では現金が動くタイミングと収入や支出が生じるタイミングが異なるからです。自分のお財布であれば、何かモノを買えばお金が減り、銀行からお金をおろせばおカネが増えますが、会社のお財布はそれほど単純ではありません。モノを買っても実際にお金を支払うのは月末かもしれません。製品やサービスが売れても実際にお金が会社に入ってくるのは翌月かもしれませんし、へ

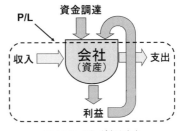

図 10.6　P/L が表す内容

タをすると年度末かもしれません[15]。一般に、現金の受け渡しの時点を基準にして会計を行なう考え方を「現金主義」と言い、売買の成立といった経済的事象の発生を基準にして会計を行なう考え方を「発生主義」と言いますが、企業の会計は通常発生主義の考え方に基づきますので、損益計算書（P/L）も発生主義で作成されます。

P/L は一番上に当該期間中の売上高が記載されます。そこから表を下にいくに従って支出を引いていき、期間中にどれだけの利益が出たかがわかるようになっています。

売上高から最初に引く支出は売上原価です。売上原価は、製品やサービスを生み出すために直接要した費用のことなので直接費という言い方もします。直接要した費用の内容は業種によってかなり違います。モノを作る製造業であれば、製品を製造するために購入した原材料費や工場や製造設備の運転費用等が売上原価になります。工場の製造ラインで働く人達の人件費もこの中に含まれます。一方、卸売・小売業のようにモノを仕入れて売るような業種では商品の仕入高が売上原価（直接費）の主要な内容になります。売上高から売上原価を引いた額を売上総利益（粗利益、さらに略

売上高	事業により得られた収入
売上原価（直接費）	事業のための直接的な費用 （原材料費、工場労働者人件費、仕入等）
売上総利益（粗利益、粗利）	＝売上高－売上原価
販売費・一般管理費（間接費） （販管費とも言う）	事業のための間接的な費用 （広告費、販売手数料、人件費、家賃、 　福利厚生費、減価償却費、交際費等）
営業利益（または営業損失）	＝売上総利益－販管費

図 10.7　損益計算書の基本構造

---

15) 製品やサービスの引渡し（納品）が先に行なわれて、代金の支払いが後日行なわれる取引を「掛け取引」と呼びます。掛け取引の結果生じた代金を受領する権利（債権）のことを売掛金（うりかけきん account receivable）と言い、代金を払う義務（債務）のことを買掛金（かいかけきん account payable）と言います。

して粗利）と言います。以降で説明するように事業活動の「利益」には様々な定義の利益があるのですが、売上総利益（粗利）は一番シンプルな考え方での利益です。

P/Lを上から見ていったときに次に出てくるのが「販売費及び一般管理費（略して販売管理費、販管費とも呼ばれる）」という支出項目です。これは企業の本業の活動に要した費用のうち売上原価に算入されない費用、つまり、製品やサービスを生み出すために直接要したわけではないけれども、会社が事業を行なう上で必要な費用です。具体的には、広告宣伝費用、販売手数料、間接部門（人事や経理や経営者など）の人件費や事務所の家賃、福利厚生費、減価償却費、交際費、旅費交通費、租税公課、研究開発費など様々な内容があります。売上原価を直接費と言うのに対応して販管費のことを間接費と言うこともあり、一般には売上高に関係なく固定的に発生する費用であることがほとんどです。

売上総利益（粗利益）から販管費を引き算した値を営業利益（マイナスの場合は営業損失）と言い、企業が本業でどのくらい利益を上げたかを表す指標になります。

実際のP/Lは図10.7よりも複雑で図10.8のようになります。上から営業利益の欄まで図10.7と同じですが、その下にまず営業外損益が加わります。営業外損益は本業以外の活動で経常的に発生する収益や損失で、

売上高	本業の収入
売上原価	直接費
売上総利益（粗利）	＝売上高－売上原価
販売費・一般管理費（販管費）	間接費
営業利益	＝売上総利益－販管費
営業外収益 営業外損失	本業以外の活動で通年起こる収益・費用 （有価証券売却益、支払利息など）
経常利益	＝営業利益＋営業外利益－営業外損失
特別利益 特別損失	本業以外の活動による当期限りの収益・費用 （固定資産売却益、災害損失など）
当期純利益（税引前）	＝経常利益＋特別利益－特別損失
法人税等	
当期純利益（税引後）	＝会社の全活動で生じた利益（税引後）

図10.8　実際の損益計算書の構造

利息の受取りや支払い、配当金、流動資産の有価証券売却益や売却損、不動産賃貸収入などが含まれます。営業利益に営業外収益を足して営業外損失を引いた値を経常利益（または経常損失）と言います。経常利益は、本業以外の経営能力（例えば低い金利で融資を受けることができているか？）も含めて会社が経常的に利益を上げる力を表す指標になります。P/Lではその下には特別損益という欄があります。特別損益は本業以外の活動による一回限りの収益や損失です。長期保有の固定資産を売却した場合や、自然災害で工場設備が破損して修理をした場合などが特別損益に相当します。経常利益に特別利益を加えて特別損失を差し引いたものを当期純利益と呼び、会社のすべての活動で生じた利益という意味で最終利益と呼ばれることもあります。図10.8に示すように純利益を基にして法人税等を支払いますので、税金[16]を払う前の純利益と税金を払った後の純利益と二つの純利益が記載されます。

スタートアップにおける財務諸表

　B/SやP/Lは売上げが何兆円もある大企業であっても、昨日登記したばかりのスタートアップでも作成しなければならない重要な書類ですので、起業家もその内容は理解しておく必要があります。しかし、できたばかりのスタートアップ、特に暫くは売上げもなく研究開発を続けるしかない研究開発型のテクノロジー・スタートアップのB/SやP/Lは、大企業の財務諸表とは全く様相が異なります。

　図10.9はVCから6億円の資金調達をした医療機器を開発するスタートアップの財務諸表の例です。まずP/Lを見てみましょう。できたばか

---

16) 会社の納める税金には、法人税、消費税、源泉所得税など様々なものがあります。そのうち、営業活動上の経費と言えるものは、販管費の中の「租税公課」に計上され、利益に課税される法人税は純利益の計算時に控除されます。消費税は売上高が一定以下であったり資本金が一定額以下の会社なら免除されるという規定がありますし、源泉徴収税（従業員に給与を支払う際に所得税を源泉徴収して会社が納付する）は給与を支払ったらその翌月には納付するのが原則であったり、できたばかりの会社であっても実務的にはやらなければならないことは、たくさんあります。

貸借対照表			
資産の部		負債の部	
流動資産	74,000	流動負債	30,000
現金及び預金	64,000	短期借入金	0
売掛金	0	買掛金	0
商品及び製品	0	未払金	30,000
仕掛品、原材料	0	固定負債	25,000
前払金	10,000	長期借入金	25,000
固定資産	226,000	負債の部合計	55,000
(有形固定資産)		純資産の部	
機械及び装置	150,000	株主資本	245,000
工具備品	20,000	資本金	300,000
(無形固定資産)		資本準備金	300,000
ソフトウエア	42,000	(利益余剰金)	
特許権	10,000	繰越利益余剰金	△235,500
商標権	0	当期純利益	△119,500
(その他)	4,000	純資産の部合計	245,000
資産の部合計	300,000	負債及び純資産合計	300,000

損益計算書		
売上高合計		0
売上高	0	
委託業務売上	0	
売上原価		0
売上総利益		0
販売費及び一般管理費		197,900
営業利益		△197,900
営業外収益		80,000
受取利息	0	
助成金、補助金	80,000	
雑収入	0	
営業外費用		1,500
支払利息	1,500	
その他	0	
経常利益		△119,400
特別利益		0
特別損失		0
税引前当期純利益		△119,400
法人税等		100
当期純利益		△119,500

販売費及び一般管理費明細	
役員報酬	30,000
給与手当	70,000
福利厚生費	10,000
研究開発費	35,000
業務委託条、外注費	5,000
宣伝広告費	0
接待交際費	200
減価償却費	30,000
荷造費	100
地代家賃	5,000
賃借料、リース料	600
租税公課	500
旅費交通費	500
通信費	500
消耗品費	3,500
図書研究費	500
保険料	1,000
雑費、その他	1,000
合計	197,900

図 10.9 スタートアップの財務諸表(医療機器を開発する会社の例)

りのスタートアップで製品などありませんから売上げはゼロ、製品を作る段階にも至っていないので製品を作るための売上原価もまだゼロです。従って、P/L を上から見ていけば売上純利益までの項目はすべてゼロです。しかし、製品も売上げもなくても販管費は支出として出てきます。この会社の場合は当年は 2 億円ほどの販管費があり、それがそのまま営業損失として計上されています。販管費の内訳を見ると人件費が 1 億円、研究開発費が 3,500 万円、減価償却費が 3,000 万円などとなっています。このスタートアップは高額な設備を購入して研究開発を進めているので(B/Sの固定資産の欄に 1.5 億円の機械が計上されています)、減価償却費が大きくなっていることがわかります。このように、テクノロジー・スタートアップの初期の P/L は研究開発費用を中心とする販管費の分がそのまま営業損失として計上されるのが一般的です。この会社の場合には営業外収益として 8,000 万円の収入がありますが、これは国の研究開発助成金[17] の収入で、そのおかげで営業損失としては 2 億円だった損失が、純損失としては 1 億 2,000 万円ほどに圧縮されています。

次に、この会社の B/S を見てみましょう。B/S の左側である資産の部分を見ると、製品はまだないので在庫や仕掛品や売掛金などはすべてゼロ

---

17) この例では補助金や助成金から入るお金を営業外収益に計上していますが、売上げに計上する場合もあります。また、補助金や助成金を使った支出を、この例では間接費(販管費)に計上しますが、直接費に計上する場合や営業外損失に計上する場合もあります。

貸借対照表			
資産の部		負債の部	
流動資産	1,200	流動負債	0
現金及び預金	1,200	短期借入金	0
売掛金	0	買掛金	0
商品及び製品	0	未払金	0
仕掛品、原材料	0	固定負債	0
前払金	0	長期借入金	0
固定資産	200	負債の部合計	0
（有形固定資産）		純資産の部	
機械及び装置	200	株主資本	1,400
工具備品	0	資本金	1,000
（無形固定資産）		資本準備金	0
ソフトウエア	0	（利益余剰金）	
特許権	0	繰越利益余剰金	0
商標権	0	当期純利益	400
（その他）	0	純資産の部合計	1,400
資産の部合計	1,400	負債及び純資産合計	1,400

損益計算書		
売上高合計		2,000
売上高	0	
委託業務売上	2,000	
売上原価		300
売上総利益		1,700
販売費及び一般管理費		1,200
営業利益		500
営業外収益		0
受取利息	0	
助成金、補助金	0	
雑収入	0	
営業外費用		0
支払利息	0	
その他	0	
経常利益		500
特別利益		0
特別損失		0
税引前当期純利益		500
法人税等		100
当期純利益		400

販売費及び一般管理費明細	
役員報酬	0
給与手当	0
福利厚生費	0
研究開発費	0
業務委託料、外注費	500
宣伝広告費	0
接待交際費	0
減価償却費	0
荷造運賃	0
地代家賃	0
賃借料、リース料	0
租税公課	100
旅費交通費	200
通信費	200
消耗品費	0
図書研究費	100
保険料	0
雑費、その他	100
合計	1,200

図 10.10 スタートアップの財務諸表（学生ベンチャーの例）

です。右側の負債の部分を見ると長期借入金が 3,000 万円ありますが、通常スタートアップには誰もお金を貸してくれないので大きな負債はないのが一般的です。純資産の部には VC からの出資金である 6 億円が資本金と資本準備金に等分されて記載されています。まだ製品も出していない会社なので過去の利益の蓄積はもちろんなく、この会社の場合は過去何年かの間の研究開発費の累計が、マイナスの繰越利益余剰金（過去の損失の蓄積）として 2 億 3,500 万円計上されており、これに先程の P/L で出てきた本年度の損失（マイナスの当期純利益）1 億 2,000 万円が加わります。従って、純資産の部の合計は、出資による今までの資金調達額から過去および本年の損失（研究開発費用）を引き算した値になっています。このように研究開発型スタートアップの初期の B/S の右側は株式を売却して出資者から調達した資金（この会社の場合 6 億円）と研究開発を進めて累積した損失（この会社の場合、累計 3 億 5,500 万円の損失）があるだけなのが普通です。

　図 10.10 に別の財務諸表の例を示します。こちらは、200 万円の受託開発を受けるために 100 万円の自己資金で会社を設立したばかりの学生ベンチャーです。P/L を見ると受託開発で 200 万円の売上げが既に上がっていますが、それ以外には財務諸表に記載すべきものはほとんどありません。B/S に固定資産（機械）として計上されているのはパソコンかもしれませんが、それ以外には現金を除くと資産も負債もありません。P/L には受託開発の売上げ 200 万円が計上され、売上げ原価が 30 万、販管費が 120 万円計上されていますが、販管費の中身を見ると外注費 50 万円、

旅費交通費 20 万円、通信費 20 万円などが主な出費になっています。人を雇っているわけでもなく、学生なので自分に給与も出していないので人件費はゼロです。

図 10.9 と図 10.10 で二つのかなり様子の異なる会社の財務諸表を見てみましたが、いずれも大企業の財務諸表とは全く違います。大企業であれば既に事業を行なっているので P/L には売上げがあり売上原価があり、B/S には在庫や仕掛かり品（製造途中の製品）や原材料があります。長年の事業を経て様々な資産があり、様々な借入金があり、利益の蓄積もあるかもしれません。しかし、スタートアップではそれらは基本的にはなく、B/S や P/L は極めてシンプルなものになります。一般的な企業で重要だと言われている様々な財務指標[18]もスタートアップの財務では意味がありません。一般的な財務指標はどれも売上げや利益があることを前提にしていますが、初期のスタートアップは売上げや利益はゼロだからです。

スタートアップの財務計画

スタートアップの財務諸表の内容は、基本的に人件費を含めた研究開発費がどんどん出ていくだけなので、スタートアップの財務を考える際に大企業のように B/S や P/L に対する複雑な分析をする余地はあまりありません。スタートアップの財務として最も気にしなければいけないのは、今現在いくらキャッシュがあって、毎月いくらキャッシュが出ていくかです。毎月出ていくお金のことを英語では burn rate（バーン・レート）と言います。出費は月毎に変動しますが、平均値としての burn rate がわかれば、あと何ヵ月でキャッシュがなくなるかは比較的容易に推定できます。スタートアップはキャッシュが底をつくまでに次の資金調達をするか、製品やサービスを完成させて売上げを上げるかのどちらかをしなければなりません。

図 10.11 はその様子を模式的に示した図です。通常スタートアップで

---

[18] 例えば、営業利益率＝営業利益÷売上高、総資本利益率（ROA）＝当期純利益÷資産、自己資本利益率（ROE）＝当期純利益÷自己資本、総資本回転率＝売上高÷資産　などがあります。

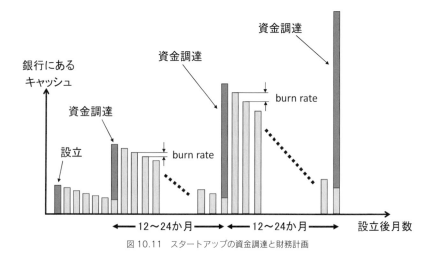

図 10.11　スタートアップの資金調達と財務計画

は 12〜24 か月分の資金を調達し、資金が尽きるまでに次回の資金調達を行ないます。スタートアップの財務計画は、売上げが上がるまでにどの程度の資金が必要かを計算し、その資金をどのような形でいつ調達するのかを計画することに他なりません。調達する資金の額やそのときの企業価値を計画することは前章で解説した資本政策そのものです。

　スタートアップも支出をまかなえるほどの売上げが上がるようになれば（図 10.12）、新たな資金調達をしなくて済みます。図中に示したように月毎に見たときの収入が支出を上回るようになれば（このような状況を単月黒字を達成したと言います）、資金調達の心配をしなくても済むようになります。しかしキャッシュが底をつく心配をする必要がなくなったスタートアップでも、図 10.13 に示すように、さらなる資金調達をしてより大きな成長を目指す場合もあります。スケールする事業を目指すスタートアップが競争相手に打ち勝って急成長するためには、売上げの範囲内だけの投資ではできることが限られるので、成長資金を外部から調達して成長を加速させることが珍しくありません。この段階の成長資金は IPO によって株式市場から調達するケースもありますが、上場企業になると一般的にはリスクの高い投資がしにくくなります。上場企業になってしまうと一時的に利益を押し下げて事業拡大のスピードを上げるような投資はしにくいので、上場前に VC から大型の資金調達を行なうことが、シリコンバレーの

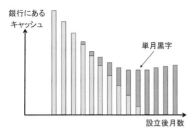
図10.12　売上げが上がり始めたスタートアップ

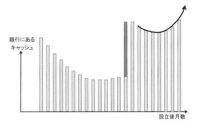
図10.13　より大きな成長を目指した資金調達

スタートアップではよくあります。しかしながら、日本にはこのようなフェーズでの大型の資金調達を担う投資家が少なく、日本で大型のスタートアップが生まれにくい原因の一つとなっています。

スタートアップでのキャッシュフロー管理

本節では財務諸表のうち B/S と P/L について説明してきましたが、財務諸表にはキャッシュ・フロー計算書（Cash Flow Statement, C/F）というものもあります。C/F はある期間の現金の増減と、ある時点の手元にある現金をまとめた表です。前にも触れたように、会社の損益は現金の収支とは必ずしも一致しないので、会社のキャッシュ（現金）を生み出す力やキャッシュを支払う能力は B/S や P/L を見ているだけでは必ずしも明らかではありません。C/F はこの点を補うことのできる点で一般の企業においては大事な財務諸表ですが、スタートアップでは C/F は B/S や P/L ほど重要ではありません。それはスタートアップでは一般企業の C/F に表れるような貸付や借入れや他社への投資は通常なく、社歴が浅いために保有する固定資産も複雑ではないからです。

しかしスタートアップで財務諸表としての C/F がさほど重要でないからと言って、スタートアップでキャッシュフロー管理そのものが重要でないわけでは決してありません。むしろ、スタートアップこそ、キャッシュフロー管理が大事だと言ってもいいでしょう。前述したように企業間の取引では掛け取引が一般的であり、キャッシュの入出金は取引の成立時ではなく翌月の決められた日に行なわれることがほとんどです。売上げとして計上されているにもかかわらずキャッシュがまだ入金されていないときに、

買ったモノの支払い期限が先に来てしまうと支払いができなくなり、最悪の場合には会社が倒産してしまう場合もあります[19]。キャッシュフロー管理とは、売掛金と買掛金の状況を的確に把握し、キャッシュの動くタイミングを考慮して計画的にキャッシュの管理をすることです。スタートアップにおいては会社設立の初期から日々のキャッシュフローを常に念頭に置いておく必要があります。

会社の経理

　会社で起きる日々のおカネの処理（請求、支払い、帳簿作成、税務申告など）を行なうのが会社の経理です。株式会社は財務諸表や事業報告書を作らなければならないので、経理は会社が設立されたらすぐに発生する日常業務ですが、スタートアップの初期ではフルタイムで経理業務だけをするほどの業務量はないので、社内の誰かが兼任するか、外注するかが現実的というお話もしました。

　財務諸表（計算書類）は取締役会、株主総会などの承認が必要ですし、株主への報告や税務署への申告（赤字でも事業年度毎に申告は必要です）にも用いられますので、財務諸表の作成にはそれなりの専門性が求められます。例えば、一口に人件費と言っても、製造業の工場労働者や運送業のドライバーの人件費であれば製造原価（直接費）になるでしょうし、研究開発の人件費は販売管理費（間接費）になるのが一般的ですが、ソフトウエア開発などの場合には直接費と間接費の区別が難しい場合もあります。モノを買ったときはもっと複雑で、原材料費は製造原価（直接費）、事務所で使う備品は販売管理費（間接費）ですが、土地や機械は資産になり、しかも資産の中でも価値が時間とともに落ちていく資産（建物や機械）は減価償却費が費用として発生します。財務諸表は作成が法律で義務付けられている書類であり、細かな会計基準のルールが定められているものの、具体的な記載の仕方には自由度があり実際の記載内容は会社毎に異なるので、一定の専門性を持った人が継続的に経理処理を見る必要があります。

---

19) 損益計算書上では黒字の状態であるにもかかわらず、キャッシュフロー管理に失敗して支払いができなくなって倒産してしまうことを「黒字倒産」と言います。

請求書の発行や様々な支払いといった会社の日々の経理処理は、ごく少量であればEXCELなどの表計算ソフトで管理できるかもしれませんが、通常はスタートアップであっても市販のパッケージ会計ソフトで管理することが多く、最近はクラウド上での会計サービスを利用するケースも多いようです。会計処理は一定の自由度があるので、スモールビジネスであれば問題のないような事柄でも、パブリックな上場企業を目指すスタートアップでは不適当な場合もあります。スタートアップとしてスケールする事業を目指すのであれば、早い段階から税理士や会計士などの専門家に経理処理や財務諸表に目を通してもらうべきでしょう。

10-5　会社の様々な機能

　会社としてビジネスを行なっていく上では「誰に何を提供するのかを決める」「製品やサービスを作る」「売る」の三つの機能が核になるという話を第4章でしました。会社が大きくなると「決める」機能はマーケティングや企画部門、「作る」機能は開発や製造部門、「売る」機能は販売や営業といった部門に分かれていき、人事、経理、財務、法務などのサポート部門（間接部門）も増えてくることや、会社の経営はこれらの様々な会社の機能を有機的に統合して組織として運営していくことであるという話も第4章でしました。本節では本章でここまで触れてこなかった間接部門の業務のうち、スタートアップにおいても重要な要素について簡単に説明します。

人の雇用
　人の雇用は大きな社会的責任を伴います。一般に、雇用される個人と企業との間の力関係では個人の方が圧倒的に弱い立場なので、労働者の保護を目的として様々な法令や規則が存在します。設立間もないスタートアップは決して強い立場ではないですが、できたばかりでも会社は会社なので大企業と同様の法規制に従う必要がありますし、違反があればできたばか

りの会社だからといって大目に見てくれることはありません。

　人を雇うと税務署に源泉所得税関係の届出書（給与支払事務所の開設）を出さなければなりませんし、労働基準監督署や社会保険事務所に対して社会保険（健康保険・厚生年金保険・介護保険等）や労働保険（労災保険・雇用保険）に関わる手続きや届け出をする必要があります。雇用する人との間では労働条件通知書、雇用契約書、誓約書などを取り交わす必要がありますし、10人以上を雇う場合には就業規則を整備する必要もあります。

　そういった手続き以上に人の雇用に際して重要なのは、人を雇うと簡単には解雇や給与減額を行なうことができないという点です。特に日本の社会制度や労働法制は労働者の雇用を守るという点を非常に重視しており、一旦会社が雇用した人にやめてもらうことは簡単にはできないシステムになっています。従って、スタートアップと言えども人の採用には慎重にならざるを得ません。

　すべての人が職に就けることは社会全体としては大事ですが、一旦一つの企業で雇用されたらその人の雇用はその企業が一生保障することを前提とした社会システムは、たくさんのチャレンジとたくさんの失敗を前提としたスタートアップのエコシステムとは相性の悪いシステムだと言わざるを得ません。スタートアップがイノベーションの担い手となる社会では、優秀な人材は失敗する可能性も高いチャレンジングな職に就き、うまくいかなくなったときにはすみやかに次の職に挑戦できるような雇用の流動性が必要ですが、第2章でも述べたように日本は人材流動性が低い社会なのが現実です。

　従って、特に日本でスタートアップが最初期の従業員を雇う際には、スタートアップの特性をよく理解した人を雇う必要があります。この時期の人の採用は基本的には創業者との個人的繋がりや信頼する人物からの紹介をベースにするのが最も確実です。スタートアップでも人が増えるにつれて、広告や人材紹介会社などを利用した一般的な人材募集も行なうようになりますが、創業者や従業員の知り合いは常に有力な人材源ですし、投資家なども含めた関係者の人的ネットワークを活用した求人活動はスタートアップが相当大きくなった後でも大切です。少ない人数のチームの中で密なインタラクションが求められるスタートアップの環境では、採用に際し

ては専門能力だけでなく、創業者や既存社員との相性や会社のカルチャーとの親和性といった観点も重要な要素になります。カルチャーや相性は面接だけではなかなかわからないので、何らかのプロジェクトを一緒にやったりパートタイムで一緒に働くなどの機会を持った人の中から採用候補者を選定できるのが理想かもしれません。大学の技術を事業化するスタートアップであれば、学生にインターンとして働いてもらうことも有力な人材確保の手段になります。

　スタートアップが大企業と同じような福利厚生システムや人事制度を整備することは現実的ではありませんし、提供できる給与水準も一般には大企業よりも低くなることが多い中で、スタートアップに就職（もしくは転職）しようという優秀な人材を集めるためには仕事の内容が魅力的であることが必要です。高い専門能力を持った人にとってはスタートアップは専門性を生かせる環境であることが多いはずです。また、人数の少ないスタートアップでは、大企業で働くのに比べて個人に与えられる権限も大きく広い範囲の仕事ができます。自分の仕事が直接製品やサービスに貢献している手応えを感じることができることは、スタートアップが人材を引き付けることのできる点です。

　大企業並みの給与を提供できないスタートアップでは、ストックオプションが優秀な人材を獲得するための有力な報酬制度であることは第9章で述べました。ストックオプションはあくまでも将来得られる可能性のある成功報酬なので、ストックオプションを付与するからといって低い給与水準でいい人材が集まるわけではないですが、ストックオプションはスタートアップでの人材確保のための一つのツールであることは確かなので有効活用すべきでしょう。

　人の雇用には大きな社会的責任を伴うので、業務委託や外注などを駆使してできる限り人を雇用しないで済ませるのも一つの方法です。もちろん、それで済む期間や業務の範囲は自ずと限られますが、まとまった資金調達をするまでの間は、フルタイムで働いているのは創業者だけというのが、スタートアップでは一般的かもしれません。

バックオフィス機能

　バックオフィスというのは、ビジネスの本業を営む部門（製品やサービスを開発し、製造し、販売する部門）をサポートする部門のことで、第4章で間接部門と呼んできた部門の総称です。具体的には、本章で今まで説明してきた法務、知財、経理、財務、人事などの部門はバックオフィス機能の一部です。業種や業態にもよりますが、この他には広報、情報システム（IT）などがスタートアップでも比較的初期から必要になるバックオフィス機能でしょう[20]。

　スタートアップの強みは技術開発と広義のマーケティングにあり、バックオフィス機能は会社という形をとることで必要に迫られて持っている機能と言ってもいいでしょう。バックオフィス業務の中には、法規制などがあって専門的な知識が必要とされるものもあり、中には国家資格を持った専門家しかできない業務もあります。大企業であれば従業員としてそのような資格を持った人を雇用する場合もあるかもしれませんが、できたばかりのスタートアップでそれぞれの専門家を雇うことは現実的ではなく、社外の専門家の支援を仰ぐのが一般的です。

　このような専門家は、弁護士のように「士」の付く名称であることが多いため「士業（しぎょう）」と呼ばれることがありますが、スタートアップのバックオフィス機能と関係する「士」としては、弁護士（契約や法律の相談、助言）、司法書士（裁判所や公証役場に提出する書類の作成）、税理士（税務書類の作成、申告、税務相談）、弁理士（特許等の書類作成、手続き）、社会保険労務士（人事、労務、社会保険等の手続き、略して社労士とも言う）、公認会計士（会計監査、財務諸表の監査）などがあります。

　もちろん、バックオフィス業務がすべて国家資格を持った士業の方しかできないわけではありません。必要に応じて社外の専門家の支援を仰ぎつつ日常的には社内でバックオフィス業務をこなすことになりますが、最近はスタートアップ向けに勤怠管理、給与計算、経費精算、交通費精算、請求書発行、見積書や納品書の作成、決済代行など、様々なバックオフィス

20）　本業を営む部門の中でも、顧客との電話対応や事務処理などオフィス内で処理される営業機能をバックオフィス機能に含める場合もあるようです。

系のサービスを提供する会社も出てきています。スタートアップはこれらのサービスを活用して会社のリソースをできるだけ自分達の強みに集中させるべきでしょう。

組織運営とリーダーシップ

　企業は結局のところ人の集団です。事業を営むということは人の集団を動かすことに他なりません。それはスタートアップでも同じです。自分のやりたいことをするために始めたスタートアップであっても、やりたいことを実現するためには集まったメンバーに共感してもらい、一緒に同じ目標に向かって進んでもらう必要があります。

　スタートアップもスケールするフェーズになってくると、企業としての組織運営が必要になります。業種や業態にもよりますが、そのようなフェーズでは従業員の数も20人から30人程度になっているのが一般的でしょう。この程度の人数になるとCEOが日常的に全員と直接のコミュニケーションをとることがだんだんと難しくなり、組織を作って業務や意思決定の階層構造を作り、部門の責任者に権限を委譲して業務を進めていかざるを得なくなってきます。階層構造を持った組織を作る際には誰が誰の指示を受けて業務を進めていくのかという上司・部下の関係を明確にすることが必要ですが、この程度の人数であまり複雑な組織構造を作ってもうまくいきません。組織とは言っても、まだまだ小さな組織なので一人の人間が複数のポジションの仕事をこなす必要があったり、逆に一つの業務を複数の人が担当して明確に分業できない場合もあるからです。急成長を目指すスタートアップでは業務内容も日々刻々と変化していきますので、それに応じて組織も常に柔軟に対応できなければなりません。

　会社の従業員の数がさらに多くなると、組織の運営はだんだんと大企業のマネジメントに近くなってきます。「マネジメント」という言葉は日本語では「管理」や「経営」と訳され、会社や部門の目標を達成するために組織（つまり人やお金）を動かすことを指します。自分の仕事をするだけでなく部下に仕事をしてもらう立場に立つ人達を一般に管理職と言いますが、部下を動かすためには部下を指導して業務能力を身に付けてもらうだけでなく、組織の仕事が何を目指しているかを明確にして、部下の仕事に

対する意欲を引き出す動機付けを行ない、業務の進捗を確認して適切なフィードバックをすることも大事です。また、会社のトップに立つ経営者はこのような管理能力だけでなく、会社のメンバーに対して会社のビジョンを示して目標を設定し、会社を目標に向かって動かすリーダーシップが求められます。リーダーには責任感や行動力や決断力が求められ、人間的にも皆に信頼され「この人についていこう」と思われる存在である必要があります。しっかりとした自分の考えを持ち、それをメンバーに伝えて皆を動機付けできるコミュニケーション能力を持つこともリーダーシップを構成する重要な要素です。

　組織の作り方やマネジメントの仕方、人材の評価や育成、リーダーシップといった内容は、いわゆる経営学の一分野であり必ずしもスタートアップ固有のものではありません。第3章でも少し触れましたが、スタートアップの経営者には、何がビジネスになるかを探し当てる起業家特有の能力に加えて、スケールする事業を特定した後に速やかにビジネスを実行していく能力が必要になりますが、この部分は一般の企業経営と基本的には共通です。起業家の中には前者は得意だけど、後者は苦手というタイプの起業家も居るというお話も第3章でしました。場合によっては日々の経営は組織マネジメントが得意な人に任せることも選択肢の一つかもしれませんが、会社が大きくなっていく中で創業者が経営能力を付けていくことが理想です。

第 10 章のまとめ

- 事業を行なっていく上では常に様々な法律面での注意を払う必要がある。

- 技術ベースのスタートアップ、特に大学の研究成果を利用したスタートアップでは知的財産権は大事な要素である。

- 特許として技術を公開するか、ノウハウとして技術を秘匿するか、著作権として保護するか、知的財産の守り方にも色々な方法がある。

- 大学での研究成果の特許化を考える場合には発明の新規性喪失に注意する必要がある。

- 財務諸表、特に貸借対照表（B/S）と損益計算書（P/L）は、会社の業績や財務状態などのお金の流れを体系的にまとめた重要な書類である。

- スタートアップの財務では、今現在のキャッシュ残高と、毎月の burn rate が大事である。スタートアップはキャッシュが底をつくまでに次の資金調達をするか、製品やサービスを完成させて売上げをあげる必要がある。

- 企業間の取引では掛け取引が一般的なので、売掛金と買掛金の状況を的確に把握し、キャッシュの動くタイミングを考慮して計画的にキャッシュフロー管理を行なうことが大事である。

- 人の雇用は大きな社会的責任を伴う。優秀な人材を集めるためには仕事の内容が魅力的であることが必要である。

- 企業は結局のところ人の集団であり、経営者には人の集団を動かすマネジメント能力やリーダーシップが求められる。

あとがき

　1990年10月、私はStanford大学の少し南にある小さなオフィスに向かっていた。当時、私は松下電器産業（株）（現・パナソニック）の半導体技術者。Stanford大学に社費留学したが、指導教授のMark Horowitzはサバティカルで大学に居ない。彼が半年ほど前に共同創業したRambusに向かっていたのだ。私にとってのスタートアップとの最初の出会いである。

　以来15年ほどの間、私は様々な形でシリコンバレーのスタートアップと付き合うことになる。2年間の留学期間中はMIPS Computerを起業して間もないJohn Hennessy（後のStanford大学学長）の講義を聴講し、当時日の出の勢いであったSUN MicrosystemsのBill Joyが主導するコンソーシアムにパナソニックの技術者として参加したし、留学から帰国した後はTrip Hawkins率いる3DOとの共同開発にも従事した。

　しかし、私が本格的にシリコンバレーのスタートアップと仕事をするようになったのは、1996年に再びシリコンバレーの住人になってからである。特に1998年に松下電器がシリコンバレーに設立したCVC（Corporate Venture Capital）組織Panasonic Venturesに創設メンバーの一員として参画してからは、年間数百件のスタートアップのビジネスプランを見て、数多くの起業家と会うようになる。その中には、数十人の会社だったNVIDIAのJensen Huangや、NetscapeをAOLに売却した直後のMarc Andreessenも居た。Elon MuskのX.comと合流してPayPalと社名を変える前のConfinityを率いていたPeter Thielや、Androidの前の会社Dangerをやっていたandy Rubinのプレゼンを、投資家として受けたこともある。Panasonic Venturesは、最初に投資したEpigramが半年も経たないうちにBroadcomに買収されて幸先の良いスタートを切る。2件目の投資案件ReplayTVはterm sheetの段階でKleiner Perkinsに敗れたが、事業部門（当時の松下寿電子工業）との事業提携に繋がった。一方で、前途洋々だったはずの投資先が2000年のネット・バブル崩壊と共にアッという間に消えてしまうのも見た。

あとがき

　新しい技術から新しいビジネスを生み出して社会を進歩させていくのはスタートアップであり、自らの「やりたいこと」が世の中を変えると信じる起業家達である。日本でもスタートアップが次々と生まれる環境が作れないはずはない。その核になるのは、最先端の技術と優秀な人材が集積する大学に違いない。私は2009年に東京大学で大学発スタートアップの支援と学生へのアントレプレナーシップ教育に携わる仕事に就いた。

　しかし、どうも違う。日本でもベンチャーだ、起業だと盛んに言われる。大企業もこれからはオープン・イノベーションだと言う。「大学発ベンチャー」が国の政策になって久しい。しかし、何かが違うのだ。考えてみると、私は日本では大企業で技術者として働いたことしかない。大学に戻るまで日本のベンチャーやVCとは全く接点がなかった。私がシリコンバレーで付き合ったスタートアップと日本で言うベンチャーとは、どうも違うらしい……

　それから10年が経とうとしている。この間に日本のベンチャー環境もだいぶ変わった。それは、ここ数年で「スタートアップ」という言葉が一般的になってきたことでもわかる。しかし、いまだに「大学発ベンチャーの多くが赤字！」といった見出しのニュースが当たり前のようにメディアに流れるのを見ると、やはり一般的な日本人にスタートアップの本質が十分に理解されているとは思えない。

　「ベンチャー、ベンチャーって言うけど、それはアメリカの話でしょ」「シリコンバレーのマネをしたって、うまくいかないよ」「日本には日本独自のやり方がある」。その通りかもしれない。しかし、そう言っている間に、失われた10年が、20年になり、30年になろうとしている。結局のところ、変化に背を向ける口実として「日本はシリコンバレーとは違う」と言い続けているだけなのではないか？

　本書はこのような背景から生まれた書物である。従って、本書の目標は、これから社会に出る学生の皆さんや、スタートアップやアントレプレナーシップに触れる機会のないまま社会に出た方々に、スタートアップの本質を理解してもらうことにあった。そのためには「会社とは何か？」「ビジネスとは何か？」という視点まで立ち戻ってスタートアップの仕組みを説明する必要がある。スタートアップは、多くの人々が無意識に受け入れて

いる一般的な会社やビジネスの常識とは異なる仕組みの上に成り立っているからである。当初の目標を十分に達成できたかどうか自信はないが、従来の起業本や経営書とは異なる視点からの論理的な解説を試みたつもりである。多少なりともスタートアップに関する知識を持つ読者には冗長な説明もあるかもしれないが、お許し願いたい。

「会社とは何か？」との視点まで立ち返ると、9-4 節（Google の実験）で述べたように、スタートアップの仕組みは今も進化を続けている。20 年後や 30 年後のスタートアップは今と同じではないかもしれないし、さらに言えば、commodity でしかないカネが支配する株式市場や、その株式市場の存在を前提とした資金調達の仕組みも、今とは違った形態に進化しているかもしれない。しかし、株式会社や資金調達の仕組みが姿を変えたとしても、新しいビジネスを生み出して社会を進歩させるのが、自らの「やりたいこと」が世の中を変えると信じる起業家達であることが変わることはないであろう。スタートアップがこれからどう進化していくのかを考える上でも、「会社とは何か？」「ビジネスとは何か？」という視点まで立ち戻ってスタートアップの本質を理解することが必要であり、その意味で本書が何らかのヒントになれば幸いである。

　本書の内容は、留学時も含めて 11 年にわたるシリコンバレー暮らしの中で得た知識や経験をベースにしつつ、この 10 年間に日本で接した起業家や学生や同僚から得た知見や問題意識を基に構成したものである。

　Panasonic Ventures の同僚であった Charles Wu, Frank Lin をはじめ、スタートアップとシリコンバレーの仕組みを教えてくれた数多くのシリコンバレーの起業家やベンチャーキャピタリストや友人達に感謝したい。また、本書の第 2 章および第 7 章〜第 9 章の一部は 2003 年から 2005 年にかけて日本経済新聞（オンライン版）「海外トレンド」欄にシリコンバレーから連載したコラムをベースにしていることを付記しておく。

　本書の具体的なコンテンツは、私が講義を担当した 2017 年度の「アントレプレナーシップII（兼）アントレプレナー道場基礎編」の内容をベースにしている。本書の文章はすべて筆者の責任で書いたものであるが、その内容には 2009 年以来の同僚である菅原岳人氏との議論を通して作ってきたコンテンツも含まれている。アントレプレナー道場全体のオーガ

ナイザーを務め、各種の教育プログラムやインキュベーション活動のオペレーションを一緒に回してくれている菅原氏に改めて感謝したい。また、2016年からチームに加わった馬田隆明氏には、2018年度以降の「アントレプレナー道場」や東京大学における各種のスタートアップ支援プログラムにおいて主導的な役割を担って頂いており、氏との議論に触発されて本書に取り入れたコンテンツもある。日々の業務に忙殺されがちの筆者に次々と新しいアイデアとエネルギーと知的刺激を提供してくれる馬田氏に深く感謝したい。また、チームの日々の活動を支えてくれる角谷しのぶさんにも謝意を表したい。

　本書で取り上げた内容は実際にスタートアップを立ち上げて経営していく際に必要となる事柄のごく一部でしかないが、その多くは、我々が支援する東京大学関連ベンチャーが直面した課題や、インキュベーション施設の会社で起こったことや、起業相談に訪れた学生や卒業生や教員の疑問や質問に根ざしている。現場の課題や疑問を教えてくれた数多くの方々に感謝すると共に、このような環境を与えて頂いた東京大学産学協創推進本部（旧・産学連携本部）の各務茂夫教授、歴代本部長、および今は亡き二人の恩師、田中昭二先生と北澤宏一先生に感謝したい。最後に、本書の出版にあたってお世話になった東京大学出版会の阿部俊一氏に謝意を表すとともに、本書の執筆に際してJSPS科研費（16K03852, 25380499, 22530396）の支援を受けたことを付記する。

2019年3月

著者略歴

長谷川克也（はせがわ　かつや）
1957 年生まれ。80 年東京大学工学部物理工学科卒。82 年東京大学大学院工学系研究科物理工学専攻修士課程修了。82〜97 年松下電器産業株式会社（現：パナソニック株式会社）にて半導体 LSI の研究開発に従事。この間 90〜92 年スタンフォード大学客員研究員。97〜02 年松下電器のシリコンバレーでの CVC 機関にてベンチャー投資活動に従事。早稲田大学 MOT 研究所教授等を経て、2009 年 5 月より東京大学産学協創推進本部特任教授。大学発スタートアップの支援及びアントレプレナーシップ教育を担当。

スタートアップ入門

2019 年 4 月 17 日　初　版

［検印廃止］

著　者　長谷川克也（はせがわかつや）

発行所　一般財団法人　東京大学出版会
　　　　代表者　吉見俊哉
　　　　153-0041 東京都目黒区駒場 4-5-29
　　　　http://www.utp.or.jp/
　　　　電話 03-6407-1069　Fax 03-6407-1991
　　　　振替 00160-6-59964

印刷・製本　大日本法令印刷株式会社

© 2019 Katsuya HASEGAWA
ISBN 978-4-13-042151-5　Printed in Japan

JCOPY〈出版者著作権管理機構 委託出版物〉
本書の無断複写は著作権法上での例外を除き禁じられています。複写される場合は、そのつど事前に、出版者著作権管理機構（電話 03-5244-5088、FAX 03-5244-5089、e-mail: info@jcopy.or.jp）の許諾を得てください。

鎌田富久
テクノロジー・スタートアップが未来を創る──テック起業家をめざせ
46判・272頁・1600円

【本書「はじめに」より】
ロボットや人工知能、宇宙に飛ばす人工衛星、次世代のモビリティ、常識をくつがえす電子回路の製造技術、生命の設計図とも言えるゲノム（遺伝情報）の解析、農業分野のイノベーション、先端技術を応用したヘルスケアや新しい医療機器、人々を救う抗がん剤の開発、これらは現在私が応援するテクノロジー・スタートアップである。20代、30代の若者たちが中心になって立ち上げている。技術者や研究者出身が多い。難しい課題に挑戦しながらも、みな目を輝かせて、やる気に満ちあふれている。もちろん成功するかどうかは分からない。ただ彼らがやり甲斐のあるテーマを見つけて、充実した人生を送っていることは断言できる〔…〕

ここに表示された価格は本体価格です。御購入の際は消費税が加算されますので御了承下さい。